ケースからはじめよう
法と経済学
法の隠れた機能を知る

Fukui Hideo
福井秀夫

日本評論社

はじめに

　「法と経済学」（Law and Economics）は、法や判例がもたらす社会経済的な影響を分析する学問分野である。法と経済学は、特に米国で発展を遂げており、契約法、不法行為法、所有権法、家族法などの民事法分野、犯罪や刑罰に関する刑事法分野、憲法、行政法などの公法分野、独占禁止法などの競争法分野等、広範な法分野を素材として豊かな研究成果が蓄積されてきているのみならず、主要なロースクール、経済学部などでは、一般的な教育カリキュラムとして定着している。裁判実務においても、日本でも著名なリチャード・ポズナー判事をはじめ、連邦裁判所・州裁判所の裁判官に法と経済学の素養を持つ多くの裁判官が任命され、法と経済学に依拠した判決が普遍化しつつある。日本でも、2003年には「法と経済学会」が設立され、研究が活発となっているのに加え、新しい法曹養成を担う法科大学院などでも、法と経済学の講座が続々と設置されつつある。

　しかし、日本の学習者を念頭に置いたこれまでの法と経済学の学習書は、法解釈論との関わりが不明なもの、初学者向けテキストとしては記述がわかりにくいもの、日本法の現実の運用の分析に応用しにくいものなどが多かった。

　本書は、日本法の実際の法の解釈・運用、判例を素材として、それらが人々の行動や社会経済的な豊かさに対してどのような影響を与えることになるのかを具体的に考察する基準と方法を提示するとともに、立法や政策全般の意味・効果を分析評価するための知見についても過不足なく実践的に解説した日本で初めての法と経済学テキストである。法の一見明白な目的がそのまま達成されることは、法律家の常識とは異なり、それほど多くない。本書は、法の隠れた機能を描き出すことに重点を置いている。法と経済学の学習をまず本書ではじめることは、多くの読者にとって効果的なはずである。

本書は、ミクロ経済学の基礎を習得した読者なら、独力で読み進めることは容易だろう。そうでない読者は、本書で頻繁に引用する、N. グレゴリー・マンキュー（2005）『マンキュー経済学Ⅰミクロ編（第2版）』（足立英之ほか訳）東洋経済新報社（以下本書で「マンキュー」という）など適切なミクロ経済学テキストを併せて活用していただきたい。本書で駆使するミクロ経済学概念についてあやふやである場合などには、必要な都度マンキューの該当頁などを参照することが効果的である。

　本書の構成は次のとおりである。序章で、法と経済学の考え方、適用領域などを概観したうえで、各章では、設例をまず提示し、その章で使う経済学の基本的な理論のポイントを示す。ここでは、マンキューなどに基いてミクロ経済学の知識の確認と定着を図ってほしい。次いで、該当の設例に関する背景説明をし、併せて法と経済学の理論を解説する。さらに、関連する重要判例を紹介し、それを法と経済学に即して解説する。その後、法と経済学を、設例、事例、判例などに対して、グラフ等に基づき具体的に応用するという作業を行い、最後に設例に対する回答の骨子を掲げる。関連する判例や事例は多いので、どの章についても、理論を応用するための素材には事欠かないはずである。

　本書は、章ごとに独立した構成になっているので、任意の章から読んで差し支えないが、各章では、同じ理論を異なる法領域に対して繰り返し応用しているので、全体を読破することで理論の法現象への応用とはいかなるものであるのかについて、過不足のない知識が身に付くようになっている。

　本書の読者として、次のような人々を想定している。

　学生については、法学部における応用科目・経済学部における応用経済学分野の講義テキストとして、また演習において議論の素材を提供するケースブックとして活用できる。さらに、マンキュー等を参照する限り、事前にミクロ経済学の履修を終えていることを必要としないので、自然科学、社会科学を問わず、法律や経済以外の分野の学部学生の教養科目として位置付けることも可能である。

　特に関わりが深いのは、法科大学院や公共政策系大学院における法と経済学の講義・演習におけるテキストとしての使用である。その場合、関連分野について別の判例や法、報道される法的事件や政府の動向などの素材を各章ごとに

追加し、ディスカッションや報告を取り入れることとするならば、4～6単位程度での履修が想定できる。本書の内容のエッセンスの解説に徹するならば2単位での履修も十分可能だろう。

　次に社会人については、例えば裁判官、検察官、弁護士などが、法実務に対する確たる理論的基盤を得るというニーズに応えることができる。司法研修や法曹の研修一般にも活用できるだろう。隣接法律資格としての弁理士、司法書士、税理士、行政書士、不動産鑑定士、宅地建物取引主任などの専門資格者が取り扱う法分野に関して、実務の影響を考察するための豊かな知見を身に付けることにも活用できる。

　さらに、立法や行政運用に当たる国や地方の公務員が本書で学ぶことの意義はとりわけ大きいと思われる。実際の著者の経験では、政策研究大学院大学における公務員を中心とした社会人向けの講義や、法科大学院、公共政策系大学院などでの講義、官庁や自治体の研修の一環としての講義等において、本書の下敷きとなった法と経済学の説明を長年実践してきているが、このようなアプローチによる学習効果はきわめて大きかったと考えている。本書では、これらの講義での反応や習熟状況を踏まえて、講義草稿等の内容にさらに改善を加えた記述としている。

　本書は、それぞれの分野の実定法研究者が、通説的見解などを法と経済学的に検証し、解釈を改良していく際にも活用できる。経済学研究者にとっては、経済学理論の法分野における具体的な応用とはいかなるものかを研究する際に参考となるだろう。

　加えて本書は、民間企業の経営者・従業員や有権者一般が、各政党や行政が提示する政策や立法提案を評価する際の大きな武器になると考えている。さらに、社会人一般が実定法学に習熟する必要は必ずしもないと思われるが、法と経済学の考え方に習熟することは、社会人としての教養とセンスを磨くうえで、大きな意味があるだろう。

　本書の特徴は次のとおりである。
　第一は、具体的なケースと判例に基づいて、実践的な法と経済学的分析を行っていることである。裁判規範としての法解釈論や、当事者の法的主張の基礎

として、法と経済学とは、どのような法的紛争の処理にどう使うことが可能な道具であるのかを、法分野ごとに多方面から示しており、現実の法解釈に対する法と経済学の応用の仕方を学ぶうえでの実用性を備えていると考えられる。

　第二は、日本法を素材とし、かつ民事、刑事、公法、競争、知財など代表的な法分野を広くカバーしていることである。必要に応じて米国の状況にも言及しているが、解釈論、立法論ともに、実際の日本法に法と経済学を当てはめることによって、これまでの日本の実定法解釈常識とは必ずしも一致しない論理と結論がいかに導かれるのかを、丁寧に提示することに努めた。既存解釈との異同を分析することは、実践的で知的好奇心を刺激する作業のはずである。

　第三は、実務に普遍的に応用できる重要理論を繰り返し様々な法分野で応用して、その意義を明らかにしている反面、それ以外のいわば「理論のための理論」に近いと思われる、普遍性を欠き、又は応用可能性の小さい理論については、記述を大幅に圧縮していることである。「法と経済学」の専門研究者を目指すわけではない読者にとっては、本書で示したオーソドックスで重要な理論に習熟することによって、法と経済学学習の根幹的な目的はほぼ達成される。発生確率のきわめて小さい事象にのみ当てはまる理論に習熟するよりも、基礎的な理論を、未開拓のより普遍的な法現象に当てはめるという広範な応用作業に努める方が、ほとんどの読者にとってはるかに生産的である。

　第四は、法解釈にとどまらず、立法、税、予算などの政策や戦略評価の標準的な基準を示すとともに、その当てはめについても具体的に提示したことである。本書で示した立法論・政策論へのアプローチは、市民的法治国原理の下に置かれた国民が、政策評価に関する基礎的な素養を身に着けることに対して貢献できると考えている。行政や政治による意思決定について、本書の知識によって、ほとんどの事項の優劣を明確な根拠をもって容易に判定できるようになるはずである。

　第五は、独習も可能なよう、数学的知識を必要とせず、平易な知識と論理のみを前提とした考察と分析を行っていることである。すべての法と経済学の理論と実証は、言語的記述によって表現することが可能であり、またそのような記述を常に試みることは法と経済学の本質的な要素の習得にとってとりわけ重要である。数学的論証やグラフによる説明は、それらのサポート手段でもある。

特に、数学には嫌悪感を持つものの、言語による論理操作能力に長けた多くの法律分野の関係者にとって、本書の論理展開を理解するのは容易なはずである。

　本書の内容を習得した読者は、日本法のあらゆる分野におけるほとんどの法解釈や判例、さらに立法について、一定の仮定の下で効率と公正の双方の観点から理路整然と分析・評価できるようになり、また、より国民を豊かにし、公正に遇するための多くの政策提案を、確たる理論的根拠を持って示すこともできるようになるだろう。本書の学習の後は、本書で扱わなかった膨大な判例や、日々報道されるあらゆる法的政策的論点に対して、法と経済学を縦横無尽に応用することの醍醐味を味わってほしい。

　本書は、『経済セミナー』2006年4月号から2007年1月号にかけて連載された「ケースで学ぼう　法と経済学」の原稿に大幅な加筆修正を施したものである。日本のケースや判例に基づき法と経済学の重要な原理をやさしく解きほぐすというこの企画は、同誌編集長の斎藤博氏の発案になるものであり、コンセプト、素材と具体的な構成について、終始懇切な示唆と教示をいただいた。本書は、斎藤氏との共同作業がなければ生まれなかったはずのものであり、感謝申し上げる。

　長年にわたり、折に触れ著者に法と経済学への関心を喚起していただくとともに、あらゆる経済学分野の考え方や理論の本質を終始指導いただいてきた八田達夫氏に感謝申し上げる。

　本書の各章の記述に対しては、主として経済セミナー連載時に、多くの優れた研究者、実務家から、ディスカッションや草稿へのコメントを通じて、貴重なアイディアや論理の精緻化に関する教示をいただいた。章末ごとの謝辞に掲げた各位に感謝申し上げる。

　本書の原稿は口述筆記によっているが、しばしば著者の不手際により、連載時の最終締切り当日になってからすべての原稿を一気に入力する必要に迫られるなどした。膨大な原稿の正確・迅速な入力や各種事務処理を忍耐強く行っていただいた舟田絹子氏に感謝申し上げる。

　最後に、2006年12月に急逝された鈴木禄弥氏は、借家法の研究はじめ法学分野における法と経済学の偉大な先駆者であり、また著者にとって、その民法講

義テキストは学部学生時以来座右の書であるとともに、折に触れ法の機能等について懇切に指導いただいてきた恩師であった。学恩に感謝申し上げ、心よりご冥福を祈るとともに、本書を謹んで捧げたい。

2007年8月

福井秀夫

目　次

　　はじめに　iii
　　凡例　xvi

序　章　「法と経済学」のすすめ　1
　　1．法の隠れた機能を知る　1
　　2．任意規定と強行規定の意味を検証する　5
　　3．法のもたらすパラドックスを正確に把握する　6
　　4．法による当事者への介入の条件を踏まえる　6
　　5．「政府の失敗」を軽視しない　10
　　6．法と経済学で考える－経済学の十大原理に常に立ち返る　11

　　　第1原理－人々はトレードオフ（相反する関係）に直面している　11
　　　第2原理－あるものの費用は、それを得るために放棄したものの価値である　13
　　　第3原理－合理的な人々は限界的な部分で考える　13
　　　第4原理－人々は様々なインセンティブ（誘因）に反応する　14
　　　第5原理－交易（取引）はすべての人々をより豊かにする　15
　　　第6原理－通常、市場は経済活動を組織する良策である　15
　　　第7原理－政府は市場のもたらす成果を改善できることもある　18

第1章　金利に対する政府介入はどうあるべきか－契約法の経済分析の基礎　21
　　第1章で使う経済学　市場への政府介入の効果　22
　　1．背景説明および法と経済の理論　25
　　　（1）金利規制の実態　25
　　　（2）金利規制の影響　27

2．判例とその解説──最近の最高裁判決にみる「みなし弁済」規定
　　　の空文化　32
　　3．法と経済学で考えてみよう　35
　　　（1）最高裁判決の意味　35
　　　（2）グレーゾーン金利の明記について　36
　　　（3）規制の弊害　37
　　　（4）市場の失敗の是正　38
　　4．回答骨子　39

第2章　解雇規制は誰を保護するのか──完備契約と不完備契約　43

　　第2章で使う経済学　需要と供給の理論　44

　　1．背景説明および法と経済の理論　47
　　　（1）解雇規制の実態　47
　　　（2）解雇規制の影響　48

　　2．判例とその解説──解雇を制約する判例法理　56
　　3．法と経済学で考えてみよう　59
　　　（1）解雇はなぜ起きるのか　59
　　　（2）解雇規制の正当化根拠は何か　59
　　　（3）日本の経済社会への解雇規制への影響　63
　　　（4）労働契約法の課題　64

　　4．回答骨子　64

第3章　河川の流水はどのように配分すべきか──所有権法の理論　67

　　第3章で使う経済学　公共財・共有資源と所有権の経済学　68

　　1．背景説明および法と経済の理論　70
　　　（1）共有地の悲劇　70
　　　（2）コースの定理と所有権　72

　　2．判例とその解説──公水使用権の限界　73
　　3．法と経済学で考えてみよう　74

　　　　（1）公水使用権の成立要件　　74
　　　　（2）公水使用権の性格　　76
　　　　（3）公水使用権の効果　　79
　　４．回答骨子　　81

第4章　構造計算偽造事件の損失は誰が負うべきか－損害賠償法の経済分析　　83

　　第4章で使う経済学　私人のイニシャティブによる外部性の内部化　　84

　　１．背景説明および法と経済の理論　　85
　　　　（1）損害負担に関する取決めの難易度　　85
　　　　（2）損害負担のルール　　89
　　２．判例とその解説──民間機関の違法に責任を負うのは公共団体　　94
　　３．法と経済学で考えてみよう　　96
　　　　（1）単体規定と集団規定　　96
　　　　（2）構造計算偽造事件の特異性　　97
　　　　（3）なぜ契約の当事者だけに委ねることが適切でないのか　　97
　　　　（4）責任負担のあり方　　98
　　　　（5）過失責任か無過失責任か　　100
　　　　（6）審査機関の決定　　100
　　　　（7）保険によるリスクの分散　　101
　　４．回答骨子　　102

第5章　担保不動産からの債権回収はなぜ進まないのか－担保執行法の経済分析　　105

　　第5章で使う経済学　取引費用の経済学　　106

　　１．背景説明および法と経済の理論　　107
　　　　（1）担保不動産市場の失敗　　107

(2) 短期賃貸借保護による執行妨害の助長　108
　　　(3) 最低売却価額の矛盾　110
　　　(4) コースの定理と初期権利配分　110
　　　(5) 金融市場・担保不動産市場への担保執行法の影響　112
　2．判例とその解説──抵当権者はどこまで不法占有排除に関与できるか　116
　3．法と経済学で考えてみよう　120
　　　(1) 担保不動産市場は民間の不動産市場と何が違うのか　120
　　　(2) 担保執行法に何が求められるか　122
　　　(3) 民間競売の導入は多くの問題を解決する　125
　　　(4) 事後的な個別当事者間における利益衡量がもたらす歪み　125
　4．回答骨子　126

第6章　犯罪抑止にとって刑罰とは何か－刑法の経済分析　129

第6章で使う経済学　国家のイニシャティブによる外部性の内部化　130

　1．背景説明および法と経済の理論　132
　　　(1) 刑罰の法と経済分析の基礎理論　133
　　　(2) 犯罪はなぜ悪い　139
　　　(3) 「効率的」犯罪は存在するか　140
　　　(4) 刑罰の重さと刑罰執行確率をどう組み合わせるか－効率的刑罰とは　140
　　　(5) 損害賠償法と刑法はどう違うのか　141
　2．判例とその解説──犯罪者のインセンティブと刑法　143
　3．法と経済学で考えてみよう　147
　　　(1) 刑法の目的の明確化　148
　　　(2) 犯罪者のインセンティブコントロールの重視　148
　　　(3) 損害賠償法と刑法の連続性　149
　　　(4) 計画的犯罪と衝動的犯罪　151
　　　(5) 非犯罪化の可能性　152
　　　(6) 責任無能力者による加害行為　152

4．回答骨子　153

第7章　企業規律に責任を持つのは誰か―会社法の経済分析　155

第7章で使う経済学　契約理論と不法行為理論の狭間　156

1．背景説明および法と経済の理論　157

(1) 会社と会社法の意味　157
(2) 不完備契約論からみた会社法　158
(3) 不完備契約はなぜ発生するのか　161
(4) 「標準書式」としての会社法　161
(5) 多数株主と少数株主の利害対立を会社法が調整すべきか　162
(6) 会社支配権の移転は悪か――企業買収の是非　165
(7) 会社債権者の保護をどう図るか　166
(8) 会社と契約関係にない第三者との法的関係　168

2．判例とその解説――企業買収と会社法　170

3．法と経済学で考えてみよう　175

(1) 法ルールの意味　175
(2) 当事者が意思決定することの意義　176
(3) 取引費用の削減策　177
(4) 事前のルールと事後のルール　177

4．回答骨子　178

第8章　知的財産は有体物と何が違うのか―独占権付与の経済分析　181

第8章で使う経済学　独占の経済学　182

1．背景説明および法と経済の理論　183

(1) 知財保護のディレンマ　184
(2) 知財は有体物の所有権とどう違う　185
(3) 独占権の強さと技術・アイデアの流布　186
(4) 職務発明にどのように報いるか　191
(5) 消尽理論　193

2．判例とその解説——知的財産保護のトレードオフ　195
3．法と経済学で考えてみよう　201

(1) 知財を利用する権利の独占をめぐるトレード・オフの解決　201
(2) 知財の一般開放に対するインセンティブ付与　201
(3) 職務発明の果実をどのように大きくするべきか　203
(4) 消尽理論の根拠　204
(5) 知財に関する法的判断の基本的視点　204

4．回答骨子　205

第9章　価格戦略は「反競争」的か－独占禁止法の経済分析　207

第9章で使う経済学　産業組織論を踏まえた政府の介入　208

1．背景説明および法と経済学の理論　209

(1) 独禁法の規律　209
(2) 企業の行動と価格戦略　211

2．判例・公取委審決とその解説——企業の価格戦略への法の介入　220

3．法と経済学で考えてみよう　228

(1) 独禁法と効率性　228
(2) 市場の失敗と政府の失敗　228
(3) 正当性を欠く絶対的費用優位性に対する介入　228
(4) 競争政策と知財保護の交錯　229

4．回答骨子　230

第10章　環境を守ることとは何か－環境法の原理　231

第10章で使う経済学　外部性と公共財の最適処理　232

1．背景説明および法と経済学の理論　233

(1) 外部性と環境　233
(2) 差止め請求と損害賠償請求　240

2．判例とその解説——外部性コントロールと初期権利配分の規律　241

3. 法と経済学で考えてみよう　248

　(1) 環境法と効率性　248
　(2) 環境アセスメントの改善　249
　(3) 国と自治体の役割分担　250
　(4) 公法と私法の交錯　251
　(5) 汚染者負担原則　251
　(6) 環境を「守りすぎる」ことはあるか　252

4. 回答骨子　252

引用文献と判例　254

さらに学習をすすめるために　259

索　引　273

凡　例

●判例

大判	大審院判決
行判	行政裁判所判決
最判	最高裁判所判決
高判	高等裁判所判決
高決	高等裁判所決定
地判	地方裁判所判決
地決	地方裁判所決定

●判例の出典

民集	最高裁判所民事判例集
刑集	最高裁判所刑事判例集
東高刑時報	東京高等裁判所判決時報（刑事）
高民集	高等裁判所民事判例集
高刑集	高等裁判所刑事判例集
下民集	下級裁判所民事裁判例集
労民	労働関係民事裁判例集
判時	判例時報
判タ	判例タイムズ
判例自治	判例地方自治
労経速	労働経済判例速報
労判	労働判例
民録	大審院民事判決録
刑録	大審院刑事判決録
刑集	大審院刑事判例集
行録	行政裁判所判決録
行集	行政事件裁判例集

序章 「法と経済学」のすすめ

　「法と経済学」とは、法や判例がもたらす社会経済的な影響を分析する学問である。社会経済的な影響には、資源配分の効率性と所得分配の公正の双方の影響を含む。また、法解釈の影響のみならず、法を改正し、または新法を制定する場合の影響をも含む。

　「法と経済学」は、法の影響を「記述」することによって、法に係る諸現象をより適切に認識することに寄与できるほか、どのような「法の解釈」や「法改正」を行うことが、社会をより豊かにし、またはより公正な状態に導くことができるのか、という「規範」を示すことにも寄与できる。以下、法の役割やその性格、さらに「法と経済学」の考え方について概観してみよう。

1．法の隠れた機能を知る

　法は、私人同士の紛争を解決する規範となるほか、私人と権力主体との間の権利義務関係を規律し、または紛争処理手続きとしても活用される。法の適用分野は幅広く、何らかの政策的意思決定の多くは法で担保されている。法の社会的、経済的影響を正確に認識することは、法解釈や立法を精密に行い、法の機能を十分に発揮するうえで、重要な役割を果たす。

　例えば民事法は、広く私人の権利義務の帰属やその配分を決定する役割を果たしている。これは所有権法の領域が中心となる。明確で、その執行が迅速、安価、確実であるような所有権の設定は、当事者の自発的な交渉によって、それぞれの利益の増大を図る取引を促す役割を果たす。民法については、鈴木禄弥『債権法講義』はじめのテキスト（創文社）が、従来の体系をあえて崩した機能的なアプローチにより、きわめてコンパクトながら市場の基盤としての民

事法の本質を明晰に解説している。内田貴『民法Ⅰ』はじめのテキスト（東京大学出版会）も機能的なアプローチで詳細な論点を盛り込む。

　当事者間が取り決めた契約や約束を法的にどのように処理し、担保するのかについての規律は、契約法の領域である。納品時期、代金支払時期、予定した品質が確保されていなかったときの後始末などについて、当事者が取り決めた事項を契約当事者に守らせることや、当事者が決め忘れた事項についての紛争処理を適切に行うことは、契約法の重大な使命である。また、契約法では、当事者が合意した取決めであっても、それを法的に無効とする介入を行うことがある。このような法による介入を強行規定という。強行規定については、法律分野では公序良俗等の観点から正当化されることが多いが、法と経済学の観点からその合理性を論じることは、効率性の観点からも興味深い分析である。

　相互の法的関係が発生することが偶発的であるために、予め当事者間で契約を結んでおくことが難しいような権利義務関係を規律する領域の典型は、不法行為法である。事故に会う可能性がある潜在的な被害者と加害者との間で、事故が発生したときの損害賠償の内容、手続き等を契約しておくことは一般的には困難であるため、このような契約の不存在に伴う不都合を補うために、損害負担に関する一般則として不法行為法が設定されているといえる。例えば、すべての歩行者たりうる国民と、自動車運転者たりうる国民は、お互いに交通事故の被害者ないし加害者となる可能性を持つが、そのときに備えて、いかなる被害の場合をも想定した適切な損害賠償の支払いについて契約しておくことは、非現実的である。契約当事者となっていないとしても、仮に損害賠償予約契約を合理的に締結したとしたらありうると想定されるであろう賠償基準や内容を、民法の不法行為法に規定していると理解することもできる。また、不法行為法は損害の回復を図るのみならず、損害をより安い社会費用で事前に回避することを促す、すなわち損害を予防する、という機能をも果たしている。

　民事法の中でも会社をめぐる規律は、最近その変容が著しい。現代の経済取引において重要な役割を占める主体は会社であるため、会社については、会社法の領域に特別な定めが多数設けられている。企業買収をめぐる攻防の激化も従来の規律の見直しを促している。具体的には、会社と債権者との関係を規律するルール、会社の持ち主である株主相互の間の権利義務関係を規律するルー

ル、会社の所有者である株主とそこから経営の委任を受けた役員などの執行機関との間の権利義務関係を規律するルールが会社法の中心となっている。会社債権者保護規定、少数株主保護規定、依頼者に対する受託者の関係である役員等の忠実義務の規定などがこれらに該当する。第7章で論じるように、これらの規律についての法と経済学的な意味を探求することは、興味深い多くの論点を含んでいる。

　社会的に望ましくないとされる一定の非倫理的行為については、不法行為法による損害賠償ルールに加えて、このような行為の抑制を図るため、行為者に対する刑罰を与える刑事法の領域も、法の大きな分野を占めている。なぜ不法行為法のみでは、望ましくない行為の抑止が十分ではなく、別途刑事法が必要とされるのか、などについての考察は、第6章で詳細に行われる。

　現実の法令の大部分を占めるのは、行政法の領域である。行政法とは、憲法的価値の実現の技術に関する法である。この意味ですべての行政法規は、憲法とも密接な関連を持つ。憲法は、国家の三権など統治機構に関する部分以外は、いわゆる人権について定める。憲法に固有に必要とされる人権とは、いかなる国家権力によっても侵害することができない国民の根幹的な権利・利益であって、憲法の人権規定とは、国家が国民に対して決して行ってはならない禁止事項をリストにしたものであるといえる。憲法の人権規定は、思想良心の自由（19条）、居住移転・職業選択の自由（22条）、財産権（29条）を保障するなど、契約の自由や取引の安全、市場の資源配分機能を保障する上での根幹ともいうべき内容を含んでいる。法の下の平等（14条）が所得分配の公正を保障する重要な規範であることも周知のとおりである。

　憲法で保障する人権が守られているかどうかは、通常、行政訴訟や民事訴訟を通じて裁判所によって判断される。行政法は、行政訴訟手続、行政手続、行政不服審査、国家賠償、行政組織などについて、憲法的価値の実現の技術として捉え考察するが、その際行政法に固有の法的効果に着目する。特に、行政事件訴訟法という実定法が、取消訴訟という紛争処理形式を導入していることに伴い、いわゆる行政処分の法形式には一定の特殊な効力が与えられている。権限ある機関によって取り消されるまでの間は、その行政処分の効力を何人たりとも否定することはできないという公定力、法令で許容された出訴期間内に行

政処分に対する取消訴訟を提起しない限り、その後は処分が無効である場合は格別、効力を争うことができなくなるという不可争力などが与えられている。

行政訴訟については、福井秀夫・村田斉志・越智敏裕（2004）『新行政事件訴訟法』新日本法規が、想定されうる場面ごとに詳細な解釈論を示す。阿部泰隆（1997）『行政の法システム（上）（下）[新版]』有斐閣は、具体例を多数盛り込んだ行政法に関する政策的視点を打ち出し、法と経済学的な素材の宝庫である。櫻井敬子・橋本博之（2007）『行政法』弘文堂は、現代的な課題を明確に論じ、行政法の全体像を把握するのに適した好著である。

日本の行政法規の多くには、免許、許可、認可、決定等名称は様々であるが、行政処分の効力を持つ行為が多数定められており、このような法的効力を持つ行為類型は、行為の効果を早期に法的に安定させたい場合や、多数人に対して一律画一的な法的効果を及ぼすことを意図する場合に、特に意味を持つ。一定の行為についての効力が後から蒸し返されることを防ぎたいとき行政処分は多用される。

営業許可や建築許可に類する行政処分については、多数の私的当事者間の相互の影響を規律する効果を持つものも多く、これらは、個別に事後的な不法行為法を適用した民事紛争処理ルールによって解決するのではなく、統一的で画一的なルールにより、そのような不法行為紛争自体を未然に回避する措置としての機能も果たしている。

法には、権利義務関係を直接に定める実体法と呼ばれる分野のほかに、民事訴訟法、行政事件訴訟法、民事執行法のように、裁判や強制執行の場面における、迅速で確実な実体的権利の実現を図る手続法の領域も、現実に重要な役割を営んでいる。実体法がどれだけ精緻に定められていたとしても、それを実現するための執行法等の手続きが機能しないとき、権利は画餅となる。例えば長年にわたる担保執行法の機能不全に伴う社会的混乱については第 5 章で詳述される。

いずれにせよ、それぞれの法には固有の存在理由が想定されているが、法と経済学では、狭義の法学的考察で念頭に置かれがちな立法趣旨の考察そのものについて、明確な基準に基づき別の角度から再検証することができる。法と経済学から説明が可能な立法趣旨についても、その目的を達成するために最適の

手段が当該法制度の中で採択されているかどうか、という検証は、別途行うことが可能である。それぞれの法が、そもそも何のために存在しているのか、その存在目的を達成するための最適な手法が法の中で用意されているのか、そのような手法は現実に機能しているのか、といった事項を検証するうえで、法と経済学は有益な役割を果たす。法の目的についても、狭義の法学で論じられる、例えば「公共性の実現」、「適正かつ合理的な利用」、「正当な理由」、「安全で快適な環境」などの様々な法的不確定概念は、法と経済学の観点から、よりシンプルで明確な概念に置き換えることが可能である。法と経済学による法の目的とその達成手段の検証は、法の隠れた機能をより精密に考察するうえで豊かな果実をもたらす。

2. 任意規定と強行規定の意味を検証する

　法令の中には、公の秩序に関するものとそうでないものがあることが前提とされており、民法91条では、法令中の公の秩序に関しない規定と異なった内容の意思を表示したときは、その意思に従う旨定められている。このような公の秩序に関しない規定を任意規定といい、公の秩序に関する規定を強行規定という。任意規定と異なる意思表示が有効であることは、契約自由原則の一環でもある。例えば、民法614条の家賃の月末後払い原則などは、これと異なる規定が許されるという意味で任意規定の一例である。

　強行規定には、民法総則の多く、例えば錯誤（95条）、詐欺・脅迫（96条）、時効（162条、166条等）などが該当する。会社法の多くの規定も強行規定である。強行規定に反する意思表示の効力は制限される。強行規定が果たして社会経済的に合理的なものであるか否かを検証するうえで、法と経済学は重要な知見を提供することができる。強行規定が、いわゆる資源配分の効率性を改善することとなるのか否かについては様々な見解がある。ある種の強行規定を、継続的契約理論、不完備契約理論など用いて正当化する議論も多いが、本文で繰り返し分析されるように、強行規定正当化論の多くは成功していない。

3．法のもたらすパラドックスを正確に把握する

　借家人の権利を強化した1941年の借地借家法の正当事由制度は、かえって弱い立場の借家人のための賃貸住宅を減少させ、本来意図する効果を発揮することができなかった。借地借家法の正当事由制度をバイパスするいわゆる定期借家法の導入によって、広く割安な家賃の賃貸住宅が現実に出回るようになっているが、これは法と経済学的分析が予め想定したとおりの帰結であった。

　利息制限法の上限金利を引き下げると、返済リスクが高い人々は最初から融資を受けられなくなるという形でかえって不利益を受ける。最低賃金を引き上げることは、その最低賃金に見合うだけの労働生産性を発揮することができない人々の失業をもたらす。

　これらはほんの一例であるが、多くの法律家の常識とは異なり、ある人々を保護しようとしてその権利を強めることは、必ずしも強められた権利を持つ人々を幸せにすることにつながるわけではない。強められた権利の設定希望者と交渉することとなる相手方の行動は、権利強化の前と比べて変化する。強められた権利を前提とすると、そのような権利の設定を権利提供者は忌避するようになるかもしれない。これらのインセンティブの変化なども総合的に見据えなければならず、単なる権利の強化が権利者の状況の改善をもたらすと想定することは、素朴にすぎる認識であることを、法と経済学は教えてくれる。単純な権利強化は、思わぬ副作用を生みかねないのである。

4．法による当事者への介入の条件を踏まえる

　当事者の自由な取引の場である市場は、うまく機能することもあるが、そうでない場合もある。うまく機能する市場に対して、政府が、法や税制、予算で介入することは、人々の豊かさを必ず損なう。資源配分の効率性の観点から、法などによる市場介入が正当化されるのは、いわゆる**市場の失敗**がある場合に限られる。

　また、公正の観点からの介入は、多くの場合、ある気の毒な人々にとって価

格が高額でありすぎることに問題があるとされる場合に行われる。例えば、水や住宅などについて安い価格を義務付ける価格上限規制などによって、貧しい気の毒な人々を救おう、それによって公正の実現を図ろう、とする考え方は根強い。しかし、これを現実に適用することは、通常論者が意図する公正を実現することにすら寄与しないのみならず、かえって社会全体を貧しくし、貧しい人々への給付財源をも失う結果につながっている。公正の実現のためには、例えば累進の所得税とそれらを財源とする生活保護の給付などによる再分配による方が合理的である。このように考えると、市場の失敗として法が介入できる場合は、かなり限られてくる。実際、市場の失敗として想定できる領域は次の5つしかないのである。

(1) **公共財**（マンキュー 302～321頁）

公共財とは、他人を排除することが不可能でかつ競合的でない財・サービスのことである。防衛、外交、渋滞していない一般道路などがこれに該当する。公共財を民間の自由な市場で成立させることは難しい。なぜならば、ある特定の人物の住居だけを守る防衛サービスは考えられなくはないが、近隣に住む多くの人々は、誰かが最初の契約者となるのを待ち望み、誰も率先して第一号契約者となることはしないであろう。近隣住民は、防衛サービスに関してフリーライドが容易にできてしまうからである。このようなサービスについては、公的主体が供給に責任を持たなければ、本来望ましいサービスであっても、提供がなされなくなってしまう。

(2) **外部性**（マンキュー 274～300頁）

外部性とは、市場取引を通じないで、他者にもたらす利益又は不利益のことである。利益の場合を**外部経済**といい、不利益の場合を**外部不経済**という。公害は、外部不経済の典型例である。ビルの屋上緑化をし、または個人住宅にブロック塀でなく生垣を設けるようなケースは、外部経済の例である。

公害を発生させる工業生産品の生産では、公害被害のもたらす健康被害等の費用を工場主が負担していないため、望ましい水準を超えて過大に生産がなされる。それに伴い社会は貧しくなる。地球環境や景観に便益をもたらす屋上緑化などが、ビルの所有者以外の人に与える便益にも拘らず、そのような便益の代償が支払われない限り、本来の望ましい水準よりも下回る緑化量しか市場で

は実現できない。市場は失敗し、やはり社会はその分貧しくなる。このような、過大ないし過少な生産量については、適切な経済的インセンティブ又は規制によって、状況を改善することができる。これを**外部性の内部化**という。行政法規などでは、かなりの多くのシェアを、外部性内部化に関するものが占めている

　(3)　**取引費用**（マンキュー 282～287頁、314～317頁）

　取引費用とは、財やサービスの取引に際して要する時間・労力・金銭などの負担のことである。例えば、小額の買い物に際して、常に値切り交渉が必要になったり、契約した製品の納品がしょっちゅう納期に間に合わないため、それを見越して余分に別のところから仕入れが必要になったり、売掛代金を請求しても任意の支払いがされず、代金の回収のための訴訟が常に必要になったり、しかもその訴訟に長時間かかり、さらに高額な弁護士費用も必要である挙句、勝訴判決を得た後も、強制執行がかなり低い確率でしか成功しなかったりするなどの状況にあるとき、本来は交換の利益を生み出すはずの市場が縮小し、または社会からそもそも消滅してしまいかねず、社会はその分貧しくなるだろう。

　権利が明確で、その設定や移転に費用がかからない、言い換えれば、迅速、安価、確実に権利の移転等が実現できることは、市場を豊かにする重要な要素である。多くの実体法の整備、民事訴訟制度、強制執行制度などは、いずれも取引費用を小さくするうえで重要な役割を果たすことが想定されている。

　また、都市計画・建築規制による土地利用規制などは、画一的な一定の制限を私権に加えることで、事後的に個別の不法行為紛争として処理することがきわめて困難となるかもしれない領域において、紛争処理の取引費用を小さくする役割を果たしている。マンションの建替えを、人数と面積の5分の4の多数決で可能としているいわゆる区分所有法の建替え制度は、老朽化したり、震災にあったりしたマンションの更新を容易にする取引費用の低減策としての役割を果たしている。

　取引費用に関するきわめて重要な原理に、**コースの定理**がある。コースの定理とは、権利が明確に法に記述され、その実現や移転のための取引費用がゼロであるならば、誰にどのような権利を配分しても常に資源配分が最適化されるというものである。現実には、取引費用が完全にゼロであることはありえず、

コースの定理の適用範囲はきわめて限られているとして、コースの議論について、頭の体操にすぎないかのごとき位置づけをする向きもあるが妥当でない。

コースの定理の含意は、次の三点である。第一に、法は権利の内容を明確に定めるべきである。第二に、法は取引費用を極小化するよう、訴訟法・執行法をはじめとする手続法を定めるべきである。第三に、法は取引費用の総和を極小化するよう、すなわち、権利を配分されないときに権利の実現のための費用が大きくなる者に初期権利配分をするよう、実体法を定めるべきである。これらの意味付けにこそ、実は重要な意味がある。コースの定理ないしそのバリエーションについては、法と経済学の基礎的な原理であり、本文で様々な場面を通じて繰り返しその応用がなされるだろう。

(4)　情報の非対称（マンキュー　653〜661頁）

情報の非対称とは、財やサービスについて、消費者と生産者との間で、知る情報に格差がある場合のことである。欠陥住宅や欠陥中古車について、売り手はそれらの欠陥を熟知しているにも拘らず、買手がそれらを発見することが難しい、ということはしばしば生じる。一定の確率で欠陥住宅・欠陥車が混入することが広く知られるようになったとき、買手はそれらに対する付け値を下げることで防衛行動を取るようになるだろう。しかし、付け値の下落は、欠陥のない優れた品質の住宅・車を販売しようとする売り手に対して、市場からの退出を余儀なくさせるかもしれない。結果的に良質な財・サービスの市場が消滅して、欠陥商品だけの市場が出現し、ひいてはそのような市場は社会から淘汰されて消滅してしまうかもしれない。建築確認制度、住宅性能保証制度、消費者保護制度などは、情報の非対称を緩和するための措置として存在しているともいえる。

(5)　独占・寡占・独占的競争（マンキュー　418〜517頁）

独占とは、ある生産者がその製品の唯一の生産者であって、製品の密接な代替財がない場合のことをいう。独占の原因は参入障壁であり、それには、①独占資源の場合、②政府による人為的な独占、例えば特許権や著作権の場合、③自然独占、すなわち1つの企業による財サービスの供給の方が、2社以上で供給するよりも費用が小さい場合の三種類がある。

寡占とは、少数の売り手が類似又は同一製品を提供する市場であり、独占的

競争とは、多くの企業が、類似しているが同質でない製品を提供する市場のことである。

　独占や寡占の非効率を緩和するため、例えば、独占禁止法による競争政策が取られている。一方、特許法、著作権法、種苗法のように、人為的な独占状態を政府があえて作り出すことによって、技術進歩や文化的創造を促進しようとする法制度もある。独占の状態が一概に妥当ではない、というわけではないことに注意する必要がある。

5．「政府の失敗」を軽視しない

　所得分配が公正でないために税制等による介入が正当化される場合は別に考えると、市場の失敗として想定される領域は以上の５つしかない。法、税制、補助等の名目の如何を問わず、政府の関与が正当化されるためには、厳密な意味での市場の失敗の論拠が必要である。

　加えて、その関与の程度や態様は、市場の失敗を是正する限りにおける必要かつ十分なものでなければならない。政府官僚や法律家によく見られる論法は、ある業務や施設には「公共公益性」があるため、規制や補助によって、監督を強化したり、業務を助長したりする必要がある、といったものである。しかし、政府の関与には、常識用語の意味での「公共公益性」が必要であることなどは当たり前であって、それを正当化するためには、その内容を要素還元して、より緻密な根拠と対応させる必要がある。その重要な根拠が市場の失敗の五類型なのである。

　一方、市場の失敗があるとしても、これに対する**「政府の失敗」**というべき事態にも十分留意を払うことが必要である。市場の失敗を是正するという建前が正当化されるからといって、それに対応した政府の介入が、常に博愛的統治者の立場から、公正無私で、効果的な手段として発動される、という保証はない。

　次の認識はとりわけ重要である。「政治の指導者達はつねに社会全体の幸福を追求していると仮定したり、効率と衡平の最適な組合せを探していると仮定するのもよいかもしれないが、多分現実的ではない。消費者や企業の所有者の

場合と同様に、政治家も利己心が彼らの行動の強力な動機となりうる。再選を目指すのが目的で、票を確固たるものとするためなら、国益を犠牲にする行動を取る政治家もいれば、単純な物欲に突き動かされる政治家もいる。……経済政策を考える際には、政策が慈悲深い王様によって決定されているのではなく、残念なほど人間の欲を持った現実的な人々によって決定されていることを心に留めておこう。政治家は、国益を追求しようとするときもあるが、政治家自身の政治的・金銭的目的によって行動している場合もある。実際に取られる経済政策が、経済学の教科書で理想とされている経済政策とは似ても似つかないものであっても、それは決して驚くべきではない。」(マンキュー 668頁)

「政治家もまた人間」であるし、市場の失敗を理由とする政府の介入に伴う政府の失敗が、元の市場の失敗よりも少ないという保証もない。また、マンキューが想定する米国の立法は、基本的に議員立法に依存しており、日本のように議員内閣制の下での政府提出法案が国法の大部分を占めるという立法過程とは仕組みが異なることに注意が必要である。上で引用される政治家の特性については、日本における多くの政府官僚についても当てはまりうるのである。

6. 法と経済学で考える——経済学の十大原理に常に立ち返る

法と経済学で特に前提となる重要な知識は、**ミクロ経済学**である。本書では、オーソドックスで明晰な解説を満載するマンキュー経済学ミクロ編に依拠して多くの基本概念を解説している。技術的分析道具もさることながら、法と経済学の基礎的な思考様式を習得するためには、ミクロ経済学の基礎的なセンスに関する知見を会得することが不可欠である。それには、問題を考える際、マンキューの経済学の十大原理のような考え方に常に立ち返ることが有益である。

法と経済学を習得するうえでベースとなるミクロ経済学を貫く基礎的原理として、特に第1〜第7原理が重要である。以下敷衍して解説しよう。

第1原理－人々はトレードオフ（相反する関係）に直面している

何かを選択することは、別の何かを失うことでもある。これを**トレードオフ**という。例えば、知的財産権の保護の程度を強めれば強めるほど、新しい発明

表　経済学の十大原理（マンキューによる）

（人々はどのように意思決定するか） 　1．人々はトレードオフ（相反する関係）に直面している 　2．あるものの費用は、それを得るために放棄したものの価値である 　3．合理的な人々は、限界的な部分で考える 　4．人々は様々なインセンティブ（誘因）に反応する
（人々はどのように影響しあうのか） 　5．交易（取引）は、すべての人々をより豊かにする 　6．通常、市場は経済活動を組織する良策である 　7．政府は市場のもたらす成果を改善できることもある
（経済は全体としてどのように動いているか） 　8．一国の生活水準は、財・サービスの生産能力に依存している 　9．政府が紙幣を印刷しすぎると、物価が上昇する 　10．社会は、インフレ率と失業率の短期的トレードオフに直面している

や著作を生み出そうとする発明者や著作者のインセンティブは増大し、それら果実がもたらす社会的便益が大きくなることに疑いはない。しかし一方では、例えば特許期間が延長されるなど、知的財産権保護の程度を強めることは、当該発明などが社会に十分に行き渡ることを阻害し、その分社会は貧しくなる。このようなトレードオフを考えると、巷にまま見られる勇ましい議論のように、知的財産権保護を強化すればするほど社会にとって望ましい、などとはいえなくなる。

　警察官を増大するなど、犯罪抑止のための投資を増やせば増やすほど、犯罪は少なくなるかもしれない。しかし、警察官のために公務員を投入することは、学校教員や消防官をその分削減することをも意味する。同じ人件費を他のことに費やしたら得られていたはずの、例えば教育による人的資本の蓄積や、火災による延焼被害の食い止めといった利益はその分失われる。何か望ましいことがあるとしても、その望ましいことについて、多くの頻度で多くの費用をかけて実施するほど社会にとって適切であるということにはならない。限られた時間や財源の制約の中で、何かを選択することは、その分何かの犠牲を伴うのである。法律家などに頻繁に見られる思考様式は、何らかの権利は強化すればす

序　章　「法と経済学」のすすめ

るほど望ましい、というものであるが、これはトレードオフの原理を十分に理解していないことに起因している。

　なお、ミラーほか4～30頁は、新薬審査、航空機安全、犯罪防止に関するトレードオフに関する鋭く精緻な分析である。

第2原理－あるものの費用は、それを得るために放棄したものの価値である

　あることに費やすことによって失われる他の利益のことを、**機会費用**という。人々がトレードオフに直面する意思決定をするときには、自らにもたらされる費用と便益とを、意識的か否かはともかくとして、常に比較している。

　例えば、取引費用の小さい裁判・執行制度は、権利の実現のための機会費用を小さくする。そのとき、権利の移転は、より円滑に行われやすくなる。法によって何らかの投資や選択を人々に強いようとするとき、それに伴う機会費用を考慮することは重要である。立法関係者や裁判官には、この意味での機会費用の認識が薄い人々も多く存在する。ある選択が誰かに利益をもたらすとしても、その選択によって失われる他の利益が、その利益よりも大きいとき、そのような選択は、社会にとって必ずしも合理的であるとはいえない。

第3原理－合理的な人々は限界的な部分で考える

　法と経済学でいう「限界」には、「我慢の限界」のような意味を含まない。「**限界**」とは、「追加1単位当たりの」又は「端の」を意味する概念である。例えば、何かの試験の前日に、睡眠を削ってあと1時間勉強をすることが合理的かどうかを判断する基準は何だろうか。

　1時間の勉強によって試験の成績を上げることができることによる便益が彼にとって50であるとしよう。一方、その1時間の便益で睡眠を失うことによる費用（苦痛）が彼にとって40であるとしよう。この場合、追加的な便益は追加的費用を上回っているから、彼はもう1時間勉強に費やすべきである。では、さらにもう1時間勉強時間を増やすことはどうか。今度は、試験の点数を上げられる便益が40に低下し、睡眠を削る苦痛が50に増大したとしよう。彼はさっさと勉強を止めてベッドに入るべきである。

　また、オペラや演劇などで、開演時間直前になると、必ずしもよい席ではな

いが、格安の座席が売り出されることがある。総経費を賄う1人当たりの高い平均費用と比べて、その価格が原価割れをしているとき、このような座席の販売は望ましくないとする考え方もあるかもしれない。しかし、この考え方は必ずしも合理的ではない。空気を座席に座らせるよりは、その観客を入場させ、着席させるならば、それに伴う追加的な費用がほとんどゼロである以上、わずかな金額であったとしても、空いている座席はすべて格安座席としてそれを直前に販売することで常に収益を増大させることができる。その設定料金は、観客を1人追加することによるわずかな空調や清掃等の費用増大分、すなわち限界費用さえ上回っていればよいのである。

第4原理―人々は様々なインセンティブ（誘因）に反応する

　人々は、費用と便益とを比較して意思決定するが、その意思決定は費用や便益そのものの変化によって変化する。すなわち、何らかの事情変更、例えば法制度の変更や法解釈の変更が、人々の行動の**インセンティブ**を変化させることがある。

　建物の固定資産税を強化すると、建物投資が減少する。借家権を強化すると、強化された借家権を活用しそうな人々、例えばファミリー向けの広い賃貸住宅への入居を求める人々などへの借家供給を家主は減らそうとする。シートベルトの着用を義務付けると、ドライバーの注意義務が緩むため、交通事故件数はかえって増加する可能性がある。

　法解釈に当たっての利益衡量とされる考え方は、ある法的紛争が発生した後に、裁判官が一定の価値規範に基づく裁定を下す際の規範となるものである。言い換えれば、紛争当事者が、いずれも事後的に裁判官がそのような判定を下すことを予想していなかったとすると、仮にその判定を事前に承知していたときには、当事者は別の行動を取ったかもしれない。少なくとも、事後的な裁判官の判定が、世に判例法の形で流通するにつれて、そのような判定が存在しなかったときと比べて、同様の状況に置かれる人々のインセンティブは確実に変化する。多くの法律家、例えば裁判官、弁護士、法解釈研究者などは、事後的判定による人々の行動の変化について必ずしも敏感ではないことがある。

　法と経済学で考えるということは、当該事件の事後的処理における正義公平

さえ実現すればよい、という短期的視野に立つ判断を採らない、ということをも意味する。ある解釈がもたらす事後の社会経済的な影響について、特に人々のインセンティブの変化を念頭に置いた中長期的な考察を行うことも必要不可欠なのである。

第5原理－交易（取引）はすべての人々をより豊かにする

　一般的に自給自足の社会は貧しい。人々が、それぞれより得意な分野の物やサービスを生産・提供し、他の人々にそれらを与えるとともに、自らが提供するよりも他の人々が提供するほうが安価と考えられる物やサービスを購入するという交易活動は、すべての人々をより豊かな状況に置く。多様な財・サービスを、自分で生み出すよりもより安く買えることで、皆がより豊かになることができる。このような自発的な取引の成立の可能性を小さくすることは、人々をより貧しくする。例えば、取引に対する無効をもたらす強行規定を置く各種法令は、多くの場合交易の利益を阻害する。交易の利益を損なうことによる費用を上回るだけの何らかの利益をもたらすものであるのかどうかについては、厳格な検証が必要である。

第6原理－通常、市場は経済活動を組織する良策である

　うまく働く市場は、通常売手、買手を含む多くの人々を豊かにすることに大きく貢献する。市場とは、売手や買手の利己心、ないしインセンティブに意思決定を委ねる分権的な仕組みであって、その対極にあるのは、ソ連・東欧諸国などでかつて広く存在した中央集権的な計画経済の仕組みである。すべての財やサービスについての買手の好みや売手の生産費用を、必ずしも的確に知ることができない中央集権的計画経済の統制官僚たちは、必要な財やサービスが、十分の人々に行渡り、物不足や過剰な生産が発生しないよう、経済を調節するという役割を上手に担うことができなかった。もちろん、市場は失敗することがあるが、多くの領域で市場こそは、かなりの程度人々の満足度を高めることに貢献できるのである。市場における**需要と供給**の作用、市場の働き方、その改善の仕方については、マンキュー 92〜215頁に詳しい。

　しかし、多くの、特に法律家の持つ市場のイメージは、高校の政治経済など

で学んだ需要曲線と供給曲線の交点で価格と生産量が均衡するというイメージを大きく出るものではない。なぜ、需要曲線と供給曲線の交点で価格と量が釣り合うことが望ましい状態なのか。これについては、実質的な意味付けを理解しない限り、**市場の意味**を本当に理解したことにはならない。

　需要曲線については、ある値段を示されたときの購買量を示すものだと理解されることが多い。しかし、より重要な意味は、需要曲線の左上から右下にかけて、その財・サービスに対する支払い許容額の高い順番に、買手の許容額が階段状に並んでいると考えることで理解することができる。A、B、C、Dの4人がカステラを欲しがっているが、それぞれカステラの好みには差があり、例えば著者が製造するカステラを、Aは1本につき1万円までは払って購入したいと考える。Bは8千円、Cは6千円、Dは3千円までが支払い許容額であるとする。Aは飛び切りの甘党で、Dはそれほどでもないということである。

　この市場で、仮に著者が1本限りのカステラについて最高値入札者にこれを売却すると公表し、入札が行われるとしよう。仮に1千円から競売をはじめ、だんだん値段を上げていくと、おそらく8千円を少し上回る価格でAが落札し、競売が終了する。Aは著者のカステラに1万円まで払っていいと考えていたわけだから、それをわずか8千円ちょっとで購入できたことで、2千円弱得をしたといえる。この利得を消費者余剰という。ではこのとき、何らかの事情で価格がまず決定されることとなり、仮に5千円の価格設定が行われたとする。今度は、その価格で購入を希望するすべての需要者にカステラが行き渡るだけの生産量が確保されている。このとき、D以外のA、B、Cの3人は、カステラを購入する。それぞれの消費者余剰は、Aが1万円－5千円＝5千円、Bが8千円－5千円＝3千円、Cが6千円－5千円＝1千円である。思いのほか安く買うことができてうれしい、という意味での利得が、消費者余剰として生じるのである。

　今度は売手を考えてみよう。カステラ製造業者は、著者の他にX、Y、Zの計4業者が存在するとしよう。著者がカステラ一本だけを製造するのにかかる原材料費、人件費、光熱費等の費用は1千円である。Xの費用は3千円、Yは6千円、Zは8千円である。このとき、カステラ購入希望者Aが、4業者の

いずれかからカステラを購入しようと競売を行う。Aは自分の支払い許容額の1万円から競売を始める。4業者のすべてがこれに応じて売却しようとするだろう。値段は下がり始め、3千円を少し下回る価格で著者が落札するだろう。著者は、元々カステラの製造に1千円しかかかっていなかったので、2千円弱の利得を得る。これを生産者余剰という。今度は何らかの事情で価格が5千円と決定され、その価格での生産に見合うだけ買手が存在すると考えてみよう。YとZは自らの生産費用がこれを上回るため、カステラを売ろうとはしない。著者とXは5千円で喜んでカステラを売却する。著者の生産者余剰は4千円、Xの生産者余剰は2千円である。思いのほか高く売ることができてうれしい、という意味での利得が、生産者余剰として生じるのである。

需要曲線は、左から右に掛けて支払い許容額の高い順番に需要者が並んでいるものであると理解することができる。供給曲線は、左から右に掛けて生産費用の安い順番に生産者が並んでいると理解することができる。仮に需要曲線と供給曲線の交点で価格と量が均衡しているとき、ゼロからその量までの間の需要曲線の下の部分の面積を総効用といい、同じくゼロからその量までの供給曲線の下の部分の面積を総費用という。

また、需要曲線と価格線とY軸との間で囲まれた三角形の面積は、購入者にとっての消費者余剰の合計である。同じく価格線と供給曲線とY軸との間で囲まれた三角形の面積は、生産者にとっての生産者余剰の合計である。消費者余剰と生産者余剰を足し合わせたものを**総余剰**といい、総余剰は総効用から総費用を差し引いたものでもある。

総余剰が最大化されているとき、そのような資源配分は効率的であると考える。それがなぜ望ましい状態であるのか。消費者、生産者それぞれの利得が最大化されているからである。その利得とは、生産者にとっては思ったより高く売ることができたという利得であり、消費者にとっては思ったより安く買うことができたという満足感である。市場の利点は、このような意味での満足度を高めることができるということである。

もっとも総余剰が大きいからといって、それが常に社会的に望ましい状態であるとはいえないかもしれない。例えば、余剰のほとんどが特定少数の地主や資産家などに帰属している場合、そのような利得の分配状況は社会的に見て公

正とはいえないであろう。しかし、ある利得の分配状況が不公正であるとしても、不公正をなくすため、と称して市場に対して生産量規制や価格規制を講じることは、通常市場を失敗させ、総余剰を減らし（この減少分を死荷重という）、社会をその分貧しくする。結果として貧しい人々を助けることができたかもしれない財源をも失うことになる。

　むしろ、所得分配の公正を実現するためには、富裕すぎると考えられる人々から余計かつ適切に課税を通じて利得を吸収し、それをより気の毒であると判断される人々に対して、適切に生活保護等の手段を通じて再分配することが適切である。

　たとえて言うならば、「みんなで食べるカステラはできるだけ大きく焼こう。取り分け方を考えるのは、大きなカステラが焼けてからにしよう。その際は、弱者に手厚く、公正な基準によることにしよう」ということである。このような原理は、本書の各章を通じて繰り返し議論されることになる。いずれにせよ、高校レベルの需要曲線と供給曲線の理解を超えて、なぜ総余剰を大きくすることが、誰にとっても差し当たり望ましいこととなるのか、について、感覚として十分理解しておくことは、法と経済学を学ぶ上での基礎中の基礎といえる。マンキュー 190～215頁の記述は、この点をきわめてわかりやすく適切に解説する優れた記述であり、疑問が生じたときには、繰り返しその理解に立ち戻って欲しい。

第７原理－政府は市場のもたらす成果を改善できることもある

　うまく機能する市場には、一定の政府のサポートが必要不可欠である。所有権が法によって守られ、その侵害について、窃盗罪で犯人を処罰したり、民事訴訟で所有権を回復したり、損害賠償請求ができたりする法的な仕組みが存在しなければ、市場は機能せず、社会は無法者の楽園と化してしまうだろう。また、権利の実現に取引費用がかかるとき、市場は失敗するから、取引費用を小さくするために適切に介入することは、政府の大きな役割の１つである。

　このように、政府が介入すべき論拠は存在するが、その論拠は、すでに論じた市場の失敗の５つの領域に厳格に限定されている。しかし、政府は、客観的に外部性の程度を計測することには必ずしも向いていない主体かもしれない。

また、公共財を提供する責任が政府にあるとしても、その公共財の提供に直接関わる公務員は、必要な限度を超えて組織の自己増殖や再就職先の確保を図るかもしれない。情報の非対称を緩和するという美名の下に、資格者団体や業界団体の意向を受けた政府部門は、特定の資格や産業への参入を厳しく制限して、情報の非対称対策の限度を超えた既得権者の擁護と競争抑制を図るかもしれない。ミラーほかは、自動車保険料金規制（104〜109頁）、空港発着枠割当て（110〜121頁）、教育バウチャー（221〜229頁）、住宅立地規制（230〜236頁）などに関する政府の失敗の具体的な場面を丁寧に分析する。

　政府は、常に市場の働きを改善することができるという存在ではない。逆に言えば、失敗しがちな政府の介入については、なるべくなら、政府が失敗しにくいようなモニタリングの仕組み、裁量性のない客観的な統制基準の策定、利害関係の薄い主体によるチェックなどを予め組み込む安全装置を設けておくことの重要性がきわめて大きい。そのうえで、なお見込まれる政府の失敗が、政府が介入しない場合の市場の失敗よりも大きい場合には、むしろ政府が介入せず、市場の失敗を放置することが合理化できるのである。

第1章 金利に対する政府介入はどうあるべきか

契約法の経済分析の基礎

設例

　最近、多重債務者が増大しているといわれ、支払能力や判断能力の乏しい人々への貸出し、強引な取立てなどの弊害が指摘されている。貸金、すなわち金銭消費貸借契約に対する政府の介入はいかにあるべきだろうか。特に金利についての規制をどうすべきだろうか。これについては例えば、

(1) 金利の上限規制として刑罰による担保、民事上の効力の規制の双方を、同一金利で設定し、その上限金利も厳格に低金利とすべきである
(2) 金利の上限規制の刑罰による担保は高金利で、民事上の効力の規制は低金利で行い、民事上の金利上限規制を超える消費貸借契約については、常に契約の効力を否定すべきである
(3) 金利の上限規制について、刑罰による担保を高金利で、民事上の効力についての規制は低金利で行うべき点は(2)と同様だが、民事上の金利規制を超える金利については、債権者からの請求はできないものの、債務者が任意に弁済したときにはその弁済を有効とすべきである
(4) 金利の上限規制は、刑罰による担保、民事上の効力の規制、ともに一致させて、高い水準で規制するに止めるべきである
(5) そもそも刑事、民事を問わず、金利の上限規制を一切撤廃すべきである

などの考え方がありうる。それぞれの考え方のメリット、デメリットを勘案して望ましい金銭消費貸借契約に対する政府の介入のあり方を検討しなさい（金利規制と家賃規制とは問題の構図が似ている。福井秀夫（1995）「借地借家の法と経済分析」八田達夫・八代尚宏編『東京問題の経済学』東京大学出版会、阿部泰隆・野村好弘・福井秀夫編（1998）『定期借家権』信山社参照）。

>[!NOTE] 第1章で使う経済学　市場への政府介入の効果

　人間社会は、多くの約束事に満ち満ちている。契約とは、平たくいえば、約束の中でも、一定の法的効力を持つもの、例えば訴訟でその実現を求め、それが国家によって担保されるなどの一定の約束の強制力が想定されているもののことである。二者又はそれより多い複数の関係者が、特にビジネスに関して何かについてある取決めを行ったとき、それらの多くはいわゆる契約法の規律対象となる。日本をはじめ先進諸国の契約法は、通常民法の一部を占めており、多くの国々では、基本的に**契約自由の原則**が採られている。

　しかし、契約が自由だからといって、脅迫されて無理やり約束させられた場合や、劣等品質の物を優等品質だと偽られて購入させられた場合など、一定の任意性を欠くような場合は、契約の効力をそのまま維持することは妥当でないとみなされている。民法96条が詐欺や脅迫による意思表示を取り消すことができると規定し、民法95条が錯誤による契約は無効であると規定するのもこのような趣旨の反映である。民法90条が公序良俗に反する契約を無効とするのも同趣旨である。これらは強行規定と呼ばれ、契約当事者が合意したとしても、これに反する特約を設けることは許されないこととされている。

　詐欺や脅迫、錯誤に基づく意思表示については、あえてこれを有効としてほしいと願うような当事者が存在するとは考えにくいから、このような意思表示を無効とする強行規定の一群は、一般則として民法に置かれることによって、交渉コストを小さくして取引の安全を高めているといえる。また、例えばゴルゴ13と締結する暗殺契約について、仮にこれを有効とするならば、金を払った以上、誰かを殺す約束を履行せよ、と暗殺依頼者がゴルゴ13を裁判所に訴えたときに、その履行を命じ、執行を強制することとせざるをえなくなるが、それは健全な社会の望ましい仕組みとはいえないだろうから、このような契約の効力を認めないことは、効率性の点からも公平の点からも大方の合意が得られるだろう。

　しかし問題は、契約の当事者の間ではお互いに何らかのメリットがあると考えて締結し、それが他人の法益を侵すわけではないにも拘らず、そのような契約を許さないこととする**強行規定**が置かれている場合に、主として発生

する。そのような場合に強行規定で契約を無効とすることが、資源配分や公平に対してどのような影響をもたらすこととなるかを考察することは法と経済学の重要な課題である。これは強行規定という立法の当否をどのように考えるべきかについての示唆をも提供する。特にある種類の財やサービスに関して、価格の上限規制や下限規制が設けられることは、実際に広く見られる。

価格の**上限規制**には、借家人が居住における弱者であることを前提として、家賃を一定の負担以下に抑えようとする家賃規制（ミラーほか 77～84頁）、高い金利が返済困難者や多重債務者をもたらさないように意図する金利の上限規制、水は生命を維持するうえで必須の基礎的な財であるとして、その安価な提供を意図する水道料金規制（ミラーほか 45～50頁）などが存在する。価格の**下限規制**には、食糧管理制度により米などの農産物の価格を市場価格よりも高い価格で下支えする食糧管理制度による価格下限規制。最低限の適切な生活水準を労働者に保障する目的で設定される最低賃金規制などが存在する。

これらは現実に多くの国で存在し、広い分野で契約の効力を修正する大きな要素となっている。価格の上限規制は、一般的に超過需要をもたらし、供給不足を生じさせることによって、行列（忍耐）、クジ（運）又はコネ・差別（不正）による超過需要の割当てを必要とさせることになる。売手は、殺到する買手の中から一定の買手を選び出すことを余儀なくされる。価格機構を通じないこのような人為的な割当て手法は、しばしば一層の不公正を招く可能性がある。

しかも、価格規制がどのような買手にも及ぶ以上、気の毒な人を守ろうとする価格上限規制下で運よくそれを手に入れることができた人が相対的に気の毒な人々ばかりで占められる可能性は大きくない。ひょっとすると買手は途方もない資産家や高額所得者であるかもしれない。また、価格の上限規制によって支払い許容額の低い人も潜在的買手になりうるから、そのような買手が多く選ばれれば、財・サービスの購入に伴う消費者余剰はかなり小さくなるかもしれない。

いずれにせよ、総余剰は価格規制がないときと比べて確実に小さくなる。価格規制の正当性は、そのような効率性の低下を補って余りあるだけの所得

分配上の意義があるか否かによって決せられることになるだろう。

　次に価格の下限規制はどうか。例えば、市場賃金を越える価格以上の賃金支払いを命じる最低賃金規制は、これによって労働供給が労働需要を上回る結果をもたらす。超過供給は失業者ないし雇用の手控えとなって表れる。すでに仕事を持つか、または一定の生産性を発揮できる労働者の所得は増加するが、仕事を見つけることができない労働者の所得は減少する。マンキュー168～169頁が述べるように、最低賃金規制は、10代の熟練と経験に乏しい若者の労働市場に対して最も大きい影響を与える。最低賃金の上昇は、10代の若者の雇用を一定程度減少させる。このような、いわばより熟練と経験が乏しく、失業の危機に特にさらされている「労働弱者」の失業を増大させるとしても、なお最低賃金を上回るだけの生産性を既に発揮している労働者や、既得権を持った労働者の賃金を上昇させることに何らかの社会的な意味があると何らかの政策的な基準によって判断されるのでない限り、一般的にこのような政策を、効率性や、貧しい人々をより過酷な状況に置くべきではないとする公正基準から正当化することは困難である可能性が大きい。

　農産物に対する価格支持政策も、物余りを強制するという点で最低賃金と同様の効果をもたらす。例えば、減反と価格支持政策の混合政策は、一般に納税者から農民への所得移転をももたらすことに注意が必要である。これらの効果の分析については、マンキュー 158～186頁、ミラーほか 51～57頁に詳しい。

　また、価格下限規制が行われる場合に、特に売手が買手をどのように選択することになるのかは、**情報の非対称**に密接に関連する。本文で詳述されるように、金利という価格に代わる返済リスクに関する指標を利用することができなくなった貸手は、借手がきちんと期限内に貸金の返済を行いそうな借手であるかどうかについてわかりにくい、という情報の非対称を解消するため、様々な防衛策を講じるようになる。借手の所得や資産が少なかったり、過去に返済が滞ったりしたことがあるなどの履歴を持つ借手は、金利規制下では貸手の厳しいスクリーニングを受けがちとなる。いわば、リスクの高い類型の人々がかえって金銭消費貸借の需要者になりにくくなる、というパラドックスが発生する可能性が大きくなる。

価格規制に止まらず、一定の説明義務を果たすことに欠けると契約を無効としたり、一定の望ましくない契約内容が含まれる場合に契約を無効としたりする強行規定は、法の中に多数存在するが、強行規定の当否を分析するうえで、それらがいかなる意味での市場の失敗を根拠とし、それに対処するための必要十分な手法として合理化されうるものであるかどうかについて、厳格な検証が不可欠である。

1．背景説明および法と経済の理論

(1) 金利規制の実態

2004年3月末現在、消費者向け業者、いわゆるサラリーマン金融の貸付残高は無担保で11兆円に達しており、大手24社で9.4兆円、1件当たり約52万円、中小5,162社で1.2兆円、1件当たり約31万円の貸付けとなっている。国民生活センターに寄せられた多重債務に関する相談も、1995年度6,398件から2004年度56,469件と大幅に増大している。利用実態については、堂下浩（2005）『消費者金融市場の研究』文眞堂、堂下浩・内田治・照井芳裕（2006）『消費者金融に関する調査報告書』に詳しい。

2006年改正前の法令による金利の規制を概観してみよう（図1）。利息制限法は利息の上限を定め、元本100万円以上が年15.0％、元本10万から100万円未満が18.0％、元本10万円未満が20.0％となっていた。これを超過する利息は無効であると定めるが、利息制限法には罰則規定がないため、上限金利を超えた金利であっても刑事罰の対象とはならない。

同法1条2項によれば、債務者が超過部分を任意に支払ったときは返還を請求することができないと定めるが、最判1964年11月18日民集18巻9号1868頁は、上限金利を超えて支払った部分は元本に充当されるとし、最判1968年11月13日民集22巻12号1516頁は、制限利率を超えた利息が元本が消滅してからも支払われた場合、債務の消滅により利息は発生せず、その部分は不当利得として返還請求できることとし、これら最判によって、利息制限法の1条2項は実質的に空文化された。

一方出資法は、5条2項により、業としての貸付けについては年29.2％を超

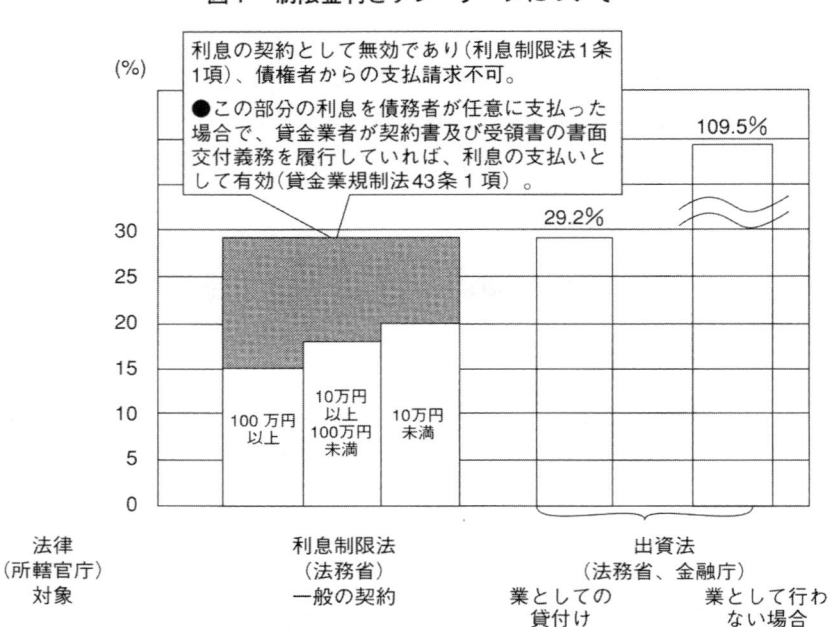

図1　制限金利とグレーゾーンについて

(%)

利息の契約として無効であり（利息制限法1条1項）、債権者からの支払請求不可。

●この部分の利息を債務者が任意に支払った場合で、貸金業者が契約書及び受領書の書面交付義務を履行していれば、利息の支払いとして有効（貸金業規制法43条1項）。

109.5%

29.2%

100万円以上：15〜30（網掛け部分あり）
10万円以上100万円未満：18
10万円未満：20

法律（所轄官庁）	利息制限法（法務省）	出資法（法務省、金融庁）	
対象	一般の契約	業としての貸付け	業として行わない場合
違反の場合	民事上超過利息無効	5年以下の懲役若しくは千万円以下の罰金又は併科	

える利息の契約をし、またはその利息を受け取ったときに刑事罰の対象とする旨を定め、実際上これは最上限金利として機能している。1954年に出資法が制定されたときの上限金利は109.5％であったが、1983年に40.004％に、2000年に29.2％に引き下げられて現在に至っている。

　現在の貸金業者の多くは、利息制限法の制限金利以上で出資法の上限金利以下、いわゆる「**グレーゾーン金利**」の範囲で営業している。これを「みなし弁済」という。貸手が弁済を法的に請求することはできないが、借手が任意で「弁済」してしまったときには有効な「弁済」とみなし、借手が後から過払いであることを理由に返還請求することはできないこととする趣旨である。さらに1983年に制定された貸金業の規制等に関する法律（貸金業法）43条は、利息制限法の上限金利を超える部分の利息支払について、借手が任意で支払い、契約書面及び受取書面が整っている場合などに限定して超過利息の支払いを有効

な支払いとみなしている。最判1964年及び1968年によって空文化された利息制限法の任意弁済を有効とする規定が、貸金業法の制定によって一部復活したものとみなすことができる。

　しかし、貸金業法のみなし弁済規定をめぐっては、最近の最高裁判決でその要件がきわめて厳しく限定されてきている。最判2006年 1月13日、同 1月19日、同 1月24日は、みなし弁済の要件である弁済の任意性について、期限の利益喪失条項、すなわち利払いが期日に遅れたとき、期限の利益を喪失させて一括返済を求めることができる旨の条項は、利息制限法の上限金利を越える部分について無効であるとした。

　このように金利規制については、所管省庁の異なる複数の法令により複雑となっており、最高裁判決も利息制限法の上限金利を越える弁済の有効性を厳格に限定する解釈を打ち出していることから、どのような金利規制が実際上有効であるのかはきわめてわかりにくい。特にグレーゾーン金利についてはこれを一元化すべきではないかとの議論が提起されてきた。

(2)　金利規制の影響

　金利規制の影響を検討してみよう。図2はリスクの高い借手を想定した元本100万円以上の貸金市場である。ここで想定される借手は、返済にリスクがあるなどの事情で市場では出資法の上限である29.2％よりも高い金利の支払いが必要となる類型である。この貸金市場は、貸手、借手ともに十分な数が存在し、競争的な市場であるとする。この市場における資金の借手は需要曲線上に分布し、例えば 1人目の借手の最高支払意思利息はOG、Q^*番目の最高支払意思利息はP^*となり、GからE点に至るまで付け値が段々小さくなって資金需要者が分布している。利息の規制がないとき、G点からE点までのすべての借手が借入れ可能である。市場金利はP^*であるから、1人目の借手はP^*G、Q_{S1}番目の借手はMBの分の利得を得ている。Q^*番目の借手の利得は、支払意思利息と市場金利が一致しているためゼロである。借手の利得の総和、すなわち**消費者余剰**はP^*GEの面積に等しい。

　貸手についても同様の分析が可能であり、OHという低利で貸す貸手から、Q^*番目の貸手のようにP^*以上の金利でないと貸さない貸手まで供給曲線上に

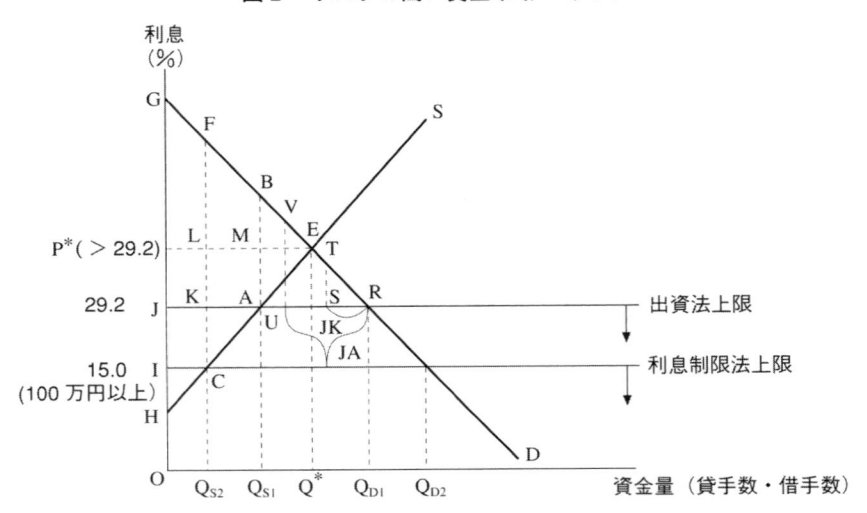

図2　リスクの高い貸金市場　その1

分布している。利息の規制がないときの貸手の利得の総和、すなわち**生産者余剰**は HP*E である。したがってこのとき**社会的余剰**は HGE となる。

　ここでまず出資法による29.2％の上限金利規制が加えられた場合のみを想定する。29.2％の金利規制の下では、資金需要 Q_{D1} に対して資金供給は Q_{S1} しかなく、$Q_{D1} - Q_{S1}$ の超過需要を処理するための割当てが必要となる。出資法による規制の下では、生産者余剰は HJA の面積であり、消費者余剰の最大値は JGBA、最小値は UVR である（UR の距離は JA に等しい）。いずれにせよ、消費者余剰が最大値を取る場合であっても、最低限 ABE の余剰の損失が発生する。

　消費者余剰は、現実の市場では最大値と最小値のどちらにより近いだろうか。この点は、超過需要の割当てに際して、どのように貸手が借手を選ぶと見込まれるのかに依存する。貸手が借手を選択するときの最大関心事は、期限までに確実に返済がなされることである。いい換えれば、貸手は債務不履行の蓋然性が小さいと見込まれる借手を選択しようとする。出資法による金利規制のあるとき、借手は G から R 点までの間に分布し、最高支払意思利息は OG から Q_{D1} R まで分布がある。

第1章　金利に対する政府介入はどうあるべきか

　高い利息を払う用意がある借手とそうでない借手との違いは何だろうか。現在の一定の資金に対してより高い価値を見出す借手は、そうでない借手よりも資金をより有効に利用し、高収益を上げる可能性が高い人々であろう。これらの借手は、割高な金利を容認してでも資金を必要とするより切迫した借手でもあって、返済における堅実さに欠けるグループである蓋然性もある。そうだとすると、貸手が超過需要者を排除する、すなわち安全な借手を選択する中でスクリーニングされる可能性が高いのはこれらの人々であって、最高支払意思利息が小さい人々が貸手によって選択され、消費者余剰はどちらかというと最小値に近い方に落ち着く可能性が大きいともいえる。

　また、付け値の高低に拘らず、いずれにせよ貸手は、多数の資金需要者の中から実際に相手を選択するに際しては、審査基準を厳しくし、返済能力の高いと見込まれる者を選ぶことは間違いないから、借金をすること自体、金利規制前よりも狭き門になることは疑いがない。

　次に出資法に加えて利息制限法による規制がある場合を見てみよう。設例の(2)のように、制限利率を超える部分を常に無効とする場合、または設例の(3)のように現行制度同様、利息制限法の上限金利を越える金利について法的に請求はできないが、貸金業法の要件を満たして任意に弁済した場合は有効という仕組みにする場合であって、借手のすべてが利息制限法を熟知し、しかも原則として任意の超過利息の弁済は行わず、行ったとしても最高裁判決等を援用して過払い利息を取り戻す法的権利行使を行うことが確実であるような場合には、市場における金利も利息制限法の上限金利にほぼ近づくだろう。しかし、現実には多くの借手が任意に超過利息分を弁済し、その返還を求めるなどの法的権利を行使しないままであるため、まさに利息制限法の上限金利と出資法の上限金利との間にグレーゾーンが存在することとなっている。

　図2で前提とする貸金市場では、借手はリスクが高く、市場では29.2％よりも高い金利を要求される借手であるから、グレーゾーンがあるとき、実際の貸出金利は出資法の上限である29.2％に限りなく近づく。現行のグレーゾーン金利の存在を前提としても、運用の変更などによって利息制限法の趣旨が周知され、貸金業法によるみなし弁済の成立可能性がきわめて小さいことなどが徹底されれば、借手のほとんどが15.0％を超える金利の支払いを拒むようになるこ

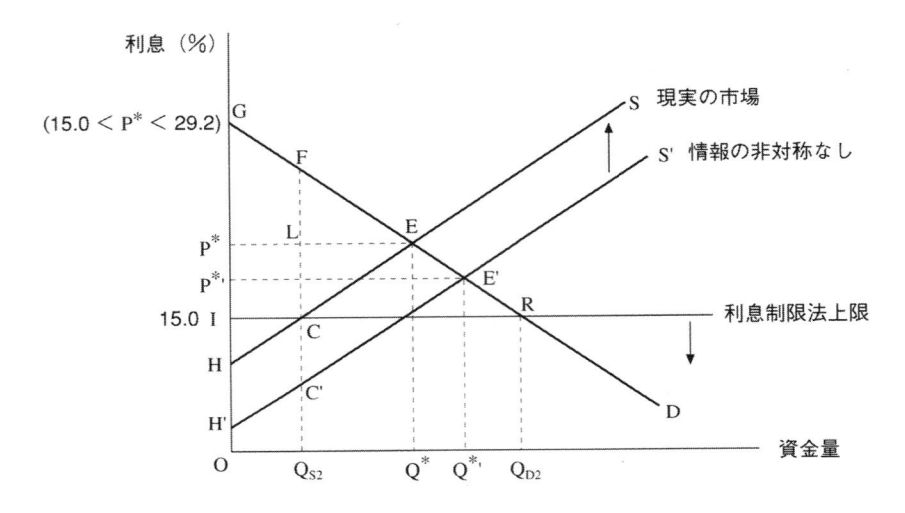

図3 リスクの高い貸金市場 その2

とも考えられるから、仮にこのような場合には超過需要は $Q_{D2} - Q_{S2}$ になり、生産者余剰は HIC、消費者余剰の最大値は IGFC、消費者余剰の最小値は STR となる（SR の距離は JK に等しい）。もっとも実際にはグレーゾーン金利がこのように厳格な形では機能していないことから、29.2%に近い高めの金利が恒常化していた。出資法の上限金利を引き下げて利息制限法の上限金利に合わせることとするならば、貸手、借手双方の利得はますます減少し、社会的余剰の損失分は少なくとも CFE となる。

次に図3により、図2の類型よりもリスクは低いが依然としてリスクの高い借手に係る貸金市場を検討してみよう。この場合、規制のない市場均衡では、利息制限法の上限金利（この場合は15.0%）を超えて、出資法の上限金利である29.2%よりも小さい金利で金銭消費貸借契約が成立する。このときには出資法による上限金利はもともと機能しない。P^* の金利で貸し出すことは出資法に反しないから、刑事罰の対象とはならないが、利息制限法上法的に P^* の金利を債権者が請求することはできず、貸金業法の最高裁判決を前提とした厳し

い要件を満たしたときにのみ有効な任意の超過利息弁済とみなされる。このような場合がグレーゾーン金利が問題となる典型である。

　ここで貸手による借手の属性に対する評価・判断を検討する。仮に貸手にとって相手方が返済時に利息制限法を援用して上限金利を越える部分の約定利息の支払いを拒むことが確実であると予めわかっているときや、仮にいったんは任意で利息を返済しても、その後最高裁判決等を援用して貸金業法によるみなし弁済は無効であるとして過払い分の利息の返還請求権を行使する者であることが判明しているとき、このような相手方に対して資金を貸し出す者はいない。しかし実際には、貸手にとって、潜在的な借手が利息制限法等を援用した法的権利を行使するのか、それとも権利行使を行わずに継続的反復取引きを望んでいるのかを区別することは困難である。すなわち貸手にとって借手の属性に関する情報の非対称性は大きい。もし借手が、次回以降も制限金利を越えて利息を支払うことによって資金需要を継続的に満たしたい借手であることがわかっているならば、貸手としては、このような借手の類型だけを抽出し選択することができるとき、いい換えれば貸手にとっての借手の属性に関する情報の非対称が存在しないとき、供給曲線は S'、金利は $P^{*\prime}$、資金の需給均衡量は $Q^{*\prime}$ となる。この場合はもちろん、法的権利を援用することとなる者は借入れができない。

　しかし現実の貸金市場では借手の属性を貸手が区別することはできず、そのリスクに見合って貸手の供給コストは、情報の非対称がない場合と比べて高くなる。そのときの供給曲線が S であり現実の市場がこれに相当する。この時の均衡点は E であり、利息は P^* に高止まりする。この状況の下では、継続反復して資金を借りたい人々の高金利負担の下で、本来は利息制限法の上限金利内の金利では借りることができない者に対して、初回の限られた金銭消費貸借だけにおける低金利が保障されていることになる。社会的余剰は、$H'HEE'$ の分だけ情報の非対称がない場合と比べて小さくなっており、特に借手、すなわち消費者の余剰損失は $P^{*\prime}P^*EE'$ に上る。貸金業法によるみなし弁済が成立する範囲が小さくなればなるほど、資金を供給するコストが高まり S は上方にシフトする。それに伴い社会的余剰、借手の余剰も小さくなる。

2. 判例とその解説——最近の最高裁判決にみる「みなし弁済」規定の空文化

＜判例＞
・最高裁2006年1月13日第二小法廷判決（2004年（受）1518貸金請求事件）

本判決は、貸金業者から債務者に、貸付け金の弁済を求め、両者間で貸金業法43条の「みなし弁済」の適用の有無が争われた訴訟において、原判決を破棄差し戻しし、債務者側勝訴としたものである。本判決は、「みなし弁済」適用の前提たる弁済の任意性要件と、法定書面の妥当性要件について次のように判示し、「みなし弁済」の適用を否定した。

（弁済の任意性について）

「債務者が、事実上にせよ強制を受けて利息の制限額を超える額の金銭の支払をした場合には、制限超過部分を自己の自由な意思によって支払ったものということはできず、法43条1項の規定の適用要件を欠く」

「支払期日に制限超過部分の支払を怠った場合に期限の利益を喪失するとする部分は、同項の趣旨に反して無効であり、……支払期日に約定の元本及び利息の制限額を支払いさえすれば、制限超過部分の支払を怠ったとしても、期限の利益を喪失することはなく、支払期日に約定の元本または利息の制限額の支払を怠った場合に限り、期限の利益を喪失する」

「本件期限の利益喪失特約は、……通常、債務者に対して、支払期日に約定の元本と共に制限超過部分を含む約定利息を支払わない限り、期限の利益を喪失し、残元本全額を直ちに一括して支払い、これに対する遅延損害金を支払うべき義務を負うことになるとの誤解を与え、その結果このような不利益を回避するために、制限超過部分を支払うことを債務者に事実上強制することになる」

「上記のような誤解が生じなかったといえるような特段の事情のない限り、債務者が自己の自由な意思によって制限超過部分を支払ったものということはできない」

（法定書面の妥当性について）

貸金業法施行規則15条2項は、貸金業者は、法18条1項の規定により交付す

べき書面を作成するときは、当該弁済を受けた債権に係る貸付けの契約を契約番号その他により明示することをもって、同項2号所定の契約年月日の記載に代えることができる旨規定しているが、貸金業法18条1項は、「貸金業者の業務の適正な運用を確保し、資金需要者等の利益の保護を図るためであるから、同項の解釈にあたっては、文理を離れて緩やかな解釈をすることは許されない」

施行規則15条2項のうち、「当該弁済を受けた債権に係る貸付けの契約を契約番号その他により明示することをもって、法18条1項1号から3号までに掲げる事項の記載に代えることができる旨定めた部分は、他の事項の記載をもって法定事項の一部の記載に代えることを定めたものであるから、内閣府令に対する法の委任の範囲を逸脱した違法な規定として無効と解すべきである」

その後、最高裁2006年1月19日第一小法廷判決（2003年(オ)4号6貸金請求事件）、最高裁2006年1月24日第三小法廷判決（2004(受)424不当利得返還請求事件）も相次いで、1月13日判決における弁済の任意性に関する判断と同趣旨の判決を下した。

加えて1月24日判決では、日賦貸金業者について「みなし弁済」が適用されるためには、業者の業務方法の要件（返済期間が100日以上、一定日数以上にわたり訪問して取立てを行う等）が、契約締結時だけでなく実際の貸付けにおいても充足されている必要があること、「みなし弁済」の適用の前提たる法定書面の要件は厳格に解すべきであり、「貸付けの金額」、「各回の返済期日および返済金額」が正確に記載されておらず、また「受領金額」の記載が誤っている書面は法定の要件を満たさないことも合わせて判示し、貸金業法によるみなし弁済の適用領域をきわめて厳格に判断した。

なお、みなし弁済の任意性について、1月24日判決では、裁判長・裁判官上田豊三による反対意見が付されている。

（上田豊三裁判官反対意見）

「約定の元本のほかに約定の利息（それには制限超過部分が含まれている。）を支払わなければ元本についての期限の利益を失うという、期限の利益喪失条項がある場合において、債務者が約定利息を支払っても、そのことだけでその支払の任意性が否定されるものではないと解するのが相当である。このような

場合に債務者が約定利息を支払う動機には様々なものがあり、約束をしたのでそれを守るという場合もあるであろうし、あるいは約定利息を支払わなければ期限の利益を失い、残元本全額と経過利息を直ちに一括して支払わなければならなくなると認識し、そのような不利益を回避するためにやむなく支払うという場合もあろうと思われる。前者の場合には、およそ約定利息の支払に対する心理的強制を債務者に及ぼしているとはいい難い。これに対し、後者の場合には、約定利息の支払に対する心理的強制を債務者に及ぼしていることは否定することができない。しかし、このような心理的強制は、詐欺や脅迫あるいは同法21条で禁止している債権者等の取立行為と同視することのできる程度の違法不当な心理的圧迫を債務者に加え、あるいは違法不当に支払を強要するものとは評価することができず、なお債務者の『自由な』意思に基づく支払というべきである」

「多数意見は、上記の期限の利益喪失条項の下で債務者が制限超過部分を支払った場合には、特段の事情のない限り、債務者が自己の自由な意思によって支払ったものということはできないと解するのであるが、そのように解することは、貸金業者が17条書面および18条書面を交付する義務遵守するほかに、『制限利息を超える約定利息につき、期限の利益喪失条項を締結していないこと』あるいは『元本及び制限利息の支払いを怠った場合にのみ期限の利益を失う旨の条項を明記すること』という要件を、貸金業法43条1項のみなし弁済の規定を適用するための要件として要求するに等しい結果となり、同法の立法の趣旨を離れ、みなし弁済の範囲を狭くしすぎるのではないかと思われる。

さらに、そもそも、債務者が貸金業者との間に制限利息を超える約定利息の支払を約し、その約定利息につき期限の利益喪失条項のある契約を締結するのは、そうするほかには金融を得る途がないので万やむを得ないといった心理的強制にかられて締結していることが多いのではないかと思われる。そのような心理的強制にかられて締結した契約も、債務者の自己の自由な意思に基づくもの、すなわち任意制を否定することはできないものではないかと思われる。そうである以上、このような契約に基づく約定利息の支払いについても、債務者の自己の自由な意思に基づくもの、すなわち任意性を否定することはできないものではないかと思われる」

＜解説＞
　最近相次いだ一連の最高裁判決は、貸金業法による「みなし弁済」の成立要件をきわめて厳格に解することによって、みなし弁済が有効となる領域を一貫して狭めてきた。最高裁は、利息制限法１条２項の超過利息を任意に支払った場合の弁済の有効性を1964年最判、1968年最判と相次いで空文化してきたように、利息制限法の制限利息を超える弁済を広く無効にし、実質的には貸金業法による「みなし弁済」規定の空文化を図る傾向を強めていると推認できる。これは実質的な金利規制の強化である。

３．法と経済学で考えてみよう

（1）最高裁判決の意味

　すでに論じたように、最高裁判決によるみなし弁済に対する厳格な姿勢は、利息制限法の上限を超えるグレーゾーン金利の成立可能性を小さくし、現実の金利を、任意による弁済の場合も含めて利息制限法の上限に近いところまで押し下げる効果を持つ。また、グレーゾーン金利における貸付をより危険なものとして、貸出しのコストを一層高めることによって供給曲線の上方シフトと貸金市場の縮小をもたらしている。一方、利息に関する規制がない場合に成立する潜在的な市場均衡金利を押し上げ、資金需要はあるが、債務不履行の可能性が高いと見込まれる借手に対する審査の厳格化を通じて、借手は市場の縮小に伴う利得の喪失を被る。取りも直さず、保護しようとした債務者が、資金調達手段の欠落、金利の上昇による選別の激化を通じて、かえって鞭打たれるという結果がもたらされていることになる。

　また近年、貸金業者による信用情報の共有はますます進んでおり、債務不履行、多重債務などに加えて、法的権利の行使履歴についても実際上広く流通するようになっているため、債務者が事後的にみなし弁済の有効性を争い、勝訴して超過利息を取り戻したり、あるいは弁済前に利息制限法を援用して超過利息の支払いを拒んだりする場合、そのような債務者は、少なくとも同じ業者からは次回以降の借入れを拒絶されるのに加えて、他の合法的な貸金業者の多くからも借入れを拒絶されがちとなる。

結局のところ、法的権利を正当に行使することによって債務者が保護されるのは1回限りであり、その場合も、そのような権利行使を行う債務者の存在によって、2回目以降も継続反復して資金需要を満たしたいと考える多数の債務者が直面する金利はその分押し上げられ、債務者は全体としてこの意味における不利益を強いられるというパラドックスが発生しているのである。
　加えて、合法的な貸金業者のどこからも借りることのできない債務者は、ますます闇金融業者に頼らざるを得なくなり、このような連鎖がもたらす行く末は当該債務者にとっても悲惨である。
　現行の貸金業法について、広くみなし弁済を成立させるように解釈すべき旨主張する上田豊三裁判官の反対意見は、法と経済学の理論に整合的である。多数意見のように、期限の利益を喪失させることができる領域を狭めることは、結局のところ貸金業者に対してグレーゾーンの中でも高めの金利を防衛上設定させることを奨励する結果をもたらすからである。純粋の法解釈論としても、上田豊三少数意見は文理に合致する妥当な解釈であると評価できる。立法者の素直な意図を類推するならば、上田意見が述べるように、みなし弁済の成立要件として制限利息を超える約定利息についての期限の利益喪失条項の締結がないことを明文で規定していなかった場合に、法からそのような解釈を導き出すことが、法の予測可能性の点から見て妥当であるかは疑問である。

(2)　グレーゾーン金利の明記について

　グレーゾーン金利をめぐる紛争は、多くの借手が利息制限法の上限金利を知らないことに起因している。例えばこのような法令上の制限や最高裁判決による貸金業法の限定的解釈について、契約締結時に明記することを義務付ける立法や運用を行うべきであるという見解があるかもしれない。
　このような措置を取ったとき、供給曲線は上方にシフトし、均衡金利は上昇する。しかし、結果的に正当な法的権利の行使は1回成功するにすぎないと見込まれるのも事実であるから、利息制限法等の援用は信用の低下を招き、繰り返し資金需要者となる可能性がある者にとっては、かえって不利益となりうる。このことも契約締結に当たって明記させた方が情報の非対称は一層小さくなる。情報の非対称対策の観点からは、法的規制の実態とそれによりもたらされる将

来の信用への影響等を過不足なく示すことには意味があるが、そのような場合、長期的には、貸金市場は、ますます長期継続し反復して資金を需要しようとする借手だけのものになっていくであろう。

　グレーゾーン金利を廃止して、金利を単に出資法と利息制限法とで一元化するというだけでは問題の本質的解決にはならない。結局、今のグレーゾーン金利の存在は貸手にとっての借手選別のためのシグナルとして利用されているという側面があり、一定程度資金需要者の利得を増大させることに寄与している点を否定できないからである。仮に利息制限法の規定や最高裁判決を周知徹底したとしても、グレーゾーン金利の下では継続反復資金需要者が選別されて結果的に保護され、法的権利を正当に行使する者はかえって、以降の保護を受けられなくなるというパラドックスが生じてしまう。

　もっとも、グレーゾーン金利をなくして、出資法の上限金利を利息制限法に合わせるなどの強力な規制措置を講じるならば、貸金市場は深刻な縮小に見舞われるであろう。設例の(2)のように、出資法金利は高く、利息制限法による民事上の上限金利は低く抑え、後者を越える部分は常に無効とするならば、実質的には出資法の上限金利よりも利息制限法の上限金利が意味を持つようになる。この場合、現行制度の下で生じているよりももっと大きな社会的余剰の損失が生じる。グレーゾーン金利の存在を容認する設例(3)のような仕組み、すなわち現行の仕組みの方が社会的損失は少なく、債務者の利得も大きい。

　しかし、法と経済学の示唆するところは、少なくとも設例(4)のように、出資法の上限金利規制も利息制限法による上限金利規制も、ともにかなりの高水準に設定すること、望むらくは(5)のように、そもそも両者含めて金利の規制を撤廃することこそ、債務者の保護と貸金市場が生み出す社会経済的な果実を大きくするうえで最も効果的であるという単純な事実である（福井秀夫(2006b)「金利規制論の誤謬」クレジットエイジ321号参照）。

(3)　規制の弊害

　金利規制を厳しくすることの弊害は他にもある。例えば闇金融業者が繁栄し、暴力団等の資金源がますます豊かになるという結果が生じる点である。現在の判例などにも見られる、債務者にとって悲惨な強行な取立てなどの事件は、闇

金融業者による貸付けに基づくものが多いにも拘らず、このような実態をもたらしているのは、合法的貸金業者に対する厳しい金利規制であるという皮肉な側面も否定できないのである。

さらに、金利規制を行うことは、業法によるものであれ、刑事罰によるものであれ、民事上のものであれ、いずれにせよ官庁、捜査当局、裁判所などの取締りコストや紛争の処理コストを確実に増大させる。貴重な政府資源を規制の強化のために消費することについては、そこで機会費用、すなわち他の人的、物的領域における政策資源により達成される利益を失うというコストを生じさせる。どちらを選択すべきかについては、費用対便益によって決すべきことがらである。

(4) 市場の失敗の是正

多重債務問題などについて、債務者の生活の破綻など悲惨な実態が目に付くことによって情緒的議論に流れる傾向もあるが、そのようなアプローチで単純に問題を処理することはできない。貸金市場に対する政府の介入が合理化されるためには何らかの市場の失敗が必要であるが、少なくとも**外部性**、**公共財**、**不完全競争**といった要因は、貸金市場には当てはまらない。ありうるとすれば、貸手にとっても借手にとっても、貸金契約の内容や相手方の属性に関する**情報の非対称**があるという点であり、それがもっとも大きい政府介入の論拠となると思われる。このような情報の非対称の存在は、**取引費用**にも影響する。

貸金市場の正常化は、契約や当事者属性に関する情報開示の徹底や、債務者に対する消費者教育等によって行うことこそ妥当であると思われる（石川和男(2006)『多重債務者を救え』PHP研究所61～74頁参照）。いずれにせよ、悲惨な債務者を助けるために金利規制という短絡的な政策を強化することは、債務者の利得、社会経済的余剰を損なうのみならず、何よりも債務者自身の保護にならず、的を射ない政府介入となるといっても過言ではない。

借手が収入の中で無理なく返済できるかどうかについて、借手に十分な判断能力がないから金利を規制すべきであるなどという議論が存在するが、妥当でない。まず貸手にとっては、債務者が本当に返済可能な範囲の借入れを行うかどうかを、一定の所得や資産に基づく借入限度額の中に収まる場合において、

さらに精査して探知することは不可能であって、最終的に返済可能性は債務者本人にしかわからない情報に依存している。このような判断能力の欠落を金利の規制で補うことは不可能である。金利を規制してもやはり判断能力のない人々は悲惨な状況に陥るからである。仮に判断能力を信用できない場合があるとして、本人が不幸になることを抑止することが政策の目的であるならば、そのような当事者から**契約締結権能**を奪うことによって対処する以外に有効な手段はない。

4．回答骨子

　設例の(1)から(5)の順番に債務者の利益と社会的な利益は増大する。一方(5)から(1)の順番に闇金融業者や反社会的集団に流れる資金が増大し、また政府の資源、すなわち規制や捜査取締り、裁判処理のコストなどが増大する。いずれにせよ、金利規制によって多重債務者等を保護することはできない。情報の非対称対策として、契約内容や当事者属性の**開示**を進めるのが対策の本道である。

※追記

　2006年10月、貸金業法等に関する法改正案が閣議決定され、同年12月国会で成立した。その内容は、貸金業法上の「みなし弁済」制度によるグレーゾーン金利を廃止し、出資法の上限金利を20％に引き下げ、これを超える場合には刑事罰を科すこととすること、利息制限法の20～15％の上限金利と出資法の新上限金利である20％の間の金利での貸付けについて行政処分対象とすること、指定信用情報機関制度を創設して貸金業者が借り手の総借入残高を把握できるようにすること、貸金業者に借り手の返済能力の調査を義務付け、売却可能な資産がある場合などを除き総借入残高が年収の３分の１を超える貸付けなどを禁止すること、総元利負担額などを説明する書面の事前交付の義務付け・借り手の自殺により保険金が支払われる保険契約を貸金業者が締結することの禁止など行為規制を強化すること、貸金業者の純資産を5000万円以上とするなど参入規制を強化することなどである。

この改正の底流には、多重債務者対策の徹底という問題意識が存在していた。しかし、本文で論じたとおり、金利の強制的な引き下げは、多重債務者対策として的を射ていない。特にグレーゾーン金利の廃止は、出資法上限金利に利息制限法上限金利を合わせる方向の改正であればともかく、逆に従来成立してきた多くのリスクの高い借り手類型に対する貸付けについて刑罰を適用するものであるので、これでは借り手の信用情報に関する情報の非対称はますます拡大し、これまで円滑に借りることができ、現実に完全に返済を繰り返してきた、いわば健全な利用者が金融市場から排除されることになる。

多重債務者の救済が緊急の課題であるとしても、それを上限金利の引き下げで解決しようとする法改正は、効果が乏しく副作用のみ大きい。上限金利のない英国と、それがある仏独を比べると、仏独はかえって多重債務被害が深刻であると言われ、少なくとも高金利が多重債務者を増加させるという相関関係は見当たらない。グレーゾーン金利の撤廃は多重債務者問題の解決方策にならないのである。

消費者金融に限らず、金融機関は一定の確率で貸し倒れが起きるリスクを見込んで金利を決めている。リスクは貸出しのコストであり、借り手に応じて金利体系を変化させることによってリスク分散を図ることは、保険同様、金利の重要な機能である。強制的に金利を引き下げれば、業者は返済リスクが大きく要求金利が規制金利より高い顧客を排除せざるを得ないから、その分確実に「信用収縮」が発生する。借りられなくなった人たちが闇金融に流れ、犯罪資金源を肥大化させる可能性も強い。金利引き下げは消費や投資に深刻な影響を及ぼすだろう。「低所得者は金を借りなければいい」という議論もあるが、それを一律に法で強制するのは、疾病リスクの高い患者に健康保険加入を認めないようなものである。

また、多重債務者対策について、法案やその前提とされている政府対策では具体的な内容が明らかになっていない。仮にセーフティネットとして、すべての多重債務者の救済のための公的資金の投入などが実施されることとなれば、消費者金融を利用しない一般納税者にまで膨大な負担が及び、公平性にも欠ける。書面による事前説明などには一定の意義があるが、多重債務対策としては、消費者金銭教育の充実、債務者へのカウンセリングの徹底、業者の与信管理を

強化し、返済能力を超えた借り入れを未然に防ぐことなどがより本質的な課題である。

　いずれにせよ、改正法が施行されることとなれば、金利引き下げの社会的経済的な弊害に関する壮大な社会実験が開始されることとなる。このような措置によって、どの程度の社会経済的な損害が発生し、実際に誰がどの程度本当に救われることとなるのか、などについて、多大な犠牲を伴うものの、実証データの収集が可能となると見込まれる。法と経済学に裏打ちされた理論的な根拠と実証に基づく政策への転換を図るのは、この社会実験の成果を見きわめてからの課題となるであろう。

第2章 解雇規制は誰を保護するのか
完備契約と不完備契約

設例
　2006年フランスでの一連の学生デモは、若年層解雇を容易にする制度導入に対する反対が背景にあった。解雇規制は、雇用者と比べて弱い立場にある労働者の生活を安定させ、正義を実現するために必要不可欠であるとも言われている。一方で、厳しい解雇規制は使用者の労働需要を減少させ、失業者を増大させる原因であるという見方もある。解雇規制は実際には誰を守っているのであろうか。次の類型のそれぞれについての得失とともに、解雇規制の効果・影響について多角的に検討しなさい。
(1) すべての労働者
(2) 正規雇用者
(3) いわゆるブランド大学卒業予定者
(4) ブランド大卒者で生産性が低い正規雇用者

第2章で使う経済学　需要と供給の理論

　市場において、契約の新規当事者になることは一般にきわめて容易である。一方、契約の当事者から離脱することに関しては、場合によりきわめて厳格な要件とし、労力・時間や場合により金銭的負担を課すなど、強行規定によって契約内容を修正することがしばしば行われている。

　例えば、結婚届を出して婚姻関係を結ぶことはきわめて容易だが、相手が合意しないときにこれを解消することには、国を問わず一般的にかなりの労力や、場合により財産分与、慰謝料などの大きな金銭的負担を伴う。

　ヨーロッパの多くの国、アメリカの一部都市、日本における定期借家制度によらない普通借家では、借家契約を締結することは簡単だが、借手が合意しないときには、貸手から借手に対して、借家期限が到来したからといって明渡しを求めることは容易ではない。借家については、家賃に対する価格上限規制だけではなく、借家契約という法的関係を貸手側から解消することについても、大きな制約が課されることがあるのである。これは借家人の居住権を守るためであると説明されることが多い。

　日本ではこのような場合、自己居住が必要であること、再開発の必要性があることなど、相当厳格な要件に該当しないかぎり、明渡しに関する「正当事由」は簡単には認められない。また、仮に「正当事由」が認められても、通常かなり高額の金銭給付を立退料として支払わなければならないこととなっている。しかも、日本の借地借家法では、どのような場合に明渡しの正当事由が認められるかを事前に予測することや、そのとき必要になる立退料の金額がどの程度に上るかを予測することは困難であったため、借家市場そのものが、供給曲線の上方シフトにより大きく縮小してきた（阿部泰隆・野村好弘・福井秀夫編（1998）『定期借家権』信山社、福井秀夫・久米良昭・阿部泰隆編（2000）『実務注釈定期借家法』信山社）。

　また、本章で議論するように、一般にヨーロッパ諸国や日本では、いったん雇用された労働者を使用者の都合により解雇することは困難であり、事実上金銭給付を伴う解雇紛争の処理が広く行われている。

　このように、いったん契約関係に入ることは容易でも、それを解消するこ

とについては、事前の当事者の取決めにも拘らず、法や判例がそのような解消を許さない方向で強行規定として介入することは様々な契約類型で広く見られる。本章では、このような契約への介入の社会経済的な影響を、効率性と公正の双方の観点から考察する。

様々な権利義務関係を契約に正確に記述することができ、その履行を担保することが容易である場合、そのような契約を**完備契約**という。そうでない契約を**不完備契約**という。不完備契約の理論を用いて、一定の契約に対する強行規定的な解約制限などが正当化されるとする議論が広く見られる。本章では、そのような議論の一部についても、妥当性を考察する。

これらの議論を理解するうえでまず基本となるのは、**需要の法則**と**供給の法則**に関する正確な理解である。例えば、同じ需要曲線上又は供給曲線上の移動と、需要曲線と供給曲線が上方、又は下方にシフトする場合では、その意味は大きく異なる。これらの違いについては、マンキュー 98〜117頁に詳しい。

例えば、カステラの需要曲線の左上にいる需要者は、右下にいる需要者よりも、カステラというお菓子が大好きな人だろう。カステラに対する好みに応じて付け値が異なるのであるが、仮にカステラが重大な疾病の原因となることが医学研究者によって明らかにされたとしよう。甘いもの好きのカステラ愛好家でも、重大な病気になるリスクを侵してまで、今までどおりにカステラを食べたいとは思わなくなるだろう。このようなとき、これまでの支払い許容額の差異を問わず、一般的にカステラに対する支払い許容額は低下するだろうから、需要曲線は下方シフトする。需要が減少すると考えれば需要曲線が左方シフトすると考えることもできる。

一方、カステラの供給曲線は、カステラの生産に要する費用を示す。同一供給曲線上の左下の生産者と右上の生産者の違いは、右上ほど生産に要する費用が高いということである。左下の生産者の方が右上の生産者よりも効率的な生産を行っているかもしれない。ここで、カステラの原材料である卵が世界的に高騰したとしよう。現在の生産費の多寡を問わず、卵の価格高騰は、すべての生産者のカステラ生産費用を押し上げる効果をもたらすだろう。供給曲線は今よりも上方にシフトする。供給が減少すると考えれば、供給曲線

が左方シフトすると考えることもできる。

　契約法による市場への影響を正確に考察するためには、何らかの契約法による契約や市場への介入によって、需要曲線又は供給曲線のどちらの曲線がシフトするのかをまず決定しなければならない。次にそれがどちらの方向にシフトするのかを把握することが必要である。さらにその結果、均衡価格や均衡量がどのように変化し、消費者余剰や生産者余剰がどのように変化することとなるのかを考察しなければならない。このような作業によって、失敗のない市場への契約法による介入は、資源配分を常に悪化させることが明らかになるだろう。経済学の第6原理「通常、市場は経済活動を組織する良策である」について、様々な需給曲線のシフトを伴うパターンの当てはめを通じて直感的に理解しておくことは有意義である。

　また、労働市場のような、労働者の生産性、労働契約の内容等、やり取りされるサービスの正確な品質が両当事者にとって必ずしも事前に明らかとはなりにくい領域では、**情報の非対称**が発生しやすいことに留意しなければならない。マンキュー 653〜661頁の情報の非対称の分析、なかんずく隠された性質について**シグナリング**（情報発信）や**スクリーニング**（振分け）による顕在化はいかになされうるのかについて理解を深めることも有益である。情報の非対称がある場合には一定の政府の介入を必要とするかもしれないが、その際にも、政府はそれ自体が不十分な制度であることも常に念頭に置いておかなければならない（マンキュー 661頁）。

　加えて、労働を生産要素の一つと捉え、その独自の特徴を考察することも有益である。マンキュー 522〜549頁は、労働の需要法則、供給法則に関する基本的知見を、手際よく解説している。また、マンキュー 552〜577頁では、労働賃金の均衡に関する補償格差、人的資本、シグナル理論などの興味深いトピックを、実際の市場の現実や採られがちな政策も視野に入れて的確に解説する。最低賃金法や労働市場における差別の問題も併せて考察され、労働者によってなぜ賃金に差があるのか、という疑問に対する明確な解説がなされている。

1. 背景説明および法と経済の理論

(1) 解雇規制の実態

　1898年民法627条では、期間を定めない雇用契約は、労使双方から2週間の予告期間（1947年労働基準法20条により使用者からは30日間に延長）の下にいつでも解約できることとされていた。しかしその後の判例の蓄積により、使用者からの解雇は厳しく制限されてきた。

　1970年代には最高裁判決により、客観的に合理性を欠き、社会通念上正当と認められない場合には、解雇を権利濫用として無効とする**解雇権濫用法理**が確立した。この内容はそのまま2003年に労働基準法18条の2として立法化されている。

　一方解雇には、事業の不振など経営上のやむを得ない必要を理由とする解雇として整理解雇の類型があるが、戦後の一連の判例では整理解雇については一般的な解雇と比べて強い制約を課さないものが多かった。しかし1970年代のオイルショック後の人員整理増大時期以降、判例は整理解雇についても解雇規制を強め、(1)人員削減の必要性、(2)解雇回避努力を尽くしたこと、(3)解雇対象者の選定の公正さ、(4)組合などへの説明・協議努力を尽くしたことという、いわゆる4要件を満たさない解雇を無効とする強行規定的な解釈を普遍化してきた。

　さらに最高裁は、現在一般労働者で最長3年とされている期限付き雇用契約の更新拒絶、いわゆる雇い止めについて、期間の定めのない契約と実質的に異ならないか、またはそうでなくとも雇用継続を期待できる状態にある場合には、解雇権濫用法理が類推適用されると判断しており、契約の終了を容易に認めようとしない。一連の判例を前提としても、どのような場合に解雇が有効となるのかについての事前の予測可能性は大きくない。また、判例の一連の基準では、解雇、雇い止めともに労働者の生産性の高低は必ずしも重視されず、その時点での経済情勢、経営状況、使用者の主観的状況なども勘案されるために、生産性が低いことを理由とする解雇は実際上困難である。

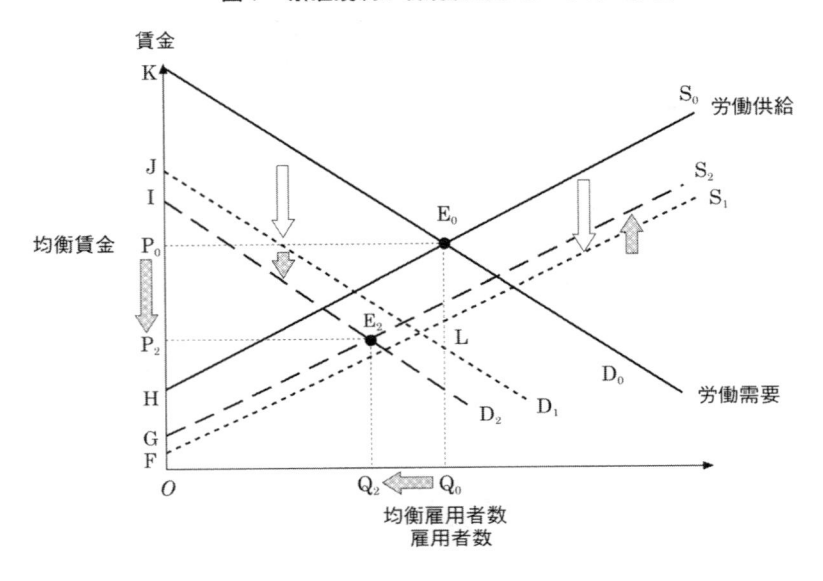

図1　解雇規制が新規雇用市場に与える影響

(2) 解雇規制の影響

このような解雇規制の影響を法と経済学により検討してみよう。図1は解雇規制が新規雇用市場に与える影響を示している。ここでは、労働者の品質、すなわち生産性はすべて等しく、生産性に関する使用者、労働者の双方にとって情報の非対称はないものと仮定する。また、労働者は必ず解雇規制を援用するが、その処理コストの予測はできないものとする。解雇は、不況期や生産形態の変更時に、生産性が等しい労働者のうち一定割合を選定して行われる。

まず、解雇規制が持つ労働者、雇用者双方にとってのメリット・デメリットを検討してみよう。まず労働者にとっては、解雇規制がある場合、それがない場合と比べて、解雇される心配なく長期間安定した雇用が確保される。解雇権が制限されていることに伴い賃金交渉が労働者にとって有利となるため、継続賃金は高めとなり、また整理解雇等の場合には、退職金手当てが増大しやすくなる。解雇に当たって生産性の要素は重視されないため、高い生産性を努力して継続発揮し続ける必要性は小さくなる。これらは労働者にとってのメリットである。もっともメリットは平均的なものであり、個別に具体的予測をするこ

第2章 解雇規制は誰を保護するのか

とは困難なため、その享受は失敗も含め常にリスクを伴う。この事情は、裏返せばそのまま使用者にとってのデメリットとなる。さらに、さしあたり解雇に際しての交渉の労力、時間、弁護士費用などの**取引費用**はゼロであると仮定する。

新規雇用市場において、解雇規制がある場合には、それがない場合に比べて労働者の最低値付け賃金は解雇規制のメリットの分だけ小さくなるから、供給曲線 S_0 は S_1 まで下方シフトする。このシフトには解雇されるリスクの減少分が折り込まれている。一方、使用者にとっては解雇規制が導入されたことによるデメリットに対応して、新規雇用労働者に対する最大値付け賃金はデメリットの分だけ低下する。需要曲線 D_0 は D_1 まで下方シフトする。労働者の最低値付け賃金の低下額と使用者の最大値付け賃金の低下額はどちらが大きいのだろうか。使用者、労働者ともに解雇手続きに伴う**リスクに中立**的で、かつ労働者が初期の均衡賃金の低下分を継続賃金の上昇や退職時の上乗せ退職金額により補う場合の資金の借入れが完全に自由である場合、すなわち**資金の流動性制約**がゼロである場合には、供給曲線の下方シフト量と需要曲線の下方シフト量は等しい。**消費者余剰**と**生産者余剰**を併せた**総余剰**は、解雇規制前は HKE_0、解雇規制後は FJL となり、これらの面積は等しいから死荷重は生じず、**効率性**に変化はない。

しかし、現実にはそのような仮定は妥当しない。第一に、労働者にとっての流動性制約は一般的には大きいので、それも加味するなら供給曲線 S_1 はさらに上方にシフトしている蓋然性が高い。

第二に、使用者にはわからないものの、実際には自発的に退職・転職する労働者も少なくないから、彼らには解雇規制のメリットは及ばず、供給曲線の下方シフトは生じない。

これらの要素を勘案するならば労働需要曲線の下方シフト、すなわち D_0 から D_1 へのシフト量の方が、労働供給曲線の下方シフト、すなわち S_0 から S_1 へのシフト量よりも大きい蓋然性があるといえる。したがって、これらの要素だけを勘案しても、解雇規制後の総余剰は FJL の面積よりも小さくなる蓋然性がある。

さらに第三に、実際には先にゼロと仮定した**取引費用**の要素を無視できない。

すなわち、実際に解雇規制のメリットを労働者が獲得するためには、裁判を通じるか、または裁判までいかなくとも労働組合等も交えた相当高密度な交渉が必要であり、それに要する労力、時間、金銭等を負担するという意味での取引費用が常に発生する。同様に雇用者も、解雇規制を労働者が援用する場合の弁護士費用などの実際の負担を取引費用として計上しなければならない。

したがって、これらのすべての事情を勘案した供給曲線が S_2、需要曲線が D_2 であるとすると、解雇規制の影響により規制前の総余剰 HKE_0 をはるかに下回る GIE_2 まで効率性が悪化する。

なお、先に労使ともにリスク中立的と仮定したが、実際には、大方の使用者も大方の労働者も、成功する保証のない解雇又は解雇規制の援用という手続きリスクを好んで引き受けようとはしないと考えるのが自然であり、その意味で、労働者、使用者ともに**リスク回避的**である可能性が大きい。この場合、労働者の最低値付け賃金たる供給曲線は、リスク回避的な分より上方に位置する蓋然性が高い。使用者の最大値付け賃金たる需要曲線も、リスクを勘案するならより下方に位置する可能性が大きい。労働者が解雇規制による不確実性の減少を評価して供給曲線が下方シフトする可能性もあるものの、全体として効率性は阻害される蓋然性がある。

加えて図1では、労働者の生産性はすべて等しいという仮定をおいたが、現実には労働者の生産性は千差万別であり、この点の使用者にとっての情報の非対称も加味すると効率性はさらに悪化する。労働者にとっても、企業が適切な賃金をずっと支払い続けてくれるか、退職金は期待する金額だけ支払われるか、当該企業固有の知識・技能を高めるための人的資本投資を労働者個人が行う場合にその分にきちんと使用者が報いてくれるか、使用者の経営状態はいつまで良好か、在職期間中に倒産したり、倒産までいかなくとも賃金カットがなされるなどの可能性は大きくないのか、昇給・昇格は公平な基準の下になされるのか等々、雇用条件については、就業規則を見るだけでは完全に把握できず、これらの点について説明がなかったり、説明があったとしてもそれが真実である可能性をどの程度信用していいのかが不確実な場合、労働者にとっての**情報の非対称**も無視できない。

使用者にとっての労働者の品質、すなわち生産性に関する情報は、労働者自

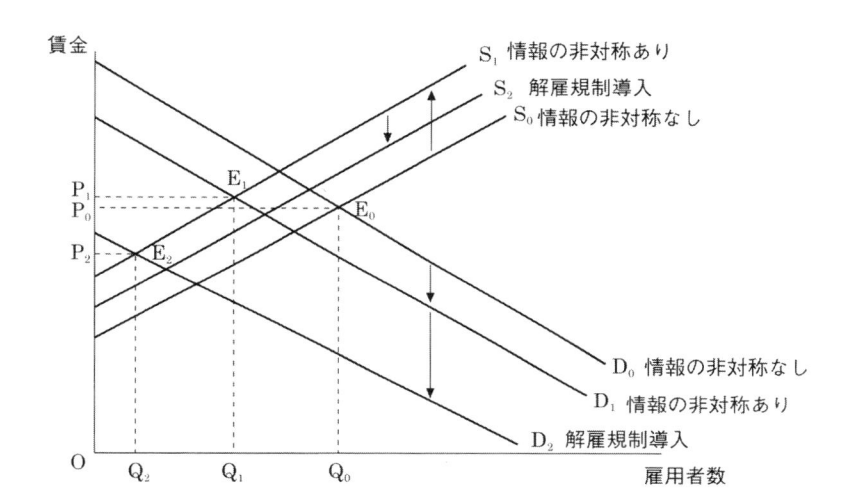

図2 新規雇用市場における情報の非対称

身が持つ情報と比べて質量ともに劣る。雇用条件に関して労働者が得られる情報は、使用者自身が持つ情報と比べて質量ともに劣る。これら双方の面で、雇用契約には情報の非対称が存在する。

これらの情報の非対称に限定した影響を図2で検討してみよう。ここでは労働者の生産性と雇用条件の双方にばらつきがなく、情報の非対称がない場合の労働供給曲線を S_0、労働需要曲線を D_0 とする。これに対して、情報の非対称がない場合に前提とする生産性、雇用条件の品質を満たさないばらつきがあり、これを使用者、労働者のそれぞれが事前に正確に把握することはできず、より品質の劣る労働者や雇用条件が混入するという情報の非対称がある場合は、それぞれ S_1、D_1 にシフトするものとする。

まず、労働者にとっての雇用条件に関する情報の非対称を見てみよう。現在、一般に流通する抽象的な就業規則や包括的な雇用契約によって、労働者が長期にわたる自らの雇用条件を正確に把握できる場合は多くないと推測できる。特に、どの程度使用者の経営状況が悪化したときに整理解雇されるのか、その使用者固有の知識・技能を自らの負担により修得したとしても、後から使用者が、他の企業ではそれらを活用できる可能性が小さいことを盾にとって、機会主義

的に賃金を引き下げようとすることはないだろうか、など細部の雇用条件を予め伺い知ることはおよそ困難と見る向きもあるかもしれない。

給与、処遇、人的資本投資についての**機会主義的行動**への対処をはじめとする雇用条件のすべてを雇用契約に明記することが可能であり、かつそれを裁判所が履行させることが可能な場合、そのような契約は**完備契約**であるといえる。一方で、雇用条件の詳細などが契約に書ききれず、仮に書ききれたとしても、それを裁判所が履行強制することが不可能な場合には、そのような契約は**不備契約**であるといえる。雇用契約に不完備契約理論を当てはめる議論は、解雇規制が使用者の都合による契約打ち切りから労働者を保護することによって、使用者の機会主義的な行動を防止し、労働者に人的資本蓄積のインセンティブを与えることとなるなどの理由によって、労働市場の効率性を労使双方にとって高めることとなりうる点を強調することが多い。

図２のS_0とS_1の乖離は雇用契約における労働者にとっての情報の非対称によるものであり、その程度が契約の不備の程度を意味する。では、実際の雇用契約における不備性はどの程度あるのだろうか。起こりうるすべての事態に対して、すべての処理に関する細目を完全に書ききり、そのすべてを裁判所が担保できるような雇用契約を記述することはもともとおよそ不可能であって、その意味で、完全な完備契約たる雇用契約などもともと想定できず、厳密な意味ではすべての雇用契約は不備契約とならざるを得ない。しかし、雇用契約同様、長期継続的契約である、例えば借家契約においても、賃料について数年先以上を見越した定量的基準が契約に書かれることは稀であるし、また、床や壁をどの程度いかなる理由によって破損・汚損した場合に、その原状回復費用がどの程度借家人の負担になるのかをはじめ、借家契約を完備契約として細部にわたり記述することはもともと不可能である。生鮮食料品店における野菜や鮮魚の売買にしても、一部変色していたり、鮮度が古いなど、不良とまでは明確にいえない程度の品質についてのクレームが、どのような条件の下に許されるのかなどについて、その都度、当事者間で完備契約が取り交わされるわけではなく、どのような契約にせよ、実際に厳密な意味で完備契約として記述することなど不可能であろう。

結局のところ、契約が完備であるか不完備であるかは程度問題である。すべ

ての契約は、厳格な意味では不完備契約であるものの、その不完備が、どのような範囲と程度において契約に対する法や裁判所による介入を合理化することとなるのかについては、個別事案に応じて検討しなければ一概に適否は判定できない。「不完備契約であるから法や判決による一定の介入は合理化できる」などと単純に考えることはできないのである。

　自由な契約に対する法の介入は、金利規制がそうであるように、経済社会的な弊害をもたらす可能性も大きい。重要なことは、法による強行規定的な契約への介入は、それが社会経済的に弊害よりも大きな利益をもたらす場合に限って正当化しうるということである。普通借家契約には、かつて法と判例による強力な解約規制と賃料コントロールがなされていたが、定期借家が導入されて、解約規制は強制されなくなった。不動産の賃貸・売買市場の情報の非対称については、これを補うため端的に、宅地建物取引業法により一定の財の品質に関する説明義務が法により課されている。野菜や鮮魚の売買契約にしても、情報の非対称のため、品質表示に関する公法的な介入があるのは格別、契約の不完備を根拠とする契約の効力の否定は想定されていない。

　先に例示に挙げたような雇用条件の細目は本当に契約に書けないのであろうか。すべての起こりうる事態を100％網羅するようなレベルを想定するのでなければ、物理的にかなりの部分を契約に記述することは十分可能であろう。いずれにせよ、一定程度雇用条件の詳細を契約に書ききることができない領域が残る場合は、その限りでの契約の不完備性に応じた情報の非対称の発生により、労働者の最低値付け賃金はそれに見合って高くならざるを得ない。その分、S_0はS_1に上方シフトする。

　この労働市場に解雇規制が導入されたとしよう。使用者の業種や経営状況、労働者の職種、その他個別の事情いかんによっては、解雇規制が導入されたために、契約が不完備なままとならざるを得なかった側面のうち、一定部分については情報の非対称が緩和されて労働者の最小値付け賃金が下がる可能性がある。しかし、労働者の熟練がほとんど不要な場合や、一定の人的資本投資が必要であったとしても、それがその使用者でしか生かせないわけではなく、他の使用者や他の業種でも普遍的に有益である場合も数多いから、このような場合には、解雇規制が情報の非対称を改善する効果は乏しい。また、将来の賃金や

退職金予想に関する部分の情報の非対称については、解雇規制によってこれらに関する情報の非対称を改善できるという因果関係は成り立たないから、解雇規制による S_1 の下方シフトは限定的なものに止まり、S_2 は S_0 よりも上方に位置することになると考えられる。

次に、使用者にとっての労働者の**生産性**に関する情報の非対称を見てみよう。解雇規制がなく、情報の非対称がない場合の企業の最大値付け賃金は D_0 である。解雇規制がなくても、労働者の生産性を雇用前に正確に把握することは困難であるから、この点については必ず情報の非対称が発生する。その分、最大値付け賃金は低下し、D_0 から D_1 に下方シフトする。したがって、解雇規制がない労働市場における均衡賃金水準は P_1 となる。P_1 が P_0 よりも大きいか否かは、雇用条件に関する情報の非対称の程度と、労働者の生産性に関する情報の非対称の程度の大小関係に依存する。解雇規制がない場合には、労働者の生産性を企業の雇用後に確認して生産性が要求する水準に達しなかった労働者を解雇できるため、大きな問題は生じにくいといえる。

ここで解雇規制が導入されると、労働者の生産性に関する非対称はさらに拡大する。解雇規制の導入とはすなわち、事後的に生産性が要求水準よりも低い労働者であることが判明したとしても、解雇が困難となることを意味するから、ばらつきのある労働者の生産性に関して事前に十分な情報がない以上、要求水準を満たさないというリスクの程度に応じて、使用者の最大値付け賃金は低下せざるを得なくなる。これが需要曲線 D_1 から D_2 の下方シフトで表される。

さらに重要なことの第一は、解雇規制の下では、およそ労働者すべてについて、一般的な投資も含めた**人的資本**投資蓄積を図る意欲がかえって減少する可能性が強いことである。解雇がないなら懸命に企業固有の投資に励むという程度が、解雇がないならおよそ投資などしないという程度よりも勝る保証はない。第二は、生産性が低くても滅多なことでは解雇されない時、生産性の高い労働者からそうでない者への所得移転が行われるから、生産性の高低を問わず、さらに労働者の勤労意欲が減退することである。これらにより、生産性を維持発展させるインセンティブは減退するから、一層の需要曲線の下方シフトがもたらされる。

仮に S_1 から S_2 への下方シフト量と D_1 から D_2 への下方シフト量が等しい場

合には、E_2は図示されたよりもS_2上の右上方に位置し、雇用者数Q_1のときのS_2上の点と一致するから、この場合には、情報の非対称の側面に関する限り、解雇規制は効率性を改善せず、悪化もさせない。厳密には、実証に委ねられるべき問題であるが、先に論じたようにS_1からS_2へのシフトは限定的である可能性が強い。これと比べて、解雇規制導入時の労働者の生産性に関する情報の非対称は、常に大きなリスクを雇用者に強いることになるから、D_1からD_2へのシフト量のほうがS_1からS_2へのシフト量よりも大きくなると推測することには合理性がある。

　以上、図1及び図2による分析を総合すると次のことがいえる。労働者の生産性が均等であったとしても、解雇規制は使用者、労働者の**リスク性向**、労働者の**資金流動性制約**、使用者・労働者双方にとっての解雇に関する**取引費用**を勘案するならば、解雇規制は常に**資源配分**を悪化させる蓋然性が大きい。さらに労働者、使用者双方にとっての情報の非対称を加味しても、解雇規制は、雇用条件に関する**情報の非対称**を改善することもあるが、その領域・程度はきわめて限定的であるのに対して、生産性に関する情報の非対称をますます拡大させるのみならず、労働者の生産性維持発展のインセンティブを常に低下させるから、資源配分の悪化はその程度をますます強くし、効率性を歪める蓋然性が強まると考えられる。

　このような状況下で使用者が解雇規制による情報の非対称の影響を緩和するためには、予め生産性が高いと見込まれる労働者の類型を重点的に正規雇用しておくことが合理的な選択となる。仮に一定の期間実際に雇用して観察することができるならば、労働者の生産性を正確に判定することは比較的容易である。したがって、仮に解雇が自由であるか、又は契約により生産性が低い労働者を解雇しやすい世界では、使用者は労働者の類型にレッテルを貼ることなく、採用時に様々な労働者を試行的に採用することが可能である。最終的に生産性の高い労働者に残ってもらうことができるからである。解雇規制の下ではこのような前提は成り立たないから、結果的に例外は多数あるものの、確率的に見て生産性が高いブランド大卒者を重点的に正規雇用することは、使用者にとって合理的な選択となるのである。就職市場における**学歴差別**は、解雇規制により確実に増幅される。

正規雇用は、情報の非対称により解雇規制の下では常にリスクが大きい雇用類型となるため、これを回避するため、期限付き雇用、派遣労働、パートタイマーなどのいわゆる非正規雇用の採用が増加する。このような非正規雇用者は、正規雇用者の既得権を守る安全弁となって労働者に階層分化が生じる。言い換えれば、職を得てしまった生産性の低い正規雇用労働者は、他の正規雇用者や非正規雇用者の負担の下で強い保護を受けることになる。

解雇が極端に制限される社会では、いったん雇用された後、その雇用先に馴染めなかった労働者が転職しようとしても、転職市場も解雇規制により流動性を阻害されているためにますます小さくなっている。これも、使用者が、労働者の実績を時間をかけて確認することができないためである。また解雇規制は、ごく限定的な場合には人的資本投資を促進するものの、産業分野、職種等を問わず、また労働者の本来の生産性の高低を問わず、生産性維持発展のインセンティブを低下させて経済発展を阻害している。

なお、日本では雇用契約の際、失業保険加入と保険料負担を労使双方で分担することが義務付けられるが、強い解雇規制はいったん正規雇用された者の失業を抑止するにも拘らず、失業保険加入を強制するのは非効率を助長している。

2．判例とその解説——解雇を制約する判例法理

＜判例＞

（解雇権濫用法理）
・最高裁1975年4月25日第二小法廷判決民集29巻4号456頁（日本食塩製造事件）
「使用者の解雇権の行使も、それが客観的に合理的な理由を欠き社会通念上相当として是認することができない場合には、権利の濫用として無効になる」
・最高裁1977年1月31日第二小法廷判決労判268号17頁（高知放送事件）
「普通解雇事由がある場合においても、使用者は常に解雇しうるものではなく、当該具体的な事情のもとにおいて、解雇に処することが著しく不合理であり、社会通念上相当なものとして是認することができないときには、当該解雇の意思表示は、解雇権の濫用として無効になる」

第2章　解雇規制は誰を保護するのか

（整理解雇）

・東京高裁1979年10月29日判決労民30巻5号1002頁（東洋酸素事件）

「解雇が右就業規則にいう『やむを得ない事業の都合による』ものに該当するといえるか否かは、……企業側及び労働者側の具体的実情を総合して解雇に至るのもやむをえない客観的、合理的理由が存するか否かに帰するものであり、この見地に立つて考察すると……第一に、右事業部門を閉鎖することが企業の合理的運営上やむをえない必要に基づくものと認められる場合であること、第二に、……従業員を同一又は遠隔でない他の事業場における他の事業分門の同一または類似職種に充当する余地がない場合、あるいは右配置転換を行つてもなお全企業的に見て剰員の発生が避けられない場合であつて、解雇が特定事業部門の閉鎖を理由に使用者の恣意によつてなされるものでないこと、第三に、具体的な解雇対象者の選定が客観的、合理的な基準に基づくものであること、以上の三個の要件を充足することを要し、特段の事情のない限り、それをもつて足りるものと解するのが相当である」

「なお、解雇につき労働協約または就業規則上いわゆる人事同意約款又は協議約款が存在するにもかかわらず労働組合の同意を得ず又はこれと協議を尽くさなかつたとき、あるいは解雇がその手続き上信義則に反し、解雇権の濫用にわたると認められるとき等においては、いずれも解雇の効力が否定されるべきであるけれども、これらは、解雇の効力の発生を妨げる事由であつて、その事由の有無は、就業規則所定の解雇事由の存在が肯定されたうえで検討されるべきもの」である。

（雇い止め）

・最高裁1986年12月4日第一小法廷判決判時1221号134頁（日立メディコ事件）

2ヶ月間の有期雇用を5回更新された臨時工について、更新の都度、本人の意思確認手続きが取られていたことなどから、期間の定めがない労働契約と同じとはいえないものの、「その雇用はある程度の継続が期待され」たものであるため、雇い止めに際して、「解雇に関する法理が類推され、解雇であれば解雇権の濫用、信義測違反……に該当して解雇無効とされるような事実関係の基に使用者が新契約を締結しなかつたとするならば、期間満了後……従前の労働契約が更新されたのと同様の法律関係となる」

＜解説＞

　ここに掲げた判例は、各論点に関する代表的なものであるが、いずれの論点についても判例は多数あり、一般的な判断基準は概ね共通であるものの、具体的事件への基準の当てはめについては法則性があるわけではない。個別事案を判例の基準に当てはめて事前に結論を予測することは、どの論点についてもかなり困難といえる。

　解雇権濫用法理にいう解雇の合理的理由は大きく四つあるといわれる。第一は、労働者の労務提供の不能や労働能力・適格性の欠如である。勤務成績不良や重要な経歴詐称などもこれに含まれる。第二は、労働者の規律違反行為である。懲戒事由とほぼ同様だが懲戒処分の代わりに普通解雇がなされる場合である。第三は、経営上の必要に基づく解雇である。整理解雇もこれに含まれる。第四は、ユニオン・ショップ協定に基づく組合の解雇要求に基づくものである。

　これらのうち第一から第三について裁判所は、一般的にこれら事由が重大な程度に達し、他に解雇回避の手段がなく、かつ労働者の側に宥恕すべき事情がほとんどない場合にのみ解雇を認めているといわれる（菅野和夫（2007）『労働法〔第七版補正二版〕』弘文堂422頁）。

　整理解雇についての第二要件である整理解雇選択の必要性について、使用者には、整理解雇前に、配転、出向、一時帰休、希望退職募集など他の手段による解雇回避努力をする義務があるとされる。これらを試みずにいきなり整理解雇に訴えた場合にはほぼ解雇権の濫用と判断される（菅野（2007）429頁）。第三要件である非解雇者選定の公正さについても、欠勤・遅刻回数、規律違反歴、勤続年数、経済的打撃の低い一定年齢層以下であるかどうか、などが考慮され、成績査定のみに基づく選定は主観的で合理的に乏しいとされる傾向がある。

　雇い止めに関する裁判例でも、解雇権濫用法理を類推適用すべき場合が明確となっているわけではない。雇用の臨時性・常用性、更新の回数、雇用の通算期間、雇用継続の期待を持たせる言動・制度の有無などが考慮されるといわれる。しかし、最初の更新拒否であっても、期間満了後の継続雇用を合理的に期待させる雇用であれば、更新拒否を相当とする特段の事情が必要であるとする判例（大阪高裁1991年1月16日判決労判581号36頁・龍神タクシー事件）もあり、いかなる場合に雇い止めが有効となるかについて事前予測することは困難

である。

3．法と経済学で考えてみよう

(1) 解雇はなぜ起きるのか

　一般的な解雇であれ、整理解雇であれ、労働者の生産性が使用者の求める（賃金を基準とする）水準を下回るとき、使用者は通常その乖離の大きい労働者から解雇を試みようとする。生産性の高い労働者を好んで解雇する使用者はいない。すでに論じたように労働者の生産性は採用面接時点で見極めることは困難だから、採用に当たっては労働者の生産性に関する重大な**情報の非対称**が存在する。解雇規制がない場合には、当初の一定期間に実際に雇用することによって労働者の生産性を見極めることが容易であるから、情報の非対称は顕在化しにくい。しかし、解雇規制が日本のような形で存在する場合には、一旦雇い入れることは、その後当分の長期間にわたって雇用し続けなければならないことを意味するから、情報の非対称に伴う雇用者のリスクはきわめて大きくなる。

　また解雇規制があるとき、賃金の切り下げは困難であり、生産性に応じた賃金水準を柔軟に達成することは困難となるため、支払い賃金等に反映される使用者の生産性に関する要求水準を下回る度合いの強い者は、使用者にとって解雇の対象とされやすくなる。

(2) 解雇規制の正当化根拠は何か

①**不完備契約理論による解雇規制の正当化は成り立つか**

　不完備契約理論を使用して解雇規制を正当化する分析もあるので、その一部を検討してみよう。例えば、中馬宏之（1998）「解雇権濫用法理の経済分析」三輪芳朗ほか編『会社法の経済学』東京大学出版会は、労働者は「勤務先の企業でのみ有用な一定レベルの人的資本（＝企業特殊的人的資本）に投資する」（437頁）が、企業には「生産性の実現値を故意に低めに評価することで、より低い賃金支払額にしたい」（443頁）インセンティブがある一方で、第三者は生産性向上の「事後的な客観的な値を知ることができない」（443頁）し、さらに

は教育投資で生産性が向上したからといって賃金を上げるという約束を企業が履行するとは限らないという契約の不完備性を前提として、解雇規制が労働者の**人的資本投資**を奨励し、企業・労働者双方にとって経済効率を改善させることがありうるとして、解雇規制を経済学的に正当化する議論を展開する。

しかし第一に、転職すれば教育投資の効果が発揮できなくなるような、当該企業に固有の有益性しか発揮しない投資が現実に普遍的であるとはいえず、その仮定には無理がある。例えば、日本語、英語を問わず、基本的な言語操作能力、計算能力、パソコン操作能力、経理のノウハウ、当該分野の技術的知識など、ほとんどの人的資本投資は、あらゆる産業分野を通じて、少なくとも営業、経理、人事、技術等の職種ごとに見れば、共通の知識・技能であるといっても過言ではない。業種を共通なものに限定すれば、なおさらこのことは明白である。仮に当該企業に固有の知識・技能であって、他企業に一切移転することが可能でないような技術があるとしても、それはきわめて限定的な領域に止まると考えるのが自然であろう。

第二に、企業が、人的資本投資によって能力や生産性が上昇した労働者の生産性を故意に低めに評価するという前提が異常である。企業にとって、そのような貴重な人材を何ゆえに冷遇して結果的に企業から追い出したり、または悪い処遇に貶める実益があるのだろうか。彼を失うだけでも企業の損失であるのに加え、そのような労働者をきちんと遇することなく解雇する企業が、その後に有能な人材を獲得できるはずもなく、企業にとってのメリットはほとんど想定できない。その種の振る舞いに及ぶ企業はあるかもしれないが、きわめて稀であろう。

第三に、上のような機会主義的な行動を取る企業が仮に存在するとして、そのような行動に対処するための正当な対策は、雇用契約がそのような意味で不完備にならないよう措置することである。言い換えれば、完備契約に近づけるための詳細で客観的な契約条項や、それをもたらす基準を定めるとともに、その詳細が確実に担保されるよう当事者の合意を裁判所が尊重するという、本来の意味での情報の非対称対策を法令により講じることが本筋であろう。

第四に、同論文は、雇用を保障された時、労働者の人的資本投資蓄積意欲が減退したり、勤労のインセンティブが減退する可能性が強いという重大な側面

を無視しているが、解雇規制がもたらす当然の負の側面であるこの要素を無視することは、分析の結論に重大な影響を及ぼす。

　第五に、解雇規制が経済効率を高める場合が稀にあるとしても、そのような場合が存在するからといって、社会に存在するすべての雇用契約に一律に強行法規として解雇規制を及ぼすことの正当化根拠が存在するとは想定しがたい。無理のある仮定に基づいて、政策的に正当化することが困難な結論が導き出されているといわざるを得ない（常木淳（2004）「不完備契約理論と解雇規制法理」大竹文雄ほか編『解雇法制を考える』勁草書房参照）。

　江口匡太（2004）「整理解雇規制の経済分析」大竹ほか編『解雇法制を考える』勁草書房は、企業の景気に依存しない不完備な雇用契約形態を取らざるを得ず、特に企業の経営状態が観察できない場合には、解雇規制が経済効率を高める場合がある旨を論じる。

　具体的には、好景気から不景気になったときに、解雇規制がある場合とない場合とを比較して、ある場合には解雇のためのコストが発生するため、企業にとっての最適雇用者数が増大し、全体として厚生水準が高まるという議論を展開する。ところがその出発点は、解雇規制の有無に拘らず、好景気時には「完全雇用が実現する」ため、企業が同一賃金で、同一数の労働者を雇用するという仮定である。この仮定とそれに基づく分析には無理がある。

　第一に、すでに論じたように、契約への法や判例による強制的な介入として解雇規制が設けられる場合には、新規雇用市場では均衡賃金が低下し、均衡雇用者数が減少する。労働需要の価格弾力性を無限大とするなどの非現実的な仮定をおかない限り、解雇規制で賃金が低下しない事態は想定できない。

　第二に、解雇規制の有無に拘らず同一の雇用者数であるという初期条件を先験的に与える以上、解雇規制の存在により解雇にコストがかかるのなら、不景気の時に雇用者数が高止まりするのは当たり前である。加えて、雇用者数を唯一の生産要素とする企業の生産量によって社会全体の厚生水準が定まるのであれば、解雇規制が厚生を増進させることも、当たり前である。いわば、仮定において結論を先取りしているにほかならず、あえてモデルを構築するまでもない。

　第三に、継続雇用された労働者の賃金水準は、解雇規制がない場合に比べて、

規制がある場合は安くなると分析する。しかし、前述したように解雇規制は、賃金の交渉を労働者にとって有利に進めることを促す機能を果たすから、解雇規制がある場合の方が賃金は高止まりする傾向を持つことが無視されている。

②継続的契約論

雇用契約、賃貸者契約などの計画的契約関係を前提とする法的関係では、契約継続に対する当事者の合理的期待があるため、法の契約への介入によりそれを保護することが正当であるとする議論がある（内田貴（2004）「雇用をめぐる法と政策」大竹ほか編『解雇法制を考える』212〜217頁）。しかし、**継続契約**であるが故に先験的にそこに必ず市場の失敗が存在するという想定は成り立たない。また、市場の失敗では説明できない場合に契約に介入すべき論拠は想定できない。長期継続的な契約では将来生じうる事態を予測しきれないという議論もあるが、理由がない。そうであれば長期にわたる自らの権利義務関係について完全に予測し、合意の上で解雇規制に服することを排除したいと考える当事者の契約に対してまで、強制的に解雇規制を及ぼす理由はないからである。

解雇が労働者に対して特に甚大なコストをもたらすことを規制の正当化根拠とする議論もあるが、契約の解消が被害をもたらしうることは、長期継続か否かに拘らず、およそ契約一般で想定しうる。だからこそ、契約当事者は一般に、契約関係の解消に至る条件、そのような事態が発生した場合の損失の分担等について、起こりうる事態を綿密に想定して契約に記述することを試みるのである。そのようなことまでは書ききれないという当事者も存在するかもしれないが、だからといって、解雇のコストを見積もって契約で対処しようとする当事者に対して一律に強行法規たる解雇規制を及ぼしてよいことにはならない。長期の予測や、起こりうる事態への対処に関して能力が劣る当事者に対しては、情報の非対称を補完するために政府が介入することこそ本筋であって、解約規制という手段で契約の解消を妨害することは一般的な情報の非対称対策にはなりえない。

③雇用契約における労使の非対等性

労働市場があたかも使用者による需要独占ないし寡占状況にあるかのごとき前提を取り、不完全競争の弊害が労働市場に存在することを前提として解雇規制を正当化する議論も多いが、前提に無理がある。

第一に、現実の労働市場は、同一業種、職種を前提としても多数の使用者の参入があり、不完全競争の前提が妥当する労働市場はきわめて稀といってよい。第二に、仮に不完全競争たる労働市場が存在するとしても、そこに対処する本来の政策は、競争政策であって、個別の契約の解消を政府が阻む解雇規制ではない。第三に、使用者には、一部上場の大企業から零細個人商店に至るまで様々な経営規模の事業者が分布する。およそ使用者が強者であるという前提は社会実態と大きく乖離している。

④憲法25条による生存権

　解雇規制の法的根拠として、憲法25条による生存権や同27条1項による勤労権を挙げる議論もある。生存権は、国家が失業者への給付や生活保護を行うなど、私人に対する国家の責務として憲法上規定されているものであり、生存権が私的当事者相互の契約の効力に対して制限を設けることは想定されていない。憲法27条1項の勤労の権利についても、個々の契約関係を憲法の同条項が効力の否認を含めて左右することは想定されていない。

　いずれにせよ、標準的な法と経済学の考え方の枠組みから見れば、市場の失敗のない市場に法や裁判が介入して当事者の合意たる契約を破る根拠は認めがたいのに加え、労働者にせよ、使用者にせよ、契約に関連して健康で文化的な最低限度の生活が脅かされるような場合に、その保障を私人が契約を通じて行うのでは、私人による社会福祉の肩代わりを強制することとなり、そのような前提の下では、本来の福祉水準の達成すらもおぼつかない。国家が必要な私人の保護の責任を全うすることこそ、法的にも正当な枠組みであり、法と経済学の「効率と所得分配とは独立に考える」という基本的な方法に合致する。

(3)　日本の経済社会への解雇規制への影響

　解雇規制は日本社会に由々しき歪みを構造的にもたらしている。

　第一に、学歴取得に対する人的資本投資は過度に行われる反面、その後では特許などの知的財産や科学技術・経営の革新を生み出すための投資インセンティブが抑制され、創意と工夫で社会の発展を牽引する気風が希薄化する。

　第二に、低生産性分野の産業が過剰人員を抱え込み、円滑な産業構造転換が困難になる。

第三に、学歴貴族・既得権を持つ中高年層が若者・非正規雇用者の就業機会を奪い、社会階層の流動化を阻害して格差を助長する。解雇規制の自由化はむしろ、学歴やコネ・既得権がなくても誠実に努力する大多数の日本の若者や勤労者を確実に救済するだろう。

(4) 労働契約法の課題

2007年の労働契約法案に、裁判官への白紙委任に近い先の4要件をそのまま4要素として盛り込もうという動きがあったが、これは見送られた。このような試みは政策決定者の責任放棄である。本来判例による法の読み方が妥当でなかったり、判例のばらつきが大きい場合には、法改正をして過去の判例法を破る政策を実現することこそ行政や立法の役割のはずである。

雇用政策の課題は、自らの判決の社会経済的な効果の見通しすら持たない判例の法令化を図ることではありえない。

解雇の際の使用者による金銭補償を制度化すべきであるという主張があるが、金銭補償は本質的解決たりえない。今よりましとはいえても、これは元来、判例により人為的に作り出された一種の「解雇権を排除する強力かつ不明朗な権利」を無批判に与件とする議論である。本来そのような権利自体の不条理を直視し、その強さと外縁を見直すことこそ先決であろう。

正しい雇用政策とは、適切な情報の非対称対策を講じることである。すなわち業務内容、給与・労働時間・昇進等の処遇、人的資本投資に対する労使の負担基準などに関する客観的な細目を雇用契約書に記載させるための法的仕組みを整備し、労使双方にやり直しの機会を与え、さらに当事者の合意を最大限尊重することが重要である。

解雇の制限は格差問題を悪化させる原因であって、解決策ではありえない。

4. 回答骨子

解雇規制が、(1)のようにすべての労働者を守るということは想定できない。すでに職を得てしまった労働者、なかんずく正規雇用労働者の権利を強く保護するものといえる。反面、期限付き雇用者や派遣労働者、パートタイマーは、

正規雇用者の採用が減少するため増大するが、これらの非正規雇用労働者の権利は正規雇用者よりも弱く、結果として解雇規制は非正規雇用者に不利益をもたらしている。

また、(3)のブランド大卒者は、就職市場において最も利益を得る類型である。さらにその中でも(4)のようにブランド大卒者でかつ生産性が低い、特に中高年の労働者が実質的には解雇規制によって強く保護されている。言い換えれば、学歴や既得権はないが、生産性は高いという大多数の日本の若者や勤労者は、解雇規制によって不利益を被っている。

(謝辞)
　図1による分析の枠組みは久米良昭氏の教示による。リスク回避行動の分析の厳格化は安藤至大氏の教示による。両氏、太田勝造、大竹文雄、常木淳、八代尚宏、和田一郎の各氏からいただいた全般にわたる懇切なコメントに感謝申し上げる。

第3章 河川の流水はどのように配分すべきか
所有権法の理論

設例
　河川などの流水を、灌漑、飲用、発電用などのために必要とする者がいる時、これをどのように分けることが合理的だろうか。
これについては、例えば、
(1) 誰でも自由に好きなだけ水を取ることができる共有資源とする
(2) 政府や自治体などが管理者となり、水を必要とする者に対して、その必要性に応じて定期的に公水使用権を割り当てることとする
(3) 最初に、くじや競争入札によって流水使用権を私人に配分し、その後自由な譲渡、流通を認めることとする
などの方法が考えられる。それぞれの方法のメリット、デメリットを勘案して、望ましい公水使用権の割り当て方法を検討しなさい。また、現行の河川法では、(2)に相当する河川管理者による公水使用権の割り当てが想定されているが、この制度を前提とした時、これをどのように運用することが合理的となるかについて説明しなさい。

第3章で使う経済学　公共財・共有資源と所有権の経済学

　この章では、所有権の成立とその移転に関する取決めの重要性について学ぶ。これらは経済学の第5原理「交易（取引）は、すべての人々をより豊かにする」と、第7原理「政府は市場のもたらす成果を改善できることもある」に関わるものである。

　ある財やサービスに所有権がなく、価格も設定されていないとき、市場での交易を通じて、その財やサービスが適切に生産・消費される保証がなくなる。このような場合に政府が何らかの対策を行うことで市場の失敗を改善することができる場合がある。

　ある財が排除可能であるか否かと、その財が消費に当たって他人と競合することとなるかどうか、という2つの観点から、4種類の財を分類することができる。これが図1に示す私的財、共有資源、自然独占及び公共財の4分類である（マンキュー303頁）。政府は、ある**公共財**について、その供給に伴う総便益が総費用を上回ると判断する場合、税収を使って、フリーライダーの発生のために民間では提供されない財を提供することができる。このことで望ましいサービスがなくなってしまうことを防ぐことができる。一方、どのような公共財が提供するに値するのか、さらに仮に提供に値するとしても、それをどれだけの水準で提供することが最適であるのか、を決定するこ

図1　4種の財

	競合する	しない
排除可能	（私的財） ・食料 ・衣服 ・渋滞した有料道路 など	（自然独占） ・消防 ・ケーブルテレビ ・渋滞していない有料道路 など
不可能	（共有資源） ・管理のない河川の流水 ・海中の魚 ・環境 ・渋滞した無料道路 など	（公共財） ・外交 ・防衛 ・渋滞していない無料道路 など

とは難しい（マンキュー 309～312頁）。この決定のためには、費用便益分析の作業が必要となる。

これに対して、**私的財**は、市場で提供され、買手が付け値を明示することができるため、財の価値が明らかになりやすい。公共財や政府が提供する財の費用便益分析では、価格が観察されないことによって、財の過大な提供が発生しやすいことは、日本でも現実のいわゆる公共事業などで広く見られる。なお、厳密な意味では、いわゆる公共事業は公共財ではなく、本来価格付けのなじむ私的財として位置付けることが可能なものについても、政治的理由等によって価格付けが必ずしも厳密にはなされず、また料金を払わない者を排除することが容易であるのにそれをしないまま、公的事業として実施されることが多いことにも注意が必要である。

共有資源は、公共財と同様、排除が不可能であるが、その消費が他の者の消費を妨げるという意味で競合的である。「**共有地の悲劇**」の問題はこの故に生じる。羊の放牧が主たる産業である町では、放牧地を共有地として羊に草を食べさせることによって羊毛産業が成り立つ。羊の数が少ないうちは問題がないが、その数が増大すると、共有地の草は食い荒らされ、羊の飼育が困難となり、最終的には羊毛産業が消滅することとなりかねない。

個々の羊飼い達は、自分の羊を増やすことには熱心だが、土地が不毛となるような「共有地の悲劇」を招かないことについては必ずしも熱心ではない。集団的な規律で羊の数を減らすなどの対策を講じなければ、その町の羊毛産業の最適な状態を達成することは不可能であったといえる。

共有地の悲劇の原因は**外部性**である。外部性のコントロールのためには、羊の数の管理、羊がもたらす社会的限界費用に応じたピグー税の徴収、羊飼育許可証の売買制度の創設など、標準的な外部性の内部化手法を採ることが考えられる。また、土地である放牧地のように、分割が容易な財に関しては、各羊飼いが自分の放牧地を囲い込むことによって、放牧地を共有資源でなく私的財とすることもできる。このとき羊飼い達は、自分の放牧地に見合った羊の数となるよう、自発的に注意深く羊の数の調整を行うようになるだろう（共有資源について、マンキュー 312～317頁、外部性について同 274～300頁）。

野生生物のうち少なからぬ種が絶滅危惧種となりつつあることも、所有権の割当てと関わりがある。牛、豚や鶏が絶滅せず、アメリカ大陸におけるバッファロー、アフリカ大陸における象などが絶滅の危惧に瀕しているのは、前者が私的財で、後者が共有資源であることに関係がある。絶滅危惧種を守る対策として、これらの狩猟を厳格に禁じるやり方と、これらを私的所有権の対象として、所有物たる希少動物を所有者が自由に処分することを認めるやり方との2つの方向がある。前者を採る国では、密猟者を取り締まることに実効性がなく、象が減少する一方、後者を採る国では、所有者が象などを繁殖させ保存する試み、さらには密猟者取締りにも熱心となって、かえって絶滅の危機から脱しつつある（マンキュー 316～317頁、ミラーほか 186～194頁）。

　このように、所有権の範囲や内容が明らかで、それを守ることの実効性を高められるような場合には、所有権制度を確立し、その所有権を法で保護するとともに、所有権の移転に要する取引費用ができるだけ小さいように仕組むことによって、所有権の対象たる財はかえって守られ、その浪費や絶滅という問題を回避することが可能となるのである。これは**コースの定理**の重要な含意でもある（コースの定理については、マンキュー 283～287頁）。

1. 背景説明および法と経済の理論

(1) 共有地の悲劇

　財については、排除可能であるか否か、すなわちその財の利用を禁止することができるかどうかという観点と、競合的であるかどうか、すなわち誰かの利用によって他の人の利用が減少するのかという2つの尺度から、4つの領域に分類することができる（図1参照）。

　設例(1)のように、誰でも河川の水を自由に好きなだけ消費できるという仕組みを採る場合は、排除不可能で競合する領域を作り出すこととなり、水を**共有資源**としているということができる。誰でも水を無料で利用できる代わりに、多数の人が大量の水を利用すると、皆が十分に水を利用できなくなるというトレードオフが発生し、いわゆる「**共有地の悲劇**」の問題が発生しうる（図2参

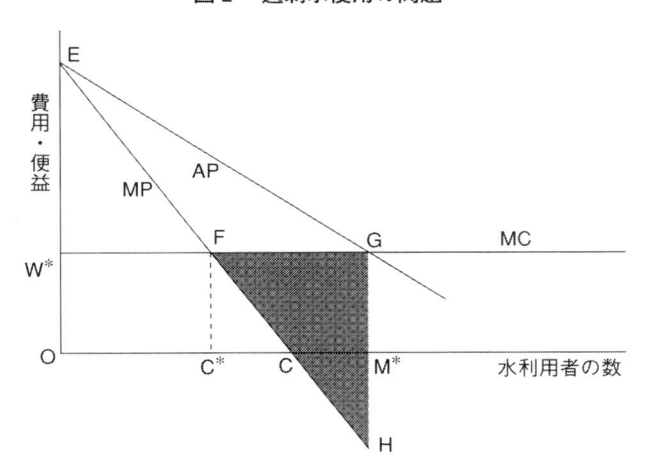

第3章　河川の流水はどのように配分すべきか　　　　71

図2　過剰水使用の問題

照)。河川の水を灌漑用、飲用、産業用など様々な用途に使う人々や使用量が少ない間はよいが、河川の沿岸の住民や工場が増加し、水を占用する量が河川の流量を超える段階でどの水利権者も必要を満たすことができない状態が到来する。水利用が早い者勝ちということになると、他の水利用者を出し抜いての水獲得競争が激化し、このための労力や時間の増大に応じて、水の使用は高価なものとなり、結局のところ水の自由使用を前提とした集落や工業団地は、河川の周辺から消滅してしまうかもしれない。

　図2によりこの問題を検討しよう。誰でも自由に水を利用することができ、水利用者が増えるごとにその水は例えば灌漑に利用されるものとしよう。OW^*の距離は、水利用者追加1単位当たりに必要な灌漑用施設に要する費用である。この限界費用は一定であるものとする。水利用者1人当たりの灌漑によって得られる農産物の価値は、平均生産物価値(AP)の高さである。水利用者1人追加により、農産物全体の価値の増加分は限界生産物価値(MP)である。農産物の総価値は、水利用者の数が増えるにつれてCまで増加する。Cでは、灌漑による限界生産物はゼロとなり、その後は過剰な水使用が原因で、農産物の総価値は減少し、MPはマイナスとなる。水利用者1人当たりの個人的な収益はAPであり、APはMPより大きいので、APがMCと等しくなる

M*まで水利用者は増加し続ける。しかし、最も効率性が高まるのは MP = MC となる C*点であり、この時、C*の時の社会的余剰 EFW*と比べて過剰に水を使用することとなるため、追加的に FGH の社会的余剰の減少がもたらされる。

(2) コースの定理と所有権

このような悲劇を招かないためには、現在の河川管理方式がこれに該当するが、設例の(2)のように、水の取水について、誰かが権限を持って規制するのが１つの解決策である。もう１つは、(3)のように水を取ることに対して価格付けを行い、倹約を促す、あるいは水の使用権を競争入札にかけるなどのやり方で、過剰な水使用の問題を処理するという解決策である。管理のない自然状態の流水のような、競合し、排除不可能な共有資源については、過剰使用の社会的弊害を防ぐためには、その資源に対する所有権を明確に定義し、その権利に完全に実効性があるとともに、安価かつ容易に譲渡可能なものとしておかなければならない。

これは、所有権法の理論において先駆的役割を果たした**コースの定理**の意味付けでもあって、同定理によれば、権利が明確で取引費用がゼロであるならば、誰に権利を配分しても資源の有効活用の点で最適な状態が達成されるのである。

まず、(3)のように、当初から私人に流水使用権を配分するケースを考えよう。まずこの時、灌漑利用を行う農民が一人、発電利用を行う電力会社が一人の２名のみが存在するとする。さらに流水はどちらか一方にのみ利用可能だと仮定する。農民は灌漑利用に対して現在価値で500万円の価値を見出している。電力会社は発電利用に対して同じく700万円の価値を見出している。この時、農民に対してすべての水の利用権を与えたとしよう。交渉のための費用を無視しうるなら、電力会社は500万円を超え、700万円未満の価格を提示して農民から水利用権を買い戻すだろう。では、電力会社に対してすべての水の利用権を与えたときはどうか。700万円に満たない価値しか水利用に見出さない農民がこれを買い戻すことはないから、結局水は発電用として使われる。この数値が逆転していれば、結局水は灌漑用に使われるだけのことである。

農民と、電力会社の利益は異なるが、いずれにせよ、前者の場合、水が発電

用に利用される点、後者の場合、水が灌漑に利用される点に関して、裁判所や政府が、農民、電力会社のいずれに権利を与えたとしても、もともとの利益状況が同じときには、結果として行われる水の利用形態は何ら異ならない。言い換えれば、政府や裁判所が、「誰に権利を与えるのか」を確定することには何の意味もない。権利の初期配分を決する立法や判決は無力であって、資源の利用に対して何ら影響力を行使することはできないのである。当事者が複数になっても交渉費用がゼロであるならば事情は同じである。

これに対して、例えば、与えられる権利の範囲が不明確であったり、双方の当事者の言語が異なるなどの事情によりお互い通訳を立てる必要があったり、当事者が大幅に増えて相互の交渉が時間・労力の点で多大な費用をもたらすこととなったりする場合、言い換えれば、**取引費用**が大きいために事後的交渉が成り立たないような場合には、**初期権利配分**が固定されてしまうことになるから、初期権利配分が実際上資源の効率的な利用の程度を決することになる。その場合は、事後的な交渉をより促すような初期権利配分が望ましい。その点が不明であれば、固定されることになる初期権利配分によって、当事者の利得が最大化されるように、立法や判決が、費用便益分析を行ったうえで権利を設定することに意味がありうる。この点を、以下公水使用権に関する最高裁判例を元に検討してみよう。

2. 判例とその解説——公水使用権の限界

＜判例＞

・最高裁1962年4月10日第三小法廷判決(1961年(オ)第62号行政命令取消請求事件)(民集16巻4号699頁、福井秀夫(2006a)『行政判例百選Ⅰ〔第5版〕』20事件解説有斐閣参照)

本判決は、慣習法による灌漑等による河川流水利用権者が、自らが河川流量のすべての利用権を持つが故に、新たな発電用水利権に対する河川法に基づく河川管理者たる知事による流水占用許可処分により自らの権利が侵害されたとして、同許可の取消しを求めて行政訴訟を提起したものである。第一審、第二審とも原告が敗訴し、上告がなされたが、最高裁も次のように述べて、上告を

棄却した。

「公水使用権は、それが慣習によるものであると行政庁の許可によるものであるとを問わず、公共用物たる公水の上に存する権利であることにかんがみ、河川の全水量を独占排他的に使用しうる絶対不可侵の権利ではなく、使用目的を充たすに必要な限度の流水を使用しうるに過ぎないものと解するのを相当とする」

＜解説＞

公水使用権については、成立の由来による分類としては、許可水利権と慣行水利権がある。法的位置付けは異ならないが、目的により、灌漑用水利権、工鉱業用水利権、水道用水利権、発電用水利権等にも分類できる。許可水利権については、河川法23条による流水占用の許可により規律されるほか、水の事実上の支配に基づく社会的に承認された権利として慣行水利権が存在することは、大審院（大判1898年11月18日民録4輯10巻24頁、大判1900年2月26日民録6輯2巻90頁、大判1912年5月6日刑録18輯567頁ほか）や、行政裁判所（行判1912年7月13日行録23輯966頁、行判1918年12月20日行録43輯1105頁等）が古くから認めてきた。しかし、慣行水利権の場合は、慣習法上の権利であることから、その法的性格、成立要件、効力の及ぶ範囲などがあいまいであり、関係者間の利害調整も困難となりがちであることから、権利関係が長期にわたって固定されやすく、水の有効活用が損なわれがちとなるのに加え、法的紛争も顕在化しやすいといえる。

3．法と経済学で考えてみよう

(1) 公水使用権の成立要件

許可水利権は、河川法23条による河川管理者の許可によって成立する。条文上「許可」の用語が用いられているが、一定の流水を特定人が独占排他的に占用する権原を与えるものであるから、講学上のいわゆる「特許」に該当する。

一方、慣行水利権については、河川法施行法20条1項に基づき、旧河川法施行規定11条1項によって旧河川法18条の流水占用許可を受けたものとみなされ

た水利権は、新河川法の水利使用許可処分を受けたものとみなすこととされている。すなわち、旧河川法施行（1896年）前からの慣習法上の流水占用権については、新河川法施行（1964年）後は許可水利権とみなして河川法上の位置付けを与えている。

また、河川法の適用を受けない普通河川に存在する慣習上の水利権は、河川法87条により、その普通河川が一級河川、二級河川又は準用河川の指定を受けた時点で、河川法23条の流水占用許可を受けたものとみなされ、慣行水利権として法的に位置付けられる。

前者の慣行水利権については、新法施行の日から2年以内に、後者の慣行水利権については指定の日から1年以内に、流水占用の目的、占用している流水の量、占用のための施設等を河川管理者に届け出なければならない（河川法88条、河川法施行法20条2項、河川法施行例8条、48条）。しかし、この届出がなされなかったとしても、慣行水利権が消滅するわけではないと解されており、現実に届出のない慣行水利権が顕在化することもある。なお、慣行水利権については、許可水利権と異なり期間の更新がない。

しかし、慣行水利権の成立を法的に承認することは、河川法の施行等に伴う過渡的調整措置であることから、旧河川法が適用・準用された河川、又は一級河川等が指定された河川については、適用・準用又は指定以降は新たに慣習上の水利権が成立することはないと解される。

慣行水利権は、特定人が独占的に一定水量を占用することができるという権利であるが、これに対して、河川沿岸住民や河川への訪問者が、消防、洗濯、水浴びなど、生活やレジャー等のために流水を少量又は一時的に使用する場合は、もともと流水占用許可が必要な行為ではなく、公水のいわゆる「自由使用」として位置付けられる。

本件一審判決は、公水使用権が「慣行水利権」として成立するための要件について、「慣習による公水使用権は公共用物の一般使用と異り一つの権利であるから、特定人の利益として承認され、或程度継続的使用でなければならず、かつ相当長期間にわたり平穏公然に使用されこれが一般に正当な使用として承認されていることを要する」と述べる。

新潟地裁長岡支判1969年9月22日下民集20巻9・10号684頁は、流水使用権の

成立に20年以上の反復継続性と社会的承認が必要であると述べ、大阪高判1962年10月19日下民集13巻10号2102頁は、海水使用権について10年余りの使用年数は自由使用の範囲内である旨述べており、本件一審判決と同様の考え方に立っている。

　土地所有権については、事実上の長期的かつ独占的な支配が権利性発生の沿原になっていることに鑑みると、法整備前の公水使用についても、事実上長期にわたって平穏に独占的な使用が継続されたことをもって、権利性が発生していたものと解される。もっとも地理的範囲が決まれば明確となる土地所有権と異なり、慣行水利権については、権利化しているとしても、権利の対象たる流水使用の量や使用方法、その季節的変動の外延などを厳格に確定することは実際上困難であるから、権利の範囲やその効果については必ずしも一義的明白なものではない。

(2)　公水使用権の性格

　公水使用権の性質について公権か私権かという議論があるが、権利の名称それ自体の確定には必ずしも実益がない。公水使用権が、河川法等の法令の適用を受け、河川管理権等に服するという意味で公的性格を有することはもちろんであるが、公水使用権が特定私人の利益を増進させる権利であることも疑いない。また、許可水利権では河川管理権者等の許可の下に、慣行水利権では当事者間の取引により、私人間の水利権譲渡、相続等が発生することがありうることから、これらの私的な法的関係の規律については民法の諸規定が適用され、紛争解決のための裁判手続きについても民事訴訟法の規律を受けると解される。また、公水使用権に対する第三者の不法な侵害は民法上の不法行為を構成しうるものであり、民事上の損害賠償請求権や妨害排除請求権が発生すると解される。結局のところ、公権か私権かといった法的性格を一律に決することには実益がなく、法的な事象の具体的な場面ごとに、行政法規、民事法規を問わず、もっとも適切な適用法令を、個別法令の趣旨、要件等に照らして適用することが妥当である（美濃部達吉（1933）「慣習法上の公水使用権（一）」法学協会雑誌51巻7号10頁以降は、同趣旨を明晰に整理した包括的分析である。なお、原龍之助（1978）「公物使用権の性質」民商法雑誌78巻臨時増刊号（Ⅳ）273頁以

降参照。)

　もっとも、個別の関係法令によっては、必ずしも具体的な適用関係が明確でないこともありうるので、立法論としては、水利権を規律する法令中に具体的な法適用関係について明記しておくことが、権利の流動化、紛争の予防等の観点から望ましいといえよう。

　また、慣行水利権は許可水利権とみなされることとなっているため、いずれも法的な性格自体は異ならない建前ではあるものの、必ずしも慣行水利権のすべてが届け出られているわけではないのに加え、許可水利権と異なり、慣行水利権は、更新もなく、水利権の及ぶ範囲や効力も、より不明確であることは否めない。

　さらに、慣行水利権は、許可水利権とみなされるものの、許可水利権とは異なり、土地所有権と同様、流水の排他的継続占用の結果生じた堅固な権利であり、慣行水利権者は水利権を実質的に強い支配の下に置いているということができる。反面、慣行水利権はその権利自体が不明確である。

　一方許可水利権は、公的管理に服している流水について新たに特定私人に特別に独占排他的な占用権を付与するものであるから、「許可」対象たる主体を、譲渡等によって自由に変更することはできないと解される。反面、許可水利権では権利は一般的に明確である。

　土地所有権は、明確で、原則として自由な譲渡が可能であるのに対して、水利権は、権利の不明確性又は私人間での自由な取引に対する制約に伴い、その流通には一定の取引費用が生じることがすでに法令上予定されているといってもよい。このため、水利権は、それを最も有効に利用しうる者の支配に委ねられることが阻害されているということもでき、この点において、水利権の法的規律の仕組みは、水のより効率的な利用を阻んでいる。

　実質的には、許可水利権の譲渡が、私人間での事実上の対価給付を伴って行われることもあるが、それは私人間での合意の結果を最終的に河川管理者が対象者の変更の許可によって追認する形での権利者の移転であり、許可の意味は、土地所有権の登記のような対抗要件具備のための認証に止まるわけではない。

　慣行水利権については、もともと存在する権利を形式的に法令に位置付けたものであるということもできるから、当該権利者に対する関係では、例えば無

補償で権利を消滅ないし縮小させることは違法な財産権の侵害となる可能性がある。一方、当初から許可水利権であるものについては、許可条件の設定いかんによって、権利の性格、範囲、その効果をコントロールしうるので、権利性はより弱いと考える余地がある。

　許可水利権は、公物管理権に基づく一種の特許に基づく権利であるため、土地所有権と異なり、管理処分の自由という私的所有権原理は法的に著しく制約されている。法の建前では、公物管理権の発動により、最も適切に公水を利用できる者にその使用権を与えることが想定されているが、河川管理者による実際の水利権調整は、許可水利権についても慣行水利権と同様、過去に積み上げられてきた既得権を全面的に尊重することを前提とした調整に終始することが通例であり、法で想定される水の最有効使用という観点からの権利の整除を行うことは困難である。

　すなわち許可水利権では、現実の水の必要性・緊急性の序列を付けて、それに見合った権利の設定を新規に行うことは少なく、一旦許可された水利権については、設定期間終了後もそのまま認められ、更新されるのが通例であるため、いわば早い者勝ちの既得権と化しているのが実態となっているのである。しかも、一旦与えられた権利は、より価値を見出す者との間でも、対価を伴って自由に売買することができないことから、結果として水の効率的使用が妨げられ、過大な水資源開発投資を誘発し、公的資金も自然環境もその分失われるという悪循環が起きている。

　コースの定理に照らすと、水の有効活用を促すうえで最も望ましい権利配分とその流通の仕組みは、慣行水利権、許可水利権ともに、土地所有権同様、一義的明白な権利の範囲、効力を定め、譲渡自由の権利としたうえで、河川管理権の発動は、権利移転に関する公示制度に徹するというものである。

　これを踏まえると、究極的には、慣行水利権について、現在のような、権利の不明確をもたらすあいまいな法的位置付けを明確なものに転換し、取引費用が無視できる限り自由な譲渡を許容することに実益がある。また、許可水利権について、既得権秩序の積み重ねを追認せざるを得ず、自由な譲渡ができないという現在の法的仕組みを改め、その時点での社会経済的な利得を踏まえた新たな権利配分の姿に対応した更新の許可ができるようにするとともに、取引費

用が無視できる限り法的にも自由な譲渡を許容する仕組みとすべきであろう。

　しかし、現行法令を前提としても、河川管理者が水の有効活用を図る明確な意思を持つならば、本来は一定期間ごとの競争入札により、より高値の落札者から権利配分し、使用料を河川管理者が得る仕組みとすることなども法的に可能である。その後の権利の移転も、私人間で合意がなされた水利権の移転については、許可権者は無条件でこれを許可することも可能である。仮に自由な取引とすることが難しいのであれば、河川管理者が一定期限ごとの再入札を繰り返すことによって、必ずしも十分に活用することができない者の支配の下に水が長期間支配されることを防ぐ手立てが講じられることが望ましい。言い換えれば、極力水利権の内容を明確に設定し、その最有効使用者への移転を促進するよう運用することが望ましく、現行の河川法の下でもそのような運用は一定程度許容されていると解される。

　もっとも立法論としては、本来、自由使用の限界を超えるような強い占用権を与える際には、その価値に見合う対価を河川管理者が徴収したうえで、それについては更新許可などを介在させずに、自由な譲渡を前提とする所有権原理を事後も徹底させる方が、行政法規に基づき設定される権利であったとしても、社会経済的な**効率性**の観点からは望ましいといえる。仮に、初期権利配分はくじや先着順で行ったとしても、事後的流通が容易でさえあれば、**分配の公正**には衝突するかもしれないが、効率性の点では何ら問題ない。

　さらに、分配の公正も加味するなら、水の取引を自由にすると、当初に無償に近い対価で権利を割り当てられた者などに極端な利益が帰属する可能性があるので、土地税制における**キャピタルゲイン税制**同様、公水使用権の価値の上昇分を適切に算定し、これを税により吸収することも考えられる（福井秀夫（1997a）「土地税制論の誤謬（上）（下）」税務経理7876、7877号参照）。

(3)　公水使用権の効果

　本判決は、公水使用権は使用目的を満たす必要な限度の範囲に止まる旨明言したが、これは大判1898年11月18日民録4輯10巻24頁、大判1916年12月2日民録22輯2341頁など旧憲法下の判例を踏襲したものである。美濃部前掲論文（三）（1934）法学協会雑誌52巻3号404頁以下も同様の見解である。

もっとも許可水利権については、使用目的に必要な限度の水量を許可する建前になっているのであるから、その許可内容が公水使用権の最大限の範囲であることとなるが、慣行水利権についてはもともとその範囲が不明確であり、届出がなされて当初の使用水量が確定しているものはともかく、未届出のものは、どの範囲が当初の「必要な限度」の使用量であるのかが不明確である。

　また、慣行水利権が許可水利権とみなされた当初時点の必要水量は、同一量がそれ以降変動なく権利として維持されるのか、それとも、その時点ごとの使用目的に照らした必要限度の使用量のみが権利の対象となると考えるのかについては、本判決では判然としない。慣行水利権、許可水利権を問わず、稀少な水資源の有効活用の観点からは、当初の使用目的に見合う必要水量がその後減少したにも拘らず、当初の水量を永久に維持しうることと解するのは非効率であるが、現在の運用では、届け出られた慣行水利権については、その後許可の更新等の手続きは一切なく、事実上届出時の水量が既得権としてその後も確保されることとなっており、許可水利権についても、当初許可に係る使用水量は、更新時に実質的にはそのまま維持されている。

　本判決では、上告人が河川の流量全体に自らの慣行水利権が及んでいる旨の主張をしたため、これに応えて使用目的を充たす必要限度の水量に止まる旨の判示がなされたものであり、「必要限度」の水量自体の変動の可能性については明示的に判断していない。しかし、水の有効活用に関する的確な認識を示し、不明確な公水使用権の概念の明確化を図る基準を提示しようとした本判決の趣旨に鑑みれば、慣行水利権、許可水利権を問わず、使用目的を充たす必要限度を超える部分については権利が消滅すると解すべき趣旨を本判決が包含していると考えてよい。このように解することは法と経済学の考え方にも整合的である。

　もっとも、慣行水利権については、みなし許可時点以降の変動はありうるにしても、使用目的を充たす限度においては独占的な権利があることを前提とせざるを得ないため、その限度よりも権利を縮小させる水利調整の必要などが生じた場合には、憲法29条による損失補償の必要が生じうると考えられる。

　これに対して許可水利権については、現在の運用とは必ずしも合致しないが、本来は前述したように、当初に水利権についても明確な私的所有権の対象とし

てしまい、事後の流通を自由にするか、又は河川管理者が流水管理を継続するとしても、一定期間ごとに権利関係は白地に戻して、その時点で最も公水の効率的使用に資することとなる序列により、一定期間後には権利が白紙となることを明示したうえで公水使用権を再配分することが適当である。この場合、存続期間到来時には、もともと特別に付与された権利であるがゆえに、従来の権利を失うこととなっても損失補償の問題は生じないと解すべきであろう。

4．回答骨子

　河川の流水を共有資源とする場合、過剰な水使用が起こりやすくなり、最も効率性が阻害される可能性が強い反面、過剰使用が発生しない段階では、誰もが平等に水を使用できる。政府等管理の場合は、水の割当てに既得権が混在しやすくなり、効率性が阻害される可能性が強い反面、運用を適切に行うことが可能な限りにおいて、白地で効率的かつ公正な権利の割当てを行うこともできる。いったん私人に配分する場合は、最も効率的になる可能性が強い反面、適切な税制等を仕組むことができなければ、分配面での不公正が発生しうる。政府等が管理者となる場合には、現行法の運用のように、慣行水利権、許可水利権を問わず、既得権を無条件で認める運用を撤廃し、一定期限ごとに権利関係を白紙に戻した上で、水の最有効使用がその都度達成されるよう権利の再配分を行うことが合理的である。

第4章 構造計算偽造事件の損失は誰が負うべきか

損害賠償法の経済分析

設例

　耐震構造計算偽造事件が社会問題となっている。2006年4月現在、国土交通省調査によれば、姉歯建築設計事務所による構造計算偽造について、民間の6指定確認検査機関で57物件、29特定行政庁（公的検査機関である建築主事を置く地方公共団体）で41物件の偽装物件が見過ごされてきた。他の建築士の関与による構造計算の偽造も報告されている。ここでは、現場での施工手抜きなどを含まない構造計算偽造などの設計に関する瑕疵に限って問題を考察してみよう。
(1) このような事件が発生する背景は何だろうか。なぜ建築確認という形の審査が設けられているのだろうか。
(2) 確認検査を民間機関が行う場合の、国と民間機関との関係はどう捉えるべきだろうか。
(3) 偽造事件に関する損失の第一次負担は誰が行うことが効率的だろうか。
(4) 責任負担者に過失は必要か、無過失責任で足りるか。
(5) 危険の分散のため保険制度は、どのようなものが効果的か。

第4章で使う経済学　私人のイニシャティブによる外部性の内部化

　日本の民法の不法行為責任は、「故意又は過失によって他人の権利又は法律上保護される利益を侵害した者は、これによって生じた損害を賠償する責任を負う」(709条)と規定される。この責任原則では、予め契約関係にあるわけではない、偶発的に関係を持つことになった当事者について、権利義務関係を予め法で規律する。この点、契約上の債務不履行責任は、民法415条が「債務者がその債務の本旨に従った履行をしないときは、債権者は、これによって生じた損害の賠償を請求することができる」と規定し、予め契約関係にあった債権者と債務者との権利義務関係を処理することとしているのと好対照をなしている。

　不法行為法による責任履行ルールは、被害者という私人のイニシャティブによる外部性の内部化措置として説明することが可能である。例えば、自動車が歩行者をはねて怪我をさせた、キャッチボールで遊んでいた子どもが近所の家の窓ガラスを壊した、建設現場から落下したパイプが通行人に当たって怪我をさせたなど、相互に取引当事者ではないにも拘らず、偶発的に誰かに一定の損害をもたらしたとき、契約に基づくわけではない損害賠償責任を、直接法により課すのが不法行為法である。いわば、賠償責任を強制的に負わせようとする点に意義がある。

　コースの定理が成り立つ場合、すなわち権利が明確で、権利の設定や移転に取引費用が一切かからない場合であれば、不法行為責任を法で規律する必然性は乏しい。しかし、潜在的な自動車運転者相互や彼らと歩行者との間で、自動車運転ミスで損害を被った場合を想定して、損害賠償に関する契約を事前に結んでおくことができるだろうか。キャッチボールで遊ぶ子ども又はその親権者と、窓ガラスを壊される可能性のある家々との間で、万が一ガラスが割れたときの損害賠償責任について予め契約を結んでおくことができるだろうか。建設会社と、その現場を通行することによって落下物で怪我をするかもしれない通行人との間の賠償責任についての取決めが可能だろうか。これらが容易であるならば、不法行為法は不要であり、事前に関係者が契約によって損害負担を規律すればたりる。しかし一般的には、そのような事前交

渉は容易でないため、不法行為法によって、一定の偶発的な関係については予め損害負担に関する強制的な規律を導入していると考えることができる。

不法行為法では、**外部性を内部化**するために最大限効率的であって、かつ公正な結果をもたらすことができるかどうか、という点が法と経済学的な分析の基準となる。不法行為法の設計いかんによっては、制度自体の運用費用が異なってくる。運用費用はそのまま取引費用に反映されるから、小さい運用費用で不法行為ルールを執行できることは、法のあり方にとって重要な意味を持つ。無過失責任原則もこの観点から推奨できる場合がある。

また、自動車賠償責任保険のような、不法行為責任を保険によってカバーしようとする制度についても、運用費用の観点から考察することが可能である。隠れた瑕疵に起因する損害については、情報の非対称の問題が大きく影響する。マンキュー 655～657頁が論じるように、逆選択の発生という問題を加味するならば、一定のリスクを伴う行為を行う事業者等に対しては、不法行為責任をカバーする保険への加入義務を政府が課すことについて合理化できる余地がある。

1. 背景説明および法と経済の理論

(1) 損害負担に関する取決めの難易度

構造計算偽造事件に限らず、自動車事故で他者の生命・身体に損害をもたらしたり、名誉棄損に該当する言説を流布したり、日照を阻害する建築物により隣人に苦痛を与えたりするなど、当事者の関係が契約関係にある場合であるか否かを問わず、何らかの行為が他人に損害をもたらすことは日常の様々な場面で生じうるが、これら損害の負担を、誰にどのように割り当てていくことが、損害に係る社会的な費用を最小化するだろうか。法の仕組みは、所有権法に基づく差止め、契約の債務不履行に基づく損害賠償請求・特定履行請求、不法行為法に基づく損害賠償請求、行政処分による私人の活動への介入などを通じて、様々な局面ごとに損害負担のルールを構築している。これら様々な法的規律の相違をもたらす重要な要素は**取引費用**である。以下、各種類型ごとにこの点を考察してみよう。

損害負担のルールを考えるに当たって、**コースの定理**が重要な役割を果たす。これは、誰に権利を配分しても権利が明確で、取引費用がゼロであるならば、常に最適な資源配分が達成されるというものである。仮に加害者と被害者との間の事前の交渉に一切障害がなく、契約関係にある当事者ではない場合も含めて、加害行為がもたらす損害やその処理についての取決めを取引費用ゼロで行うことができるならば、不法行為の前提となる外部不経済はすべて内部化可能であり、また建築物の隠れた瑕疵に関する情報の非対称もなくなるから、損害負担の取決めは当事者間で効率的に行うことができる。取引きの対象物に隠れた瑕疵が存在しにくく、ありうる損害の内容やその程度について、両当事者の予測が容易であるような契約関係については、当事者が少数である限りコースの定理の原型が成立しやすい。したがって契約法が、このような領域に対して、当事者が合意する損害負担のルールを越えて**強行規定**により介入したり、判例により当事者間の合意を変更したりすることは、期待損害を拡大する可能性が大きいので望ましくない。当事者は合理的予測の下に損害賠償の予約に関する取決めを行うであろうからである。

　しかし、様々な偶発的損害が発生する場面は、取引費用が小さく、交渉が容易なものばかりではない。何らかの事情によって取引費用が大きく、交渉を事前に行うことが困難な場合には、損害賠償についての事前の取決めは成立しにくいから、事後的に法や裁判所の関与により損害負担のルールを設定せざるをえなくなる。不法行為法、特に損害賠償法の意義はこの点にある。

　コースの定理の原型、すなわち取引費用がゼロであるという仮定が当てはまらない場合、言い換えれば、損害に関する加害者と被害者とが損害負担の事前の取決めを行うことが実際上困難である場合について検討してみよう。最も取引費用が大きくなるのは、公道における交通事故のような偶発的事故による損害の場合である。すべての潜在的加害者たる自動車の運転者と、すべての潜在的被害者である歩行者、二輪車運転者、自動車運転者などとが、発生するかもしれない交通事故について、事前に損害負担に関する取決めを行っておくことは実際上不可能である。したがって、交通事故損害の負担は事前に取り決めることができないために、事故発生後の不法行為法の適用によって処理せざるをえない。当事者による交渉の費用が最も高くなるのはこのような場合である。

もっとも、取引費用の低廉な保険市場が存在するとき、賠償ルールさえ明確なら保険の介在により当事者間の取引費用を回避できる余地がある。

当事者が少なく、内容についても単純な契約の場合、取引費用がほとんどゼロであるのに対して、予め加害者と被害者が特定されがたい偶発的不法行為の場合には、取引費用がきわめて多額となるが、その中間には取引費用の多寡という観点から、例えば次の三つの類型が存在する。

第一は、**製造物責任**である。すなわち、家電製品などを小売店経由で購入した消費者が家電製品から損害を被る場合、製造者と消費者との間に直接の契約関係はない。しかし、製造者から見れば、小売業者等を通じてその生産物が消費者に流通していくであろうことは想定されており、また消費者は、どの製造者のどのような商品を自ら使用しているかについて十分自覚している。当事者は偶発的な不法行為の場合のように遠い関係にあるわけはない。取引費用の観点から見れば、製造物に起因する損害については、製造者と消費者との間で予め負担に関する取決めを行っておくことが容易なほど取引費用が安価であるわけではなく、しかし偶発的不法行為の場合ほど、当事者の取引費用が禁止的に高額であるとは言えない。製造物責任分野は、典型的な契約法と典型的な不法行為法が妥当すべき領域の中間に位置するということができる。もっとも、医薬品などでは製造者と消費者の間に医師・薬剤師などが用法等について介在し、家電製品と比べて両者の間は遠く、同じ製造物責任でも取引費用は相対的に大きい。

第二は、日照や眺望など、**建築物による所有権法をめぐる紛争**のように交渉費用が高い場合である。日照被害が例えば北側の一隣接地所有者にだけ及ぶような場合、相互の交渉は容易であり、予め当事者の間で日照被害に関する損害負担の取決めがなされていない場合でも、新たに取引きを行うことが容易であるという意味で、典型的契約法の領域にかなり近いと言える。しかし、きわめて大規模なビルやマンションによる日照、通風、景観阻害などは、隣接地を越えて広大な範囲の多数の関係者に影響し、このような場合に事後的に損害負担に関する取決めを関係当事者と建設者との間で個別に行うことは極端に多額の交渉費用を要する。膨大な**取引費用**を伴う土地利用紛争については、民事法による所有権規律を超えて都市計画・建築規制などの**公法的規律**による**初期権利**

配分の設定とその程度とが、実際上大きな意味を持つ（福井秀夫（2001）「権利の配分・裁量の統制とコースの定理」小早川光郎ほか編『行政法の発展と変革（上）』有斐閣 413〜424頁参照）。

　第三は、財・サービスについて契約による取引きは可能であるが、対象物等に隠れた瑕疵が存在し、それを一方当事者が発見しにくく、しかも瑕疵に基づく損害が深刻になるような**情報費用**が高い場合である。すなわち損害の発生原因たる瑕疵について、**情報の非対称**が大きく、当該損害に関する取引費用がきわめて高額となる場合である。建築物に関する構造計算偽造問題もこの類型に含まれる。欠陥商品に関する情報の非対称が甚だしい場合は、その欠陥に起因して生命・身体・財産の損害が甚大となることがあるのに加え、当該商品に対する消費者の需要価格、すなわち最大値付け額が著しく低下するため、商品の市場価格は低下し、その価格では正常な商品の提供を行うことができなくなりかねない。優等生産者が市場から駆逐され、劣等生産者が支配する小さな市場となり、ひいてはこのような市場は消滅を余儀なくされるかもしれない。

　しかもこのような場合は、瑕疵の発覚確率が極めて小さく、瑕疵は確定的故意によって作り出されることがほとんどである。構造計算偽造事件もほとんどが故意によるものであった。生産者が、情報の質量において圧倒的に優位であり、しかもその隠し方も心得ている専門家である場合に、故意に創出された瑕疵を消費者が発見することや、そのような欠陥を念頭に置いた損害負担に関する取決めを予め結んでおくことは、実際上困難である。仮にできてもそれが履行される保証も乏しい。もともと売買や請負の契約は存在するものの、発覚しにくく損害が巨額となる瑕疵による損害の取決めを典型的な契約と同様に直接しておくことは難しいのである。したがってこのような場合には、保険市場による補完の余地はあるものの、実際に生じた損害の負担について、事後的な法的ルールで配分を決めておく実益がある。

　加えて、単なる負担ルールに関してのみならず、情報の非対称という市場の失敗が生じている以上、これを是正するための必要かつ十分な政府介入は合理化できる。現に存在する情報の非対称対策の１つが、建築主事又は民間検査機関による建築確認制度である。建築確認制度は、建築に関する専門的知識を持たない消費者が、情報の非対称に基づく危険にさらされ、市場が非効率と

なることを防ぐため、専門家による建築物の品質チェックを行うものであると言える。しかし、一連の事件で明らかになったことは、この制度が十分には機能していなかったという厳然たる事実である。いずれにせよこのような類型は、単純な契約によって損害負担の取決めが容易な場合よりも、取引費用が大きい点ではるかに偶発的不法行為の領域に近いと言える。

(2) 損害負担のルール

当事者間の取引費用が大きい場合には、損害負担について予め契約に盛り込みにくいため、法による事後の**損害負担のルール**がきわめて重要な意味を持つ。損害負担をめぐるルールの目標は、米国のグイド・カラブレジが定式化したように、**予防費用・事故費用**及び**運用費用**の3つの費用の合計を最小化することである（クーター、ユーレン（1997）（太田勝造訳）『新版法と経済学』商事法務研究会 353頁以下参照）。

予防費用とは、事故を防ぐために支出される費用である。例えば、隣接地の日照を改善するために建築物の高さを切り下げることに伴う機会費用、交通事故を抑止するために徐行運転を行うことによる運転者の時間の機会費用、公害発生事業者又は被害者における公害防止装置の設置費用、建築物の構造の安全性を確認するための検査費用などがこれに該当する。事故費用とは、被害者の期待損害額である。運用費用とは、損害負担ルールの運用に要する費用である。例えば、裁判所など法の運用に係る機関の設置・運用費用、弁護士の費用などがこれに該当する。

これらのうち、差し当たり単純化のため運用費用を捨象して、予防費用と事故費用との関係を図1で検討してみよう。Xは事故の予防水準であり、予防水準を上げるほど予防費用は増加する。一方、予防水準を上げるほど事故の発生確率は小さくなるため、事故費用、すなわち事故による損害にその発生確率を乗じた費用は減少する。これらの合計が社会的費用である。社会的費用が最小となる予防水準 X^* を実現することが、損害負担ルールの設計や運用の目標であると言える。X^* の予防水準は、予防水準を1単位上げることに伴う予防費用の増大分と、そのことによる事故費用の減少分とが一致する予防水準、すなわち予防による**限界費用**と**限界便益**とが一致する予防水準である。

図1 損害の最適予防

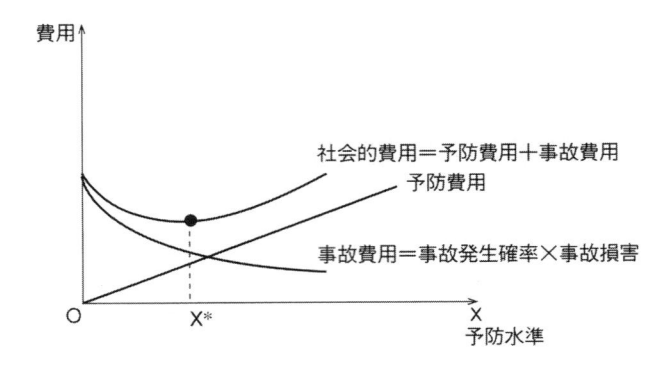

費用↑

社会的費用＝予防費用＋事故費用
予防費用
事故費用＝事故発生確率×事故損害

O　　X*　　　　　　X
　　　　　　　予防水準

　ここで事故の予防は加害者にのみ可能であると仮定し、このとき最適な予防水準 X* を実現するために損害負担ルールをどのように設計すべきかを考えよう。この場合、予防は加害者においてのみ可能であるから、加害者が有責となる基準を X* とし、予防水準が X* 未満であった時に加害者に過失があるとして、損害賠償負担を加害者に負わせるという「**過失責任原則**」がその1つの手段である。なお、加害者は事故費用の実際額を事後的にはすべて負担することになるが、事前の予防水準を決するのは事故発生確率を乗じた事故費用の期待値である。

　この点を図2で検討してみよう。過失責任ルールの下での賠償額、すなわち責任額を示したものが図2である。X* は、最適な予防水準であり、加害者の責任の有無を決する基準値である。X* を上回る予防水準では、予防水準の追加1単位によって得られる事故費用軽減の利益は予防費用の増大分よりも小さい。加害者の予防水準が X* と同等又はそれ以上のときは責任を問われない。逆に X* より小さい予防水準では、予防水準の追加1単位によって得られる事故費用軽減の利益は予防費用の増大分よりも大きい。このような時、加害者には責任があり、事故費用と予防費用を併せた責任額を負担しなければならない。図2に示したように、この責任額は X* の前後で不連続である。すなわち、有責の場合の責任額は、自らが負担する予防費用と事故費用との合計である社会的費用であるが、X* を上回る予防水準を取っていたときの加害者の責任額は

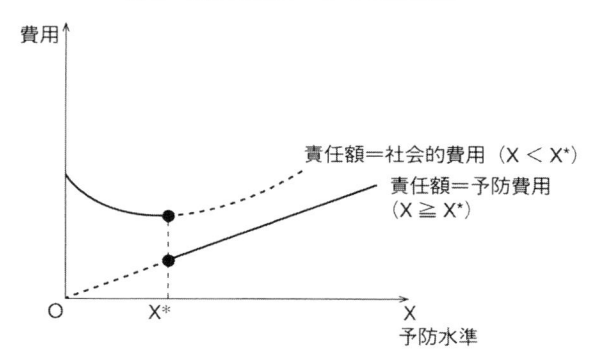

図2 過失責任ルールでの責任額

予防費用のみとなる。この場合、加害者にとって責任額最小となる予防水準はX^*ちょうどの水準であり、X^*の設定を間違えない限り社会的に費用の最小化がもたらされる。

このような過失責任の有無に関する考え方、すなわち事故発生確率（probability）をP、損失（loss）をL、予防費用（burden）をBとしたとき、期待損害の減少分$P \times L >$追加予防費用Bのとき、予防を講じなかった加害者に過失があるとする考え方は、「**ハンド・ルール**」と呼ばれ、1947年ハンド判事による「合衆国対キャロル曳船会社事件判決」の中で示された基準である。ハンド・ルールのメッセージは、「加害者・被害者とも、予防費用Bの追加によって得られる事故費用$P \times L$の軽減額が予防費用よりも大きい間は、予防費用を追加しなさい。さもなければ、予防費用に加えて事故費用のすべての責任を負いなさい」というものである。

ここまでは、予防が加害者に一方的に依存する場合を前提としてきたが、このような「**予防の一方性**」状況に対して、「**予防の双方性**」ともいうべき、事故の発生確率や予防費用が、加害者、被害者、第三者などの複数当事者の予防行為に依存する場合もありうる。以上述べた過失責任原則は、予防の双方性がある場合にも、関係当事者それぞれに対して最適な予防水準が法的に設定される限り、事故に関する社会的費用は常に最小化され、効率的なインセンティブが関係当事者に与えられる。

次に、現在も製造物責任や瑕疵担保責任で採用されている無過失責任原則に

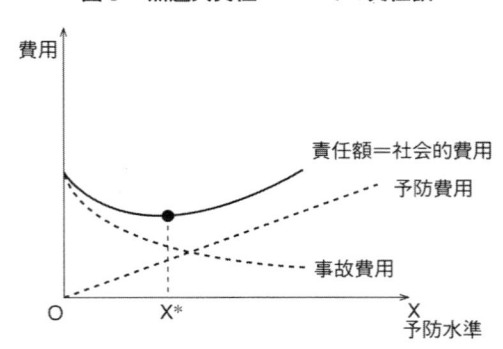

図3　無過失責任ルールでの責任額

よる場合の責任額を検討しよう。無過失責任原則とは、予防水準の高低に拘らず、加害者に常に事故損害の費用を負担させるルールである。このときにも加害者に対して社会的費用最小化をもたらすインセンティブを与えることはできるだろうか。図3は無過失責任ルールの下での責任額である。無過失責任原則では、予防費用と事故費用の総和である社会的費用はすべて加害者の責任額となる。社会的費用がそのまま加害者の私的費用となるため、加害者は自らの負担を最小にするため X^* の予防水準を選択するが、これは取りも直さず社会的に最適な予防水準となる。

　しかしこのためには、第一に、損害賠償が事故費用のすべてを完全に償っていなければならず、第二に、「予防の一方性」の状況がなければならない。すなわち、仮に加害者が完全賠償よりも小さい金額についてのみ責任を負うならば、責任額最小化をもたらす予防水準は X^* よりも左側に移動し、最適予防水準が達成されなくなる。また、「予防の双方性」が存在する状況、すなわち被害者等による効率的な事故予防も可能である場合には、加害者の無過失責任では被害者に予防措置を講じるインセンティブを与えることはできず、社会的費用の最小化は達成できなくなるのである。

　ここで、過失責任ルールと無過失責任ルールを比較してみよう。一般的に言えば、予防の一方性状況下で、損害賠償の完全性が実現できる場合には、無過失責任ルールが望ましく、予防の双方性状況下では、過失責任ルールが望ましい。しかし他にも、これまで捨象してきた運用費用なども加味するなら、次の

とおり無過失責任ルールと過失責任ルールには重大な差異がある。

第一に、無過失責任ルールは、過失責任ルールよりも**運用費用を大幅に削減**できる。裁判等を通じた要件の証明に当たって、過失責任ルールの場合には、予防費用、事故発生確率、事故損害などについて、事後的に正確に見積り、過失の有無を決することは決して容易ではない。当事者、弁護士、裁判官など多数の関係者が、多額の費用と多大な労力を投入して過失の有無の判定作業を行わざるを得なくなる。現実に、アメリカの自動車事故処理に関して、過失責任ルールを転換して無過失責任ルールを採用した州では、特に弁護士費用に費やされていた多大な運用費用が、被害者への賠償に振り向けられるようになったことが報告されている。

第二に、無過失責任ルールには加害者に対する**技術革新のインセンティブ**を与える効果がある。過失責任ルールの場合は、法や裁判で決定される最適予防水準 X^* を満たす限り、より安い費用で予防が可能となる発明や工夫を行うインセンティブは当事者に発生しない。これに対して無過失責任ルールは、加害者に対して常に全社会的費用を償うことを要求するため、予防をより効率に行うための技術開発のインセンティブを与え続けることになる。

第三に、過失責任ルールが注意義務基準の遵守のみをコントロールするのに対して、無過失責任ルールが事故をもたらしうる**行為の発生量をもコントロール**しうる点である。例えば、建築確認事務を年間1,000件こなす検査機関と10,000件こなす検査機関があり、同じ予防水準が過失責任ルールの下で達成されているとき、例えば構造計算偽造などの欠陥を見逃す件数は後者では10倍になるにも拘らず、過失がない限りその責任を負わなくてよいため、危険な検査は十分にコントロールされなくなるのである。

以上論じてきたことを簡潔にまとめておこう。損害負担の配分ルールは、予防費用、事故費用、運用費用の合計である社会的費用を最小化するように定めることが適当である。そのためには、関係当事者の予防水準が社会的費用を最小化するように定められることが必要である。予防が一方的で賠償が完全である場合、無過失責任ルールは、予防水準を法や裁判官が決めることなく、加害者自身のインセンティブによって最適予防水準を達成することができるのに加え、事故損害を減少させる技術革新、運用費用の削減、危険な行為量のコント

ロールなどの観点からみて優れた責任原則である。

　なお、社会的費用最小化の原則から、予防の一方性が厳密には満たされない、予防の双方性状況の場合であっても、双方の予防可能性の格差が十分大きいときには、最も安価に損害を回避できる者に対して無過失責任を課すことが望ましいという「**最安価損害回避者ルール**」を導くことができる。

２．判例とその解説──民間機関の違法に責任を負うのは公共団体

＜判例＞
・最高裁2005年6月24日決定判タ1187号150頁
　「指定確認検査機関による確認に関する事務は、建築主事による確認に関する事務の場合と同様に、地方公共団体の事務であり、その事務の帰属する行政主体は、当該確認に係る建築物について確認をする権限を有する建築主事が置かれた地方公共団体であると解するのが相当である」として、建物が周辺の敷地等に対して与える悪影響防止のための集団規定に係る違法が問題とされた事件に関し、指定確認検査機関の建築確認の違法についても、建築主事が置かれた地方公共団体が国家賠償請求訴訟の被告となると判断。
・横浜地裁2005年11月30日判決判例自治277号31頁
　集団規定違反を理由とする指定確認検査機関の建築確認が違法であるとし、地方公共団体を被告とする国家賠償請求を求めたのに対して、「指定確認検査機関による建築確認処分は、当該確認に係る建築物について確認をする権限を有する建築主事が置かれた地方公共団体の公権力の行使であるといえるから、当該地方公共団体は、指定確認検査機関による建築確認処分に係る事務の違法それ自体を理由として、国家賠償法1条1項の『公共団体』として賠償責任を負うと解するのが相当である」、「被告検査機構が行った本件確認処分に係る本件建築物について確認をする権限を有する建築主事が置かれた地方公共団体は被告横浜市であるから、被告検査機構が行った本件確認処分が原告らとの関係において、国家賠償法上も違法と評価され、その点に故意又は過失があって賠償を要するものであれば、被告横浜市は国家賠償法1条1項の『公共団体』としての賠償責任を負うというべきである」と判断したが、結果的に故意又は過

失がないとして国家賠償責任を否定。

<解説>

　これらの判決はいずれも、行政機関である建築主事が建築確認の違法を発見できなかった場合のみならず、民間機関である指定確認検査機関が違法を発見できなかった場合であっても、国家賠償法上の要件を満たす限り、建築主事の置かれた地方公共団体が当然に損害賠償責任を負うべき旨を示したものである。これらの判決の法解釈は、そもそも建築確認事務が地方公共団体の事務であること、指定確認検査機関が確認済証を交付したときは、その旨を特定行政庁に報告しなければならないこと（建築基準法6条の2第3項）、特定行政庁は、建築物の計画が関係規定に適合しないと認めるときはその旨を建築主・指定確認検査機関に通知しなければならないこととされていること（同条4項）などを根拠として、指定確認検査機関の行為をそのまま地方公共団体の行為とみなして国家賠償法を適用すべきものとするが、法手続き上、特定行政庁が指定確認検査機関の審査を具体的にレビューすることが予定されているわけではなく、集団規定違反にせよ、構造計算偽造にせよ、特定行政庁が違法を発見することは法令の想定外であった。要するに、事故の予防措置を講じることが実際上不可能である地方公共団体に指定確認、検査機関の責任を負わせたことは、単純な法解釈論としても疑問が残る。

　しかし何よりも、これまで論じてきた損害の最適予防ルールとしての損害賠償法ルールの基本原理に衝突する点に問題がある。最高裁の意図を善解するなら、特定行政庁は一般的な監督によって検査機関の間接的モニタリングが可能と考えたのかもしれないが、第一に、検査機関自体が設計のモニタリング機能を持つ以上いずれにせよ複数の機能が重複するのは非効率である。第二に、豊富な情報が集積し、直接検査に当たる機関の方が一般に容易に損害を予防できる。第三に、特定行政庁は地方公共団体の機関であるために民間の指定確認検査機関よりも賠償を回避するインセンティブに乏しい。特に保険会社による検査機関のモニタリングよりも行政庁のモニタリングの方が効率的であるとは想定できない。最高裁決定は、これらの点につき考慮を払わず、実際上無限の弁済能力があることを前提とした安易な公的機関への責任転嫁論を展開してしま

っている。

この判決の効果は次のとおりである。

第一に、検査機関や設計者、施工者などに資力がない場合、最終的な事故費用の負担はすべて納税者が負わなければならない。第二に、設計に係る建築士、施工者、検査機関などのいずれの主体も、最終的に事故被害が公的資金で補填されることを予測して行動するようになるため、建築物の安全を確保して適法な建築物を完成させようとするインセンティブが大きく失われる。いわば打ち出の小槌を前提とする公的損害負担方式は、社会的費用を極度に高める機能を果たす。

3. 法と経済学で考えてみよう

構造計算偽造事件を念頭に置いた損害負担ルールについて法と経済学により検討してみよう（福井秀夫（2006c）「技術の社会還元の仕組み——法と経済学によるインセンティブコントロール」学術の動向11巻6号参照）。

(1) 単体規定と集団規定

現在の建築確認の仕組みで担保される建物の性能は、大きく建物それ自体の安全性を確保する**単体規定**と、建物が周辺の敷地等に対して与える悪影響をコントロールしようとする**集団規定**の二種類にわかれる。先に掲げた判決は、いずれも集団規定違反が争われた事件であるが、一般には単体規定と集団規定の役割には大きな相違があるため、それぞれ実効性確保のための工夫が必要である。単体規定違反は、建物の安全性を損ない施主の不利益になるのに対して、集団規定違反は、高さ規制超過、容積率超過、建蔽率超過など、基本的に施主の利益になり、周辺敷地所有者等の不利益になる、すなわち外部不経済を与えるものが多いためである。施主は、集団規定違反の建築行為の発覚を回避するため、実は自らの安全を守るために必要な単体規定の遵守についても十分なチェックを公的機関等に対して求めようとするインセンティブを持ちにくい。このような構造が、単体規定の中でも特に重要な構造計算に関する偽造という問題を生み出した背景にある。審査は、施主、周辺敷地所有者等の双方の正当な

利益を確保するものであることが求められる。

　もっとも大規模建物に関する構造計算偽造事件などでは、建物の倒壊により周辺住民にも不利益が及びうるので、単体規定も一定の場合には外部性コントロールの意味を持つ。

(2)　構造計算偽造事件の特異性

　違法建築物には、設計図書どおりの建築物が建築されず、現場で手抜きがなされるなどの問題も含んでいるが、あくまでも構造計算偽造問題は、現場施工の問題ではなく、設計ないし審査そのものの問題であって、この点の適法性確保による社会的費用極小化が、損害負担ルールを考えるうえで最も重要である。しかも、特に分譲を予定したマンションなどにおいて、エンドユーザーの無知に付け込んだ、施主、施工者、建築士などの事実上の結託による確定的故意によって事件が発生したケースがほとんどであるということを念頭に置く必要がある。

　故意の偽造意図を持つ当事者がいる場合は、その発覚を防ぐための工夫が周到になされると見込まれることから、発覚確率を上げるためには相当高い予防水準を取る必要が生じる。このような場合には、当人の注意義務を、民事法で調節する次元を超えて刑事罰などによって強力にコントロールすることも意味を持つ。しかし、ここでのより重要な論点は、故意の偽造者が出現したとしても、それをできるだけ安いコストで効率的に発見し、是正の可能性を高めることによって、事故の社会的費用を極小化することを目指すための枠組みは何か、ということである。以下ではこの観点から見た適切なルールや仕組みのあり方を検討する。

(3)　なぜ契約の当事者だけに委ねることが適切でないのか

　仮に施主が、施工者や施工に関わった建築士の耐震偽造などに関して厳格なチェックを行う能力があるか、仮にそのような能力がなくても自らの責任でその危険を除去することが可能であれば、売買や請負の対象物としての建物の安全性について当事者の交渉に委ねても問題はないはずである。典型的な契約法が妥当する領域では、損害賠償についても当事者自治が最優先されるべきだか

らである。

　しかし、賃貸物件やホテル、オフィスビルなど、不特定多数の利用が想定される建物、さらに分譲マンションのように多数の所有者が一挙に発生し、それが個別に転々譲渡されるような建物にあっては、構造計算偽造のように発見が困難な瑕疵について、情報の非対称の解決を当事者だけに委ねることはきわめて困難である。長期間が経過したり、多くの人々を経由して建物所有権が移転したりする場合について、当事者の交渉による情報の非対称是正を求めることにはかなり無理がある。当事者間の取引費用も無視できないほど多額に上るだろう。構造計算偽造などの隠れた瑕疵については、建築物がまさに社会に出現するその時点を捉えて予め危険を除去しておくことこそ、社会的費用極小化の決め手となる。また、設計や施工に携わる者自身が確定的故意を持っている場合、その結果生じる社会的費用を除去するためには、第三者性のあるチェック機関の介在が必要になる。

(4)　損害負担のあり方

　権利が明確で取引費用がゼロであるというコースの定理の前提が成立する場合ならば、誰にどのような損害負担を初期配分しても、結果として予防費用、事故費用、運用費用の合計である社会的費用は最小化される。しかし、構造計算偽造のような隠れた瑕疵についての取引費用は、すでに述べたように膨大な額に上り、当事者の交渉に委ねることができる可能性は小さい。

　本来は設計者が注意して構造計算等を行う限り、彼の注意義務を高めて予防水準を最適に導くことが損害賠償ルールの大きな課題となるはずである。山崎福寿・瀬下博之（2006）「耐震強度偽造問題の経済分析」日本不動産学会誌19巻4号は、この観点から施工者に責任負担を課すべきことを論じている。ところが事件の実態は、確定的に故意を持って手抜きや偽装を行う場合の対策が最も重要となることを示唆している。このような場合に対処するためには、第三者性のあるチェック機関が登場して、手抜きや偽装の発覚確率を高めることが至上命題となる。その際、最も安価に損害を回避する可能性がある者は誰かが問題となる。

　関係当事者として施主、設計者、施工者、審査機関などが考えられるが、施

主については仮に結託している場合には、損害の発生原因そのものであるし、被害者になりうる場合は一般に技術的事情について無知であるため、損害回避の責任者として不適格である。

　設計者については、故意で偽造や手抜きを行う場合には、やはり損害の原因者そのものであるが、適法な作業を行おうとして過失により耐震強度が落ちる設計を行うようなケースでは、設計者自身は安価な損害回避者となりうる余地がある。しかし一方、設計者たる専門資格者である建築士は、その資質、能力、経験、得意分野などは千差万別であって、注意義務を課すことでどの程度効率的な事故予防をもたらすのかを予測し、モニタリングする費用は大きい。加えて建築士の多くは、十分な資力を持たない零細な事業者であり、後述する保険料の支払いなどの点でもリスクの十分な分散措置を負わせるのに適切な主体であるかには問題が残る。

　施工者については、結託している場合にはやはり事故原因そのものであるのに加え、大手はともかく、零細なデベロッパーにあっては、建築士以上にこれまでの実績、業者としての信頼性、技術力などは千差万別であって、これらに的確に対応したモニタリングは困難を伴うだろう。

　審査機関についてはどうだろうか。設計者や施工者が結託して耐震偽造等を行う場合、専門技術的知見から、これを最も容易に発見する可能性が高いのは審査機関であると言える。また、審査機関は、設計者や施工者と比べて、一組織当たり多数の業務をこなし、また専門家を集積させやすい組織である。その業務の適正さに関するモニタリングも容易である。設計者等が故意の場合に、事故を予防することは、当初段階では審査機関以外が適切に行うことは困難かもしれない。また、設計者や施工者に責任を負わせる場合は、そもそも審査機関自身が入念に建築確認事務を行って違法をチェックするというインセンティブが激減してしまうというモラルハザードが生じる。

　これらの点を総合的に勘案し、また審査機関に一定の規模の利益が生じることも考え合わせると、審査機関に第一次的責任を配分することには合理性があると思われる。仮に審査機関が保険制度を利用する場合にも、保険会社が審査機関の審査を行い、その実績やリスクを見積もることは効率的であると推定される。その意味で第一次責任を審査機関に割り当てることは、**カラブレジの社**

会的費用極小化の理論、ひいてはコースの定理の意味付けにも整合的である。

なお、最高裁決定のように公的機関に責任を負わせる考え方は、考えうる最も稚拙な責任負担ルールの一つと言える。審査機関のモニタリングは、公的機関よりも保険会社が行う方が効率的である。被害の分担の容易性、所得分配の観点からは、そのような解決策に走りがちとなることは理解できなくはないが、そのような、特に最高裁による法解釈が、それ以降の関係当事者のインセンティブに対して与える重大な影響を考えるならば、公的機関による責任負担論は、誰の事故回避のインセンティブを高めることもなく、かえって被害の拡大をもたらすルールとして機能してしまうことに留意すべきだろう。

ところでこの論点は、審査機関たる建築確認機関には、建築主事という公的機関と指定確認検査機関という民間機関の双方が存在しうることとは独立の論点である。

(5) 過失責任か無過失責任か

耐震偽装事件において大部分を占めると思われる故意による事件を防止する観点からは、予防の一方性が審査機関にあると考えて差し支えない。また、損害費用を完全に償う賠償とすることも容易である。このような意味で耐震偽装の第一次的全責任を審査機関に課す場合の責任形態は、無過失責任とすることが適切である。建築確認の件数が増えることに伴う事故の増大は、過失責任ではコントロールできないこと、無過失責任の方が手抜きや偽造の発見をより安価で確実に行うための審査技術の革新がもたらされること、何よりも過失の認定をめぐって弁護士や裁判官などの膨大な司法資源が浪費されることを防ぐことができることも総合すれば、なおさら無過失責任は社会的費用の極小化という目的に合致する。

(6) 審査機関の決定

建築確認を担当する機関については、指定確認検査機関に関する限り、現在は施主がこれを選択することが可能であるが、結託による偽造などを防ぐ観点からは、無作為に指定確認検査機関が選ばれる方が危険を小さくすることができる。一般的に、裁判所を原告が選定できないのと同様である。もっとも、指

定確認検査機関の能力、実績等に疑問がある施主は、一定の基準の下に、裁判官の忌避申立てと同様、回避できる可能性を開いておくことも考えられる。

(7) 保険によるリスクの分散

　瑕疵担保責任に関して保険制度を導入する場合、どのような制度が適切だろうか。以上の議論を当てはめると、瑕疵担保責任を負う施工者などが差し当たり全責任を負うこととなるとしても、その原因が構造計算偽造など設計にある場合には、瑕疵担保責任者から審査者に対しての無条件の求償が認められるべきこととなる。この点は、設計に瑕疵がある以上無過失の場合であっても同様である。しかし、審査機関、特に民間の指定確認検査機関に資力がない場合には、実質的な損害補填は行われないため、審査機関に保険加入を義務付けることが適切と思われる。また、保険には審査の厳正さを**モニタリング**するという重要な機能もある。このような仕組みは、施工者や設計者を加入者とし、審査機関を一種の保険者として機能させ、審査機関が加入する保険に再保険の役割を担わせるものと見ることができる。

　山崎・瀬下（2006）は、保険は任意加入として当事者によるリスクの任意の分散を図るべき旨論じている。施主が審査機関を選択できる場合には、当事者の契約において最適予防が講じられると考えられる余地もあるが、故意の偽装による危険を厳格にチェックするという観点から審査機関の選択を認めない前提に立つ場合には、保険加入義務を損害負担者である審査機関に課しておくことが適切である。建築物、建物が社会に出現するその時点における情報の非対称が極端に大きいため、当事者の任意の意思に委ねるだけでは最適なリスク分散が行われない可能性が大きいからである。なおその場合でも、元受保険者に該当する審査機関にとって加入者たる施工者等は多数存在するため、リスク分散に必要な大数の法則は十分成立する。

　しかしこの場合には、山崎・瀬下（2006）が論じるとおり、保険料率にはリスクに応じた格差を反映するべきであるし、また、禁止的保険料率、保険引き受けの拒絶なども、審査機関の過去の実績等によってはありうることを前提としなければならない。このような自由な**可変的保険料率**の設定に加えて、審査機関として活動するために保険加入が必須となる制度を導入するならば、不適

格な審査機関は淘汰され、優良な審査機関は安い保険料で検査事業を行うことができるようになる。なお、審査機関が無作為に割り振られることとする以上、施主が審査機関に支払う審査料は、一律としておくことが適当だろう。

審査機関に過失がない場合でも事故費用の賠償責任を負うことについて、審査機関に酷ではないかと批判する向きがあるかもしれないが、実際上審査機関は、信頼性のない建築士や施工者が関わる申請案件については、賠償責任保険を当該施工者等に対して加入するよう求めることができることとしておくことも考えられる。このような任意の保険市場の活用によって、無過失の審査機関の負担は適切に転嫁されるとともに、自ずと保険市場の連鎖を通じて設計者や施工者の格付けも進み、必要な淘汰がなされるだろう。

建築主事が行う公的建築確認については、地方公共団体の保険加入は任意でよい。実際上、地方公共団体は賠償責任のすべてを負う資力を持っているからである。しかし、当該公共団体やその住人による建築主事の能力に対する信頼度に応じて、リスクが高いと考えれば保険加入することもできるし、確実な検査が可能であると考えれば、万が一事故が生じた場合の巨額の賠償責任をすべて支出する覚悟さえあれば、保険加入を行わなくてもよい。もっとも保険加入を通じた格付けの促進、安全の確保という観点からは、そもそも審査を民間機関に完全に委ねることをいっそう徹底する実益がある。

4．回答骨子

(1) 官民を問わず建築確認機関という第三者的審査機関が存在するのは、建築確認申請者による故意の構造計算偽造などの事故を防ぐうえで効率的であるからである。

(2) 建築主事が行う建築確認と指定確認検査機関が行う建築確認のそれぞれの損害負担は、別個に考えるべきではない。実際に確認事務を行った機関が必要に応じて責任を負担するルールとしておけばたりる。民間が行う場合にも常に地方公共団体が賠償責任を負うとする最高裁のルールは、社会的費用を極度に高める。

(3) 構造計算偽造に関する第一次責任（現場施工の不具合によるものは除く）

を、建築確認を実際に行う機関に負わせることによって、事故の被害を極小化できる可能性が大きい。
(4) その際の責任ルールを無過失責任ルールとすることで、社会的費用をより小さくできる可能性が大きい。
(5) 損害賠償責任保険については、申請者と審査機関の結託の可能性などを考えると、審査機関を無作為に割り当てることに合理性がある。これを前提とすると、強制加入の保険とし、可変保険料率とすることが適当である。

（追記）

　いわゆる構造計算偽造問題に対処するため、建築基準法等の一部改正（2006年6月公布）、建築士法等の一部改正（2006年12月公布）、特定住宅瑕疵担保責任の履行の確保等に関する法律の制定（2007年5月公布）などの一連の法的措置が講じられた。建築基準法等の改正では、まず一定の高さ以上等の建築物について、指定確認検査機関による構造計算審査の義務付けを図る構造計算適合性判定制度が導入された（6条、6条の2）。指定確認検査機関の業務の適正化のため、損害賠償能力、公正中立性要件、人員体制等、指定要件の厳格化が行われるとともに、特定行政庁による立入検査権限の付与、指定確認検査機関に不正行為があった場合の指定権者による業務停止命令等の制度も導入された（77条の18以下）。また、耐震基準など重大な実体規定違反を行った場合の罰則を、罰金50万円（法人の場合1億円）から、懲役3年又は罰金300万円に引き上げるなど、建築士等に対して罰則の大幅な強化がなされた（98条以下）。

　建築士法等の改正では、一定の規模以上の建築物について、専門能力を有するとして資格を付与される構造設計一級建築士及び設備設計一級建築士によって法適合をチェックすることを義務付けることとされた（20条の2、20条の3）。

　特定住宅瑕疵担保責任の履行の確保等に関する法律では、新築住宅に関する瑕疵担保責任の履行の確保を図るため、建設業者及び宅地建物取引業者による瑕疵担保保証金の供託、瑕疵担保責任の履行によって生じる損害を補填する一定の保険の引受けを行う住宅瑕疵担保責任保険法人の指定等について定められた。すわなち、建設業者又は宅地建物取引業者は、一定の基準日前の10年間の間に引き渡した新築住宅について、瑕疵担保責任を負う新築住宅の発注者・買

主のために、住宅瑕疵担保責任保険法人と一定の保険契約を締結するか、または新築住宅の引渡し戸数に応じた住宅建設瑕疵担保保証金又は住宅販売瑕疵担保保証金を供託しなければならないこととされた（3～16条）。一定の要件に適合する保険契約引き受けを行わせる住宅瑕疵担保責任保険法人の指定、監督等についても定められた（17～30条）。

　以上の一連の法的措置は、大きな社会問題となった構造計算偽造事件に対する一定の緊急避難的措置としての性格を持つものであって、建築物の欠陥に対する厳格なチェックを導入する多様な方策を措置した点で評価できるが、最安価損害回避者に究極の責任負担を課す仕組みとは必ずしもなっていない点、民間検査機関の責任を国等の公的組織が肩代わりすることの遮断措置が講じられていない点など、以前解決すべき課題を抱えている。

（謝辞）
　久米良昭、太田勝造、安藤至大の各氏から損害負担の理論枠組み全般について、和泉洋人氏、井上俊之氏から建築行政との整合性について、金光良美氏から保険理論・実務について、山崎福寿氏、八代尚宏氏から責任負担者のあり方について、それぞれいただいた有益な教示に感謝申し上げる。

第5章 担保不動産からの債権回収はなぜ進まないのか
担保執行法の経済分析

設例
　日本の不動産競売では、長年にわたり、いわゆる占有屋や暴力団が執行妨害を行うことによって、債権者・抵当権者や買受人（競売物件の購入者）を食い物にして不当な利益を得るとともに、競売の不調をもたらしてきた。仲介業者が介在する民間の不動産売買では見られない購入に伴う危険が、裁判所が介在する競売物件に限って存在してきたといえる。
(1) 競売物件に存在している借家権などの利用権を一定期間保護することは、不動産の有効利用を促進することとなるのか、それとも阻害することとなるのだろうか。
(2) 競売物件に占有者がいる場合、占有に関する権原の存否に関して、債権者ないし買受人、占有者のいずれに証明責任を課すことが適当だろうか。
(3) 不動産競売では基準価額（最低売却価額・法改正前）といわれる評価が付され、これを一定程度下回る場合には競売が不成立となる。これは債権者や債務者を保護するための規定といわれているが、本当だろうか。
(4) 日本では、競売の権限は国家機関である裁判所のみに付与されているが、米国では多くの州で非司法競売と呼ばれる民間競売と、司法競売と呼ばれる裁判所による競売、すなわち国家競売の二種類が並存している。競売の実施を官、民に委ねる場合のそれぞれの違いは何だろうか。

第5章で使う経済学　取引費用の経済学

　裁判制度や裁判で確定した権利の実現を担保するための強制執行制度は、およそ市場が円滑に機能するための重要な前提である。これらが機能しないとき、取引費用によって権利の移転が妨げられることで市場は失敗しやすくなる。法で実体的な権利を定め、それが一定の要件の下で確実に守られる建前となっていても、そのような権利を裁判上確定し、さらに確定した権利の実現のために民事執行や不動産競売を実行する手続きについて、事実上多額の金銭や時間を要するのであれば、どれほど権利が強く守られている建前になっていても、それは絵に描いた餅となってしまいかねない。

　後から柔軟な利益衡量を行うことができるよう、実体法上の権利の内容をあえて明確にしておかないことに意味があるという主張、裁判を提起して確定判決を獲得し、その履行強制のために民事執行制度の着実な手続きを踏むならば究極的には権利の実現が可能である、として裁判の時間や労力、弁護士負担、さらに民事執行のわずらわしさに必ずしも目を向けない議論など、裁判や民事執行に要する時間や労力のコストを捨象する見解もしばしば見受けられる。しかし、裁判を提起して権利を守ろうとする**インセンティブ**が萎えてしまうような実体法の不明確さ、裁判の遅延・高コスト化、長時間と費用を要する執行など、時間を含む**取引費用**が高額なために、権利者にとって権利を追及することがほとんど意味をなくしてしまうような場合には、いくら立派な法制度が整っていても、実質的な意味での権利が守られているとはいえない。

　また、誰が**初期権利配分**を受けるのかという点も、以後の権利の移転や交渉の容易さに大きく関係する。例えば、不法占有者か、正当な占有者かを、一番熟知するのは占有者自身である。不法占有者を排除したい所有者側に対して、占有が不法占有であることの立証責任を課すような初期権利配分を行うことは、わざわざ交渉を困難とする人為的な障壁を設置するに等しく、望ましい立証責任の選択とはいえない。

　担保執行法制をめぐる一連の社会問題、さらに法解釈や立法の経緯は、このような取引費用と初期権利配分をめぐる法のあり方に関する教訓について

学ぶ格好の素材となっている。

1．背景説明および法と経済の理論

（1） 担保不動産市場の失敗

　金銭消費貸借契約に伴い、債権回収のために担保権が設定されることが多い。住宅ローンをはじめ、高額の金銭消費貸借契約では、通常土地や建物に対して抵当権が設定される。債務不履行があった場合には抵当権が実行され、抵当不動産を競売に付した売却代金から優先的に債務の弁済がなされる。しかし、競売物件を買い受けることは、きわめて危険な選択とみなされてきた。すなわち、裁判所が作成する競売物件に関する調書は必ずしも真実の現況を反映するわけでなく、物件に怪しい風体の人物が出入りし示威的言動を取る、物件に暴力団組事務所の看板が掲示されている、日本語を話さない外国人だけが物件を占有しているなど、応札をためらわせるための意図的な執行妨害手法が取られることも多い。これらの占有者が仮に無権限であったとしても、その排除は買受人自身の責任とされているため、仮に物件を買い受けても直ちに使用収益を開始することはできないことも多い。最悪の場合、買受人は、無権限者を排除するため、所有権に基づく妨害排除請求訴訟を提起しなければならない。場合により上訴審も含め、勝訴の確定判決を得るためには長期間を要する。判決後も占有者が占拠する場合も多く、しかも民事執行法による引渡し命令も、対象者が転々と入れ替わるなどの場合、手続きを何度もやり直さなければならないなど、途方もない時間、労力、金銭的負担を強いられた。このような物件では、排除の費用に見合って落札価額は物件の通常の市場価格を大幅に割り込む。

　これに対して民間の仲介物件では、売却代金を納入したにも拘らず、引渡しを受けることができず、買い受けた者が自分で利用することができないなどという事態は想定できない。米国の競売物件では、一般市民や普通の企業も買受人となっており、占有妨害の実態の報告はなされていない。日本では、裁判所という国家機関が仲介する物件が最も危険な物件となってきたのである（実態の紹介と法の評価について、鈴木禄弥・福井秀夫・山本和彦・久米良昭編（2001）『競売の法と経済学』信山社参照）。

(2) 短期賃貸借保護による執行妨害の助長

このような事態の大きな理由の1つは、1898年の民法制定以来一貫して存続し、2003年にようやく廃止された民法395条の**短期賃貸借**（以下「短賃」という）**保護**であった。これは、建物については3年以内の契約期間ならば、抵当権よりも後に設定された本来優先順位の低い賃借権であったとしても抵当権の実行後、物件買受人に対してそのまま存続期間中の賃借権の継続を要求できるという権利であった。諸外国には同様の制度はないが、本来の対抗原則に反するこのような保護を導入した民法制定時の立法趣旨は、賃借人にとって抵当権に基づく不測の競売実施によって突然建物利用が不可能となるならば、このような建物を借りることが躊躇されるようになりかねないため、不動産の有効利用を促進しようとしたとされている。

しかし、実際には、短賃保護はどのような悪質な占有に対しても合法的な装いを与え、古くは既に明治時代以来、この規定を盾に取った**執行妨害**によって担保価値が激減し、競売が阻害された事例が多数報告されてきている。宮部みゆき氏の小説『理由』では、愚直な中年男性が競売物件のマンションを買い受けるが、短賃保護を悪用したゆすりを受け、結局のところ、占有屋4人皆殺しの殺人犯と疑われて人生を棒に振る。この小説に精緻に描かれた競売制度悪用の実態は寓話に止まらない現実そのものであった。債務者は、占有屋を招き入れることに手を貸し、又は偽装的短賃契約の締結に手を貸すことに対する対価として、占有屋の不当利益の分け前の分配を受ける。単に抵当権を実行されてすべての財産を失うどころか、逆に多額の利得を得ることができるのである。すなわち、本来、債務不履行に陥った債務者は、抵当権の実施により自分の所有不動産の権利を失うに止まらず、抵当物件の買受代金で全額を弁済することができない場合には、残債務の返済も免れない。ところが、債務者と占有屋が結託して短賃を設定することにより、債権者や買受人から多額の金銭を巻き上げることができる。その手口は、弱者を演じて高額な立ち退き料を買受人に要求すること、最低売却価額制度を併せて活用し、落札不調を繰り返させることによって抵当権者に競売実施を諦めさせるとともに、抵当権抹消と引き換えの任意売却に応じさせて仲間内で安く物件を買い取ったうえで、民間市場を通じて市場価格で転売して巨額の利益を得ること、などである。

なぜこのような錬金術のような手口が可能になるのだろうか。仮に短賃保護が、条文の額面どおり、3年以内の本来契約期間と同時に効力を失い、直ちに借家人の占有を解くことについて、時間や労力、金銭の負担がないならば、仮に契約期間中の占有の継続を買受人が甘受されたとしても、買受人としては利用開始遅れを見越した分、買受価額を下げて防衛することにより、特段の損失なく物件の占有を開始することができるはずである。また、少なくとも所有権取得以降、従前借家人がもたらす賃料を買受人が収受することもできる。

　ところが短賃は、存続期間中抵当権に対して対抗できるため、競売による差押えに続いてなされる代金納付から6ヶ月以内に限って認められる、民事執行法による引渡し命令に基づく簡易な占有排除手法を使うことができない。取引費用の小さい民事執行法による引渡命令の発動と異なり、保護された短賃の契約期間満了後の本訴に基づく占有排除は、裁判進行とその確定のための多大な取引費用の負担を強いられるのである。

　さらに短賃保護制度の悪用の手口で多用されるのは、賃料が安い反面、敷金・保証金が通常の相場よりも著しく高い契約を偽装することである。契約の偽装を証明できない場合、買受人は仮に所有権に基づく妨害排除請求に係る本訴に勝訴し、引渡しを受けても、承継された敷金・保証金を借家人に対して弁済しなければならない。

　このように、何重にもわたる不明確で巨額の負担を強いられる可能性が高いときには、担保不動産に対して市場価額に相応する買受希望価額を提示する者はいなくなる。執行妨害者は、本来債権回収に全額当てられるべき担保不動産の価値から、合法的な装いの下に相当の部分を自己のものとして奪い取ることができる。

　また、廃止された民法395条のただし書きでは、短賃が抵当権者に損害を及ぼすときには裁判所が抵当権者の請求によってその解除を命じることができる旨規定されていた。しかし、損害を及ぼすときとはどのような場合であるのかについての解釈は明確ではなかった。さらに、そもそも詐害的であって短賃保護の趣旨に反するものとして権利性を認めないもの（**詐害的賃貸借**）の基準についても解釈上明白ではなく、表札だけを出し、実質的な占有がない場合や、寝袋を持ち込んだ1人のみによる宿泊形態などでは権利性を否定するなどの運

用が裁判上見られたものの、どのような形態なら詐害的賃貸借として権利性が否定されるのかについての限界は不明であった。

(3) 最低売却価額の矛盾

加えて、日本では競売の実施段階で、**最低売却価額**という裁判所による人為的な競売価額の下限規制が存在してきた。占有屋や暴力団などの反社会的集団は、これも有効活用してきた。執行裁判所は、不動産鑑定士などの評価に基づく最低売却価額を定めなければならないこととされてきたが、この価額を下回る価額での落札は一切許されなかった。このため執行妨害集団は、予め最低売却価額が公表される以上、本来の市場価格からその最低売却価額を差し引いた金額以上の資産価値の目減りをもたらすよう威嚇行為を行うことによって、確実に入札不調をもたらすことができた。短賃保護とあいまって、最低売却価額規制の効果は絶大だった。威嚇行為の程度を増大させることによって買受人の付け値を低めに誘導することは容易であり、加えて、入札不調が繰り返されると、特に地価の下落局面では債権者に大きなダメージを与えるから、疲弊した債権者は執行妨害集団に対して抵当権を抹消したうえで任意で安く売り渡すことに同意せざるをえなかったのである。

反社会的集団にとっての短賃保護の意義は、債務者・担保不動産所有者が、抵当権者・買受人に対して、本訴の提起と裁判・執行の実施、すなわち裁判の確定までの労力、時間、費用負担、さらに執行手続きにおける一切の負担を常に強制することを可能とすることである。最低売却価額の意義は、これに加えて入札自体を不調に追い込み、任意での買受と転売による巨額利益の収受を可能とすることである。

(4) コースの定理と初期権利配分

ここで**コースの定理**を想定してみよう。権利が明確で取引費用がゼロであれば、当事者のどちらに初期権利を配分しても市場の効率性は達成される。権利をより高く評価する者は、権利が初期に配分されていなくても、交渉による売買を通じて相手から容易に権利を取得できるからである。短賃保護に関する賃借権と買受人の不動産利用権という相対立する権利についても、取引費用がゼ

ロであれば、仮に法が短賃を無条件に保護すると定めたとしても、最終的に不動産をより有効に利用することができる者が利用を実現し、効率的な資源配分が達成される。

　しかし、抵当権者が短賃を解除することができる要件の「抵当権者に損害を及ぼす」かどうかについて、不動産価格が下落し、配当額が減少するときには解除できる旨最高裁が示したのは1996年に至ってからである。詐害的な不法占有について抵当権者が直接占有者の排除を求めることができる旨最高裁が示したのは1999年に至ってからである。しかも、これらの判決によっても、具体的にいかなる場合に解除や排除が可能となるのかは必ずしも明確ではない。さらに解除の場合、売却価額が低下しても、抵当権者の被担保債権のすべての回収が可能である場合には、抵当権者による解除は認められなかった。これでは買受人にとっての不測の損害を防ぐことはできないため、執行妨害の利益を完全に排除することはできなかった。

　加えて、短賃保護がある場合には、その権利が消滅し、占有者が無権限となった後でも、無権限者を排除するための買受人の費用は膨大である。その費用をどのくらい膨大な水準にまで引き上げるかについては、執行妨害者の一存に掛かっているといえる。買受人による物件利用が最適な資源配分をもたらす場合であっても、事後的な交渉によってそれを実現することはきわめて困難だったのである。

　これに対して、買受人に完全な占有排除権を与えるならば、事情は大幅に異なってくる。買受人の占有排除は民事執行法の引渡し命令のみで行うことができ、本訴の遂行やその確定のための負担を強いられることがなくなるからである。仮に占有屋による物件利用の方が買受人による物件利用よりも高い価値を持つならば、当事者間の交渉により、占有屋は容易に継続的利用権を買い取ることができるだろう。このような初期配分の下での交渉では、当事者のどちらか一方が、相手に対して予測不可能な独占的優位性を発揮することはできなくなる。日本の担保執行法では、コースの定理の前提がわざわざ成り立ちにくくなるように、いいかえれば競売市場が失敗しやすいように法が設計されてきたといえる。

　法に明記された権利の外縁は、債権者と占有者のそれぞれにとって不明確で

あり、判例もこれを解決してこなかった。短賃保護として占有者に対して初期権利を配分してしまったために、抵当権者・買受人が権利を実現しようとする際の裁判・執行は長期間を要し、労力や金銭的負担も膨大に上ってきた。初期権利配分が、事後的にその配分状態を変更しようとする者にとっての交渉費用が極端に高まることとなるように配分されてきたため、権利の買戻しのための事後的な取引費用が極端なレベルに達していた。短賃保護、最低売却価額、不法占有であることの証明責任を占有者でなく所有者に課す責任負担、占有を転々と移転する占有者に対して無益な民事執行法による引渡し命令、臨機応変性に欠け、実施コストや所要時間が膨大に上る国家直営の競売制度など、一連の法制度があいまって、非効率と不公正を確実に助長してきたのである。

(5) 金融市場・担保不動産市場への担保執行法の影響

以上のことをグラフにより考察してみよう。図1は、金融市場に対する担保執行法の影響である。担保権の執行は債権回収の手段であって、これが迅速・安価・確実に行われることは、金融市場で円滑な信用創造が行われることの基礎的な前提である。担保執行法の不備などにより担保不動産価額が目減りする場合には、貸し渋りや与信額の縮小が生じ、資金の供給コストが増大するため、金融市場はそれに応じて縮小する。短賃保護や最低売却価額規制は担保執行法による取引費用を増大させてきたため、その分着実に金融市場を縮小する機能を営んできた。

なお、執行妨害を意図する者の金融需要は法の不備により増大するが、それは一部に止まるのに加え、妨害行為にも費用がかかるから、金融需要曲線の上方シフト量は、供給曲線の上方シフト量よりも小さい。図1では単純化のため需要曲線のシフトを表示していない。

図2は、民間の通常の不動産市場である。同等の不動産に関して、一般的には宅地建物取引業者による重要事項の説明などの措置により、権利の付着の有無やその内容、物件の瑕疵などに関する情報の非対称は小さく、多数の物件が市場で取引される。市場価格はP_1である。

これに対して、図3は担保不動産の市場である。担保不動産の買受需要は、民間の不動産市場の影響を強く受ける。同等の物件の民間市場価格よりも高い

第5章 担保不動産からの債権回収はなぜ進まないのか

図1 金融市場と担保執行法

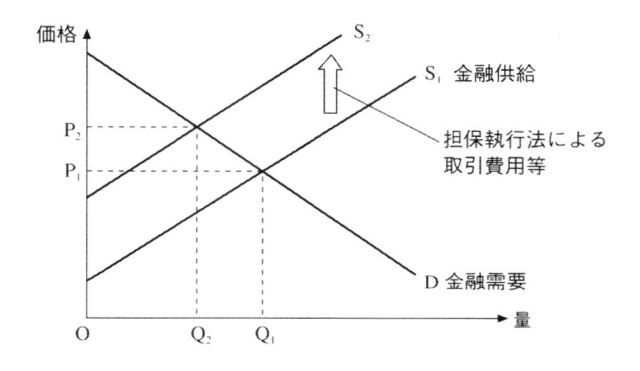

（価格 / 量のグラフ：供給曲線 S_1 が担保執行法による取引費用等により S_2 へ上方シフト。均衡点が (Q_1, P_1) から (Q_2, P_2) へ移動。D は金融需要。）

図2 民間の不動産市場

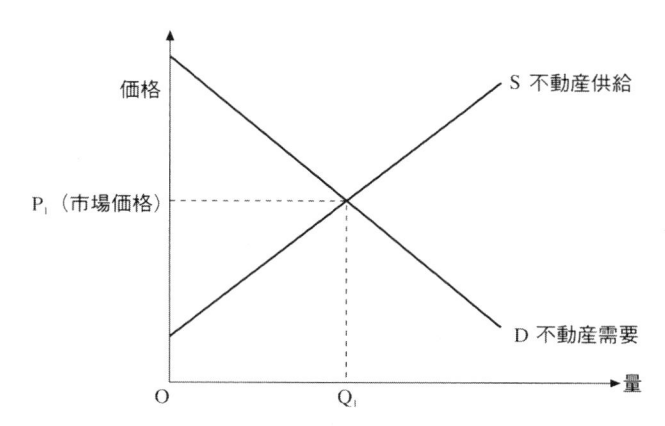

（価格 / 量のグラフ：S 不動産供給、D 不動産需要、均衡価格 P_1（市場価格）、均衡量 Q_1。）

買受価額を提示する買受人はいない。一方、競争市場のとき、それよりも低い価額では買受需要は殺到するから、買受需要の価格弾力性は無限大で、需要曲線は水平に近いと想定できる。したがって、情報の非対称や取引費用が民間市場と同等である限り、買受需要曲線は、民間市場における市場価額と同じ P_1 の水準で水平となる。ところが、現実には買受人には物件に関する著しい情報の非対称があり、占有を確保するための取引費用は巨額である。このような占有排除費用等のため、買受人の値付け額はその分低下する。需要曲線は D_1 から D_2 に下方シフトする。

図3　担保不動産市場

競売申立者の減少

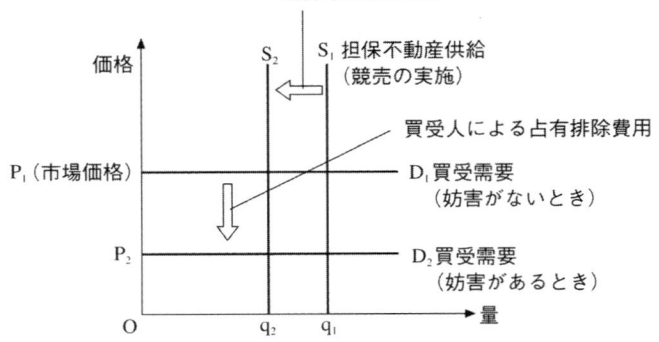

価格

S_2　S_1 担保不動産供給
（競売の実施）

買受人による占有排除費用

P_1（市場価格） ─────── D_1 買受需要
（妨害がないとき）

P_2 ─────────── D_2 買受需要
（妨害があるとき）

O　　q_2　q_1　　　量

　担保不動産の供給は、抵当権者が競売を申立て、それが実施されることによって実現する。一定の地域の一定期間内の同等の担保不動産の供給は、最低売却価額規制の影響を除けば、価格に拘らず競売実施件数 q_1 と等しく、供給の価格弾力性はゼロ、供給曲線 S_1 は q_1 の水準で垂直となる。現実には執行妨害等があるため、抵当権者は買受人の値付け額の低下を予想し、競売申し立て者は減少する。供給曲線は S_1 から S_2 に左方シフトする。競売実施件数は減少し、落札価格は低下する。担保不動産の効率的利用は阻害される。占有排除費用が巨額に上る場合には、担保不動産がより有効利用のできる買受人に移転することが阻害され、土地利用の効率性は損なわれるのである。

　なお、占有者と買受人との関係では、買受人から占有の解消を求められる占有者は、当該不動産の有効利用の意思を持たない執行妨害者であるか、又は買受人が物件を最有効使用した場合に得られる収益に満たない賃料の支払い意思しか持たない者である。実際上、占有解消が問題となる案件で、占有者による占有の利得が、買受人による土地利用の利得を上回ることはほとんど想定できない。このような状況にも拘らず、買受人が占有権を買い取ること、すなわち占有の排除を行うことは常に高くつき、成功しない確率も高いため、結局のところ、競売実施後も担保不動産の有効利用が妨げられたままとなる可能性は大きい。

　図4により、競売市場における**最低売却価額**の役割を検討してみよう。仮に買受人の需要価格 P_2 よりも最低売却価額が安ければ、競売時にはその需要価

第5章　担保不動産からの債権回収はなぜ進まないのか　　　　115

図4　競売市場における最低売却価額の役割

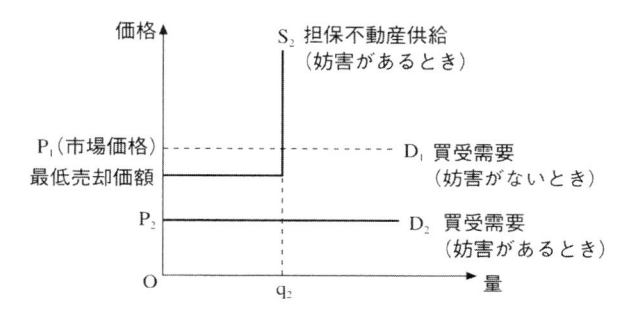

図5　最低売却価額による不当利益

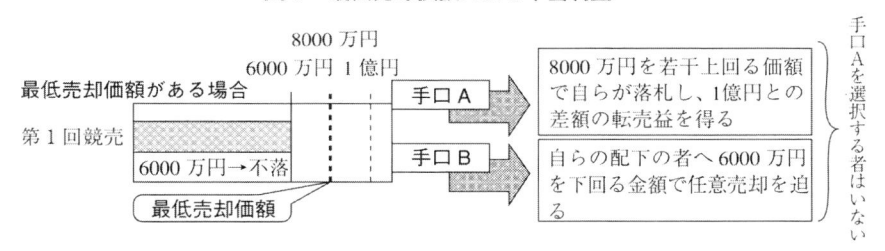

格での落札がなされるはずであるから、この場合には最低売却価額は意味を持たない。それが意味を持つとすれば、需要価格 P_2 よりも最低売却価額が高い場合であるが、その場合は、取りも直さず最低売却価額自体が入札不成立をもたらす。仮に買受需要者の物件に対する本来の付け値が市場価格より高い場合であったとしても、同様の物件は民間市場から取引費用なく市場価格で調達することができるから、P_2 よりも高い最低売却価額で買い受けようとする買受人はいない。供給独占であれば生じうる付け値の高い買い手は、競売市場では現れないのである。民間市場のみならず、他の競売市場における同等物件も存在するため、この事情は一層増幅される。

　ここで図5により、最低売却価額を擁護する典型的な議論について考察しておこう。それは例えば次のようなものである。市場価格1億円の不動産に対して8千万円の最低売却価額が設定され、占有屋による執行妨害が行われることによって、占有排除費用として4千万円の負担が見込まれるときには、最低売却価額には執行妨害集団の利益を1億円と8千万円の差額以下に抑える機能が

あるというのである。すなわち、最低売却価額が設定されていることにより、極端な安値での落札は禁じられるから、執行妨害集団は8千万円を若干上回る価額で自らが落札するほかなくなるという。このときには2千万円弱の差額を民間市場での転売によって利得するに止まるから、不当な利益の収受幅を最小限に抑えることができるとする。

　しかし、これは実際にはあり得ない無邪気な想定である。執行妨害集団はすでに4千万円の減価をもたらす執行妨害の手立てを講じているのだから、自ら札を入れなくても競売を不調に持ち込むことは容易である。不落を繰り返すと債権者は多大な損失を被るから、債権者としては、執行妨害による減価を踏まえた低価格での執行妨害集団への任意売却に応じざるをえなくなる。このとき執行妨害集団は、6千万円未満の購入価額で1億円の不動産を取得し、通常の民間市場においてこれを1億円で転売できるから、4千万円以上の売却益を得ることができる。このような、「より歩留まりのよいビジネスチャンス」が存在する以上、8千万円を若干上回る価額で自ら落札するなどという間の抜けた執行妨害集団が存在するとは想定できない。

　なお、最低売却価額を撤廃すると、極端な安値入札によって債権者・債務者が害されるとともに、執行妨害集団がかえって巨額の利益を得るのではないかという主張もある。しかし、執行妨害による減価は、それ自体最低売却価額と関係がなく、妨害排除費用そのものの極少化以外の対策は無益である。また、減価分を割り込む落札など通常想定できない。仮にあっても、それには入札手法の透明化・インターネット入札の普及による簡易化等情報の非対称対策によって対処するほかない。加えて、稀な安値落札に対処するとしても、米国のように、債権者が予め自らの落札額を明示したうえでそれと第三者の落札額の高い方を落札者とする措置、債務者からのより高い価額での買戻し権を付与する措置を講じればたりる。執行妨害が現実に可能であるとき、最低売却価額を設けることは妨害の支援手段ではあっても、排除手段たりえないのである。

2．判例とその解説——抵当権者はどこまで不法占有排除に関与できるか

　短賃保護や抵当権に基づく不法占有の排除については、長期間にわたり多く

の判例の蓄積と変遷があるが、ここでは短賃保護が廃止される前の段階における最近の典型的な最高裁判例を紹介する。

＜判例＞
(抵当権者による短期賃貸借解除)
・最高裁1996年9月13日第二小法廷判決民集50巻8号1374頁
　「民法395条ただし書にいう抵当権者に損害を及ぼすときとは、原則として、抵当権者からの解除請求訴訟の事実審口頭弁論終結時において、抵当不動産の競売による売却価額が同条本文の短期賃貸借の存在により下落し、これに伴い抵当権者が履行遅滞の状態にある被担保債権の弁済として受ける配当等の額が減少するときをいうのであって、右賃貸借の内容が賃料低廉、賃料前払、敷金高額等の事由により通常よりも買受人に不利益なものである場合又は抵当権者が物上代位により賃料を被担保債権の弁済に充てることができない場合に限るものではない」

　「解除請求の対象である短期賃貸借の期間が抵当権の実行としての競売による差押えの効力が生じた後に満了したため、その更新を抵当権者に対抗することができなくなった場合であっても、短期賃貸借解除請求訴訟の事実審口頭弁論終結時において、右賃貸借の存在により抵当不動産の競売における売却価額が下落し、これに伴い抵当権者が被担保債権の弁済として受ける配当等の額が減少するものである限りは、抵当権設定者による抵当不動産の利用を合理的な限度においてのみ許容するという民法395条の趣旨にかんがみ、裁判所は、右賃貸借の解除を命じるべきである。そして、このことは、差押えの効力発生後の右賃貸借の期間満了が右訴訟の事実審口頭弁論終結の前後いずれに生じたかを問わず、当てはまるものというべきである」

(抵当権者による不法占有排除)
・最高裁1999年11月24日大法廷判決民集53巻8号1899頁
　「抵当権は、競売手続きにおいて実現される抵当不動産の交換価値から他の債権者に優先して被担保債権の弁済を受けることを内容とする物権であり、不動産の占有を抵当権者に移すことなく設定され、抵当権者は、原則として、抵当不動産の所有者が行う抵当不動産の使用又は収益について干渉することはで

きない。

しかしながら、第三者が抵当不動産を不法占有することにより、競売手続の進行が害され、適正な価額よりも売却価額が下落するおそれがあるなど、抵当不動産の交換価値の実現が妨げられ抵当権者の優先弁済請求権の行使が困難となるような状態があるときは、これを抵当権に対する侵害と評価することを妨げるものではない。そして、抵当不動産の所有者は、抵当権に対する侵害が生じないよう抵当不動産を適切に維持管理することが予定されているものということができる。したがって、右状態があるときは、抵当権の効力として、抵当権者は、抵当不動産の所有者に対し、その有する権利を適切に行使するなどして右状態を是正し抵当不動産を適切に維持又は保存するよう求める請求権を有するというべきである。そうすると、抵当権者は右請求権を保全する必要があるときは、民法423条の法意に従い、所有者の不法占有者に対する妨害排除請求権を代位行使することができる」

「被上告人［抵当権者］は、所有者であるBに対して本件不動産の交換価値の実現を妨げ被上告人［抵当権者］の優先弁済請求権の行使を困難とさせている状態を是正するよう求める請求権を有するから、右請求権を保全するため、B［建物所有者］の上告人ら［不法占有者］に対する妨害排除請求権を代理行使し、B［建物所有者］のために本件建物を管理することを目的として、上告人ら［不法占有者］に対し、直接被上告人［抵当権者］に本件建物を明け渡すよう求めることができる」

<解説>

判例は、短賃を類型化し、一定の詐害的短賃についてはそもそも権利性を否認する試みを積み重ねてきた。一方、権利性のある短賃についても、民法395条ただし書きを活用して濫用的な短賃を排除する工夫もしてきた。最判1996年は、このような一連の試みの中の最終段階に位置付けられる。これは、競売による売却価額が短賃の存在によって下落し、抵当権の被担保債権の弁済に充てる配当額が減少するときには、買受人を害する外形を呈するものなどでなくても、抵当権者による短賃の解除が可能である旨明示した点に意義がある。

しかし、この判決には次のような問題がある。第一に、すでに述べたように

抵当権者の配当額への影響が基準となるため、抵当権者の利害に反しない限り、抵当不動産の価格を低下させても短賃を解除することはできず、結果的に買受人に対して不測の損害が生じる可能性がある。第二に、短賃による売却価額の低下見込みの算定は、必ずしも精度が高いとはいえない不動産鑑定評価に基づく相当程度主観的な評価に委ねざるをえないため、明確性に欠ける。抵当権者による短賃解除が可能かどうかを予測することは必ずしも容易ではない。

なお、競売による差押え後に期間が満了した短賃であってもその解除を命じることができる旨明示した点は、実質的な影響に着目したものであり、結論において妥当であるが、一方でこれは、この最判が出るまでの長期間、そのような短賃の解除ができるかどうかについての解釈問題が存在し、より権利性の弱い期間満了段階に至った短賃の方により強い保護を与えるなどという非効率的で公正を欠く解釈の成立余地があったということの裏返しでもある。

最判1999年は、本来抵当権者は抵当不動産の使用又は収益に介入することができないことが原則とされているにも拘らず、抵当不動産の不法占有に伴う売却価額の低下は抵当権者にとって重大な不利益であるから、抵当権者が直接占有者の排除を求めることができる旨明言したものである。最高裁1991年3月22日第二小法廷判決民集45巻3号268頁は、抵当権者による占有排除の請求を、債権者代位権によるものも含めて認めていなかったが、これを変更した。さらに最判1999年では、抵当権者自身が建物所有者のために建物を管理することを目的として、不法占有者に対して、建物所有者ではなく、直接抵当権者に建物を明け渡すように求めることができるとしたのも、それまでの通念に基づく抵当権の効力の限界を一歩踏み出すものであった。

通常執行妨害があるときの抵当不動産所有者は、不法占有者を連れ込んだいわば共犯にほかならず、自ら不法占有者を排除する動機などあるはずがない。それまでの抵当権の性格付けに由来する、木を見て森を見ない硬直的な判断が是正されたことは正当であるが、このような判例の転換に要した関係者の取引費用、失われてきた金融と土地利用の利益の総和は天文学的であったはずだ。

一連の判例は、担保執行法の機能不全を抵当権者による直接介入によって少しでも緩和しようとする試みではあったが、競売市場の構造的な正常化をもたらすものではなかった。本来抵当権者としては、不動産利用に介入などしなく

ても、債務不履行を待って粛々と抵当不動産を市場価格によって競売換価できさえすればよい。担保価値の保全のために自らが不法占有者の排除の負担を負わされたり、解除の手数を煩わされたりすることは、本来の担保執行法における抵当権の機能を阻害し、担保額の縮小を必然的にもたらす方向であったといえる。

3. 法と経済学で考えてみよう

日本の不動産競売の病理に関する著者らの分析・提言を受け、短期賃貸借保護については、2003年にこれを廃止する法律が成立した。併せて、借家人に関する建物明渡し猶予制度の創設、占有者を特定しない引渡しの強制執行、競売不動産の内覧制度等も盛り込まれた。さらに最低売却価額については、2004年に最低売却価額の名称を「**売却基準価額**」に変更し、それを2割下回る価額以上であるならば、競売を成立させることとする、実質的に最低売却価額による硬直的な規制の骨抜きを図る民事執行法の改正も行われた。これら一連の担保執行法改革は、法と経済学の研究成果をかなり忠実に敷衍する立法であった（法改正の経緯とその評価については、福井秀夫（2006e）『司法政策の法と経済学』日本評論社 103～125頁参照）。法改正を受け、法務省調べによれば執行妨害は着実に影を潜めつつある。

以下では、これまでの法制の変遷、判例の蓄積等を踏まえ、担保執行法をめぐる法解釈、立法政策に関する法と経済学的な評価を示す。

(1) 担保不動産市場は民間の不動産市場と何が違うのか

担保不動産市場、すなわち担保執行法の適用を受け、債権回収の手段として実現される不動産売却市場の特徴は何だろうか。最も重要な要素は、担保不動産の所有者、すなわち売り手の任意性を欠いたまま売却が行われることである。担保不動産の所有者にとっては、担保不動産の競売換価によって自ら得られる利得は、ゼロか、仮にあってもきわめてわずかに止まる。所有者は自らの所有権を消滅させたくない。このような、売り手の売却意思の欠落は、担保不動産市場を歪める根源的な要因となっている。これに対して、通常の任意に行われ

る民間市場における不動産売買は、売り手・買い手双方に利得を確実にもたらす。

このような歪みがあるが故に、本来望むわけでもないのに、債権者・抵当権者などは、適切な介入によって売り手の権限を一定程度代替せざるを得なくなるのである。担保不動産についてできるだけ高値での売却が成立することの利益を有するのは、所有者ではなく債権者・抵当権者だからである。すなわち、債権者は債権回収を迅速かつ確実に図ることに利害を持つので、失敗のない担保不動産市場が実現していない前提の下では、このような立場から担保不動産売却手続きの進行管理に関与させることには合理性がある。これに対して、担保不動産所有者・債務者の協力は、競売実施の段階に至っては得にくくなるのが当然であるといえる。

したがって、担保不動産所有者が、債務不履行後にあっても、競売において債権者の利害にかなう円滑な売却手続きに協力することに対するインセンティブの付与や、そのような協力を義務付けるための裁判所などによる権力的な介入が必要とされるのである。

前者については、事後の段階では期待しにくい。このため、事前の段階の金融市場における契約時点、すなわち金銭消費貸借契約の締結時点において、競売の円滑実施への協力義務を自らの意思に基づき盛り込ませることの意義は大きい。この時点では、債務者として資金を借り入れる必要があるため、協力の利益とインセンティブが十分に存在するからである。例えば、民間競売手続きのいわば**執行契約**において、債権回収の迅速性と確実性を保証する取決めをすることに対する債務者のインセンティブは十分に存在する。その中には、執行の管理者を債務者の利害とは独立の者の中から選定すること、物件の内覧権を保証すること、などの条項を盛り込むことが考えられる。

後者の権力的介入については、競売実施時点という事後の段階における厳格な強制権の発動は、国家競売、民間競売のいずれであっても必要不可欠である。執行妨害や不法占有に対する権力的な排除、刑罰の適用などは、執行裁判所の重要な責務である。

差し当たり国家競売のみしか許されていない日本の現在の法制度の下では、事後の権力的な介入の徹底は、担保不動産所有者の意思に反さざるをえない執

行手続きを円滑に進めるための決め手になりうるのである。

(2) 担保執行法に何が求められるか

担保執行法に求められる留意点を五点に整理してみよう。

第一に、担保不動産売却市場、すなわち競売市場では、任意の売り手が持つような交換の利益、売却協力へのインセンティブが存在しないことを踏まえなければならない。売り手には売却の利益が基本的には存在しないことを前提として、制度を設計し、運用しなければならない。

第二に、担保不動産市場における様々な**初期権利配分**は、担保不動産所有者やその代理人的立場にあるもの、例えば占有者に対して与えてはならない。これらは取引費用の人為的な増大をもたらす。このような意味で、短賃保護規定は初期権利配分をそもそも誤っていた。また、1998年までは、占有者の権限の正当性を確認するための、電気、ガス、水道等のライフラインの利用が確かにあることについての調査権限が、執行官にすら与えられていなかった。仮に占有者が正当な権原を有するならば、それを対外的に示すことがきわめて容易であるにも拘らず、挙証責任を占有者に課していないのみならず、執行機関ですら調査権限を持っていなかったことは、初期権利配分の設定の原理に正面から衝突していた。転々と占有を移転する不法占有者に対して無力であった、**当事者恒定効**のないかつての引渡命令も、初期権利配分の誤りの例であった。

さらにいえば、およそ買受人ないしその代理人たる立場にある抵当権者・債権者の多大な負担を前提としてきた従来の制度は、多大な社会的費用を必然的に発生させるものであって、根本的に間違っていた。例えば執行妨害の常套手段であった、巨額の敷金・保証金を承継しているからそれを返さないかぎり明け渡さない、と買受人を恫喝する手口についても、そのような異常な敷金等の授受が真実であるなら、それを証明すべき責任は占有者になければならなかった。ところがその不存在の証明責任が実際には買受人側にあったのである。

また、無権限者に対してですら、短賃保護が消滅した後も、本訴による膨大な明渡コストを買受人に強制してきたことも間違いであった。本来、正当な権利が備わっているのであれば、その証明は、債務者・占有者のみが容易に可能である。それにも拘らず、買受人・抵当権者に対して、占有が違法・不当であ

ることの証明を求めるがごときは、取引費用を無益に肥大化させてきた元凶であった。買受人・抵当権者に完全な権利を与えておくならば、権利を占有者が取得したいときには、容易に交渉を成立させることができるのである。

　第三に、いかなる権利の外縁も、万人に一義的明白なものとなるよう、立法において権利設定を行わなければならない。従来の「詐害的短期賃貸借」をめぐる判例における苦心惨憺の試み、改正前の民法395条ただし書きにおける「抵当権者に損害を及ぼすとき」に関する、長期間を要しながらも決め手を欠く解釈の変遷などを見ると、いかに執行妨害を排除するように工夫したとしても、確信的妨害者の脱法行為を根絶することはできなかったことが明らかである。むしろ権利自体の不明確性こそ執行妨害を生み出す源泉であって、対症療法の試みが無益であることを踏まえた立法による対応が必要なのである。

　例えば、短賃保護に関する立法論には、戸建ての居住用借家と、建築形態を問わず営業用の借家についてのみこれを廃止し、共同建て・長屋建ての居住用借家については短賃保護を継続するとともに、保護される賃借権は、「占有を伴い合理的な賃料及び期間」でなければならず、「合理的な額を超える敷金は承継されない」こととすべきである、というものがあった（内田貴（1983）『抵当権と利用権』有斐閣 331頁）。

　しかし、借家人は個別の借家人の事情に応じて千差万別であって、一律に戸建て・共同建てなどの建築形態によって、又は居住用か営業用かという用途によって、保護されるか否かが決せられることは、公正を欠く。さらに、都市の居住形態として標準形となりつつあり、今後も多くの供給が見込まれるいわゆるマンションについて、短賃保護の弊害を常に維持することは、住宅供給に重大な制約を課しかねなかった。このような区分に基づく扱いは、およそ土地市場における有効利用の増進という課題に正面から反するものである。「合理的な額」であるかどうかも、裁判規範として明確に決することなど不可能である。権利の不明確性を助長し、裁判官の世界観に依存することになりかねない基準を立法やその解釈に持ち込むことが妥当でないことも、コースの定理に照らして明白である。短賃保護を完全に撤廃した2003年法改正に、このような合理性のない場合分けに腐心するアプローチの類が一切持ち込まれなかったことは僥倖であった。

第四に、「適正価額」・「正当な利用形態」を、直接の受益者たりえない裁判所が判断することは避けるべきである。執行裁判所において、市場における土地利用の当事者自身が吟味するよりもさらに適切な判断が可能などと考えることは、国家機関たる裁判所に市場の肩代わりが可能である、と考えるのと同等であるが、そのような想定は成り立たない。だからこそ、これまでに長大な期間を通じて、「執行裁判所の失敗」の歴史が累々と積み重ねられてきたのである。

　立法や司法の役割は、担保不動産市場を、民間の正常な市場と同等な環境に極限まで近付けるべく、売却の任意性の欠落とそれに基づく弊害を是正することである。必要十分な市場の失敗対策を行うよう法制度を仕組むとともに、司法の現場においてその趣旨の徹底を図ることは重要である。もともと専門外であって優位性のない価額判定や、土地利用の内容の適否に対して、利益も不利益も帰属しない第三者が的確な判断をすることができる、などという思い込みをしないことが肝要である。

　立法や司法は、物件内覧の確保などにより、拡大しがちな**情報の非対称**を徹底的に緩和するとともに、手続きの労力・時間のコストも踏まえた取引費用の徹底的な削減を着実に進めていくべき責務を負っている。

　第五に、抵当権者・買受人に対して執行に関する無用の負担を強いるべきではない。例えば、競売物件について、およそ不法占有者の排除はすべて買受人の責任とするがごとき負担を負わせることは、担保不動産市場、ひいては金融市場をいっそう歪める。個別の執行費用も、積み上げると巨額に上る。執行官と不透明な関係を持つとともに、相場を無視した歩合制による高額の報酬を要求するといわれる「鍵屋」、「道具屋」など、米国などでは存在しない特異な業態の存在や、高額の報酬を得ながら執行を迅速に進めることに熱心でなく、現場に来ても職責を果たさず高圧的である、などと批判されがちな執行官の仕事ぶりは、執行費用を増大させる大きな要因となってきた。

　これらは、民間競売の下では想定できない「**政府の失敗**」の典型であるともいえる。執行手続きを迅速的確安価に進行させるためには、執行の実施主体においてそうすることが有利となる明確なインセンティブが存在していなければならない。さらに、執行裁判所という強大な権力を持つ機関が果たすべき役割

は、必要十分で強力な執行妨害排除、迅速な競売換価の促進であって、権力介入をためらわず、職責を果たすことが担保される仕組みが求められている。

(3) 民間競売の導入は多くの問題を解決する

　失敗の多い担保不動産市場が円滑に機能し、活性化することによって、第一に、担保不動産がより土地の有効利用を実現できる蓋然性の高い者の利用に委ねられることが促進される。第二に、これを通じて金融市場が活性化する。すなわち、金銭消費貸借市場における貸付けが容易となり、資金ニーズが満たされやすくなることによって、投資が活性化し、国民生活も着実に豊かになる。

　担保不動産市場の失敗を改善するためには、日本においても、国家競売の独占を廃止し、米国での活用実績を踏まえて**民間競売**を導入することが効果的である（福井（2006e）93～102頁、久米良昭（2006）「非司法競売の経済分析」日本不動産学会誌20巻3号参照）。民間競売導入の意義は次のとおりである。

　第一に、意思に反する売却を強制される担保不動産所有者に対して、競売への協力のインセンティブを、事前の消費貸借契約に付随する執行契約の中にインプットしておくことが可能となる。

　第二に、執行をめぐる様々な権利について、初期配分の与え方を当事者が決定することによって、これまでに生じてきた弊害を適切に回避し、執行費用を小さくすることが容易となる。

　第三に、当事者の執行契約の中で明確に手続き等を取り決めることによって、国家競売に関する法の運用に伴う不明確性を排除しやすくなる。

　第四に、担保不動産の早期高値での売却に利害を持つ者が執行手続きの進行管理に対して責任を持つことが可能となるため、事実認定や法解釈そのものに争いがあるようなきわめて稀な場合を除き、執行の迅速化・売却価額の高額化・執行コストの低減を図ることができる。

　これらを踏まえると、適切な民間競売制度の導入は、担保不動産市場を民間の健全な不動産市場に近付けることに大きく貢献できる。

(4) 事後的な個別当事者間における利益衡量がもたらす歪み

　目先の当事者間の、その時点での利益状況に目を奪われた比較衡量は、市場

を歪めるのみならず、実はかえって不公平を助長する。保護に値しない詐害的賃貸借や、解除可能な短賃などについても、判例の基準は不明確で、その場での当事者の外形的な振る舞いに左右されがちであった。許されない執行妨害を基準化することは、許される執行妨害を教示することと等しい。裏をかく脱法行為を必ず誘発し、悪循環に陥る。誤った初期権利配分の下での、しかも不明確なために巧妙な演技による利得を許す法制度は、不正の温床となる。これらは、暴力団などの反社会的集団の跳梁跋扈を許し、巨額利益を収受させ、犯罪の資金源をも提供してきた。また、結果として貸付けを受けられなくなった誠実な債務者に大きなダメージを与えてきた。**情報の非対称**に対する資金供給者の防衛行動により、貸し渋りや、借り手に対する選別の厳格化が生じ、金融市場における借り手差別が増幅されてきた。

これに対して、民間競売が導入されるなら、事前の**執行契約**の段階におけるシグナル機能はきわめて重要な役割を果たす。すなわち、債務不履行に陥ったときの担保不動産の執行に関して、誠実な債務者は、高値売却のための全面的な協力を受け入れる執行契約に合意する。彼らへの資金提供は円滑になされる。債権者と債務者との当初の合意事項をシグナルとして活用すれば、民間競売によって相当程度執行妨害の可能性に関する情報の非対称を緩和することができるのである。

4．回答骨子

(1) 競売物件における借家権保護は、その立法意図に反して担保不動産の有効利用をかえって阻害してきた。
(2) 占有権の権原の存否に関しては、初期権利配分によってその後の交渉費用を極小化して効率性を増進するという観点から、占有者に正当な権原を持つことの証明責任を課すことが適当である。
(3) 最低売却価額は、入札不調を容易にもたらすことを保証する執行妨害手段として、一貫して債権者・債務者の利益を阻害してきた。価格規制によって現実の落札価額を左右することはできず、この制度は債権者・債務者の保護に寄与しない。

(4) 民間競売では、国家競売よりも迅速安価な執行が一般的に可能となる。事実認定や法解釈自体に争いがあるようなきわめて稀な場合にのみ国家競売が意味を持つ。

(謝辞)
太田勝造、久米良昭、吉田修平の各氏からいただいた有益な教示に感謝申し上げる。

第6章 犯罪抑止にとって刑罰とは何か
刑法の経済分析

設例
　殺人、暴力、詐欺、横領、贈賄授受、インサイダー取引きなど、犯罪と刑罰をめぐる話題には日々事欠かない。また、昨今少年犯罪をはじめ凶悪な犯罪が目立つともいわれる。ここでは刑法の判例や通説的見解を素材として、犯罪と刑罰の現代的課題について考察してみよう。
(1) 刑法はなぜ存在しているのだろうか。誰の利益を守ることを目的とするのだろうか。
(2) 不法行為法などの損害賠償法と刑法の役割の違いは何だろうか。
(3) 犯罪に対する厳罰化を支持する見解と支持しない見解とがある。厳罰化は犯罪を減らすのだろうか。効果がないのだろうか。
(4) 同じ結果をもたらす犯罪であっても、衝動的な犯罪は計画的犯罪よりも一般に軽い刑罰が課される。また、少年犯罪は成人犯罪よりも刑罰が軽い。これらについて批判があるがどのように考えるべきか。
(5) 刑罰が犯罪を抑止するという前提が成り立つためには、犯罪実行者が刑罰を負担であると認識してインセンティブとなり、行動が変化しなければならないが、そのような前提が成立しない責任無能力者による場合などでは、刑罰による社会的費用のコントロールに限界があるのではないか。

第6章で使う経済学　国家のイニシャティブによる外部性の内部化

　刑罰を、どのような場合に、誰に、どれだけ課するべきか、を規定する刑法は、広く**外部性の内部化**と捉えることができる点で、不法行為法と同様の性質を持つ。通常、犯罪行為は当然に不法行為に該当する。しかし、刑罰には、不法行為法による損害賠償に委ねるだけでは十分な外部性の内部化が行えない場合に、それを補うなどの独自の存在意義がある。損害賠償が行為の抑止要因として働きにくい例えば資力がない加害者に対しても、国家のイニシャティブにより刑罰を加えることができる。訴訟提起という私人のイニシャティブに頼る不法行為法に委ねるだけでは働きにくい、個々の被害が小さいが全体として大きい被害がもたらされるような場合にも、犯罪抑止のためのより強いインセンティブを付与することができる。刑法についても不法行為法と同様、刑罰やそれを加える刑事訴訟手続きが、犯罪を効率的に抑止するために必要十分な内容手続きとなっているかどうかを検証することができる。

　法と経済学では、刑罰は犯罪者の行動を変化させるインセンティブとして機能するから、犯罪者のインセンティブを、犯罪が抑止されるよう適切にコントロールすることに刑罰の重大な役割がある、と考える。もっとも、この点は、必ずしも従来の刑法、刑事訴訟、刑事政策などの実務や研究で共有されている認識ではない。

　どのような刑罰が、どのように犯罪者の行動を変化させ、望ましくない行為としての犯罪をどの程度抑止することとなるのかについて、法と経済学的な考察は豊富な知見をもたらすことができる。倫理的に抵抗を持つ向きが多いかもしれないが、差し当たり犯罪について一種の市場として捉え、マンキュー 98〜117頁で解説されるような、需要曲線のシフト、供給曲線のシフト、その方向とシフトの要因などについて的確に把握したうえで、犯罪者の行動や心理を考察することは、犯罪被害に苦しむ人々を少なくすることに対して貢献できる。犯罪者のインセンティブに関するミラーほか 152〜160頁の考察も参考になる。

　また刑法には、いわゆる被害者なき犯罪と呼ばれる領域がある。麻薬、売

春、賭博などがこれに該当する。これらが犯罪化されていることが、外部性内部化の観点からの効率性を高めているかどうかについては議論がありうる。

　さらに、犯罪化することによる副作用に目を向けるべき領域もある。例えば、麻薬の禁止が、広い意味で犯罪を抑止することに貢献するか否かについては微妙である。このような判断は、マンキュー 126〜156頁で考察する需要の価格弾力性と供給の価格弾力性に応じて異なってくる。ミラーほか 35〜44頁の売春、禁酒法、麻薬禁止に関する分析も鋭い。

　需要の**価格弾力性**とは、価格の変化に対して需要量がどれだけ変化するかを測る尺度であり、需要量の変化率を価格の変化率で除した値である。供給の価格弾力性とは、価格の変化に対して供給量がどれだけ変化するかを測る尺度であり、供給量の変化率を価格の変化率で除した値である。需要の価格弾力性ないし供給の価格弾力性がゼロであるとき、需要曲線又は供給曲線は垂直に立っている。これに対して、需要の価格弾力性又は供給の価格弾力性が無限大であるとき、需要曲線又は供給曲線は水平である。

　麻薬市場について、価格弾力性を踏まえて考察してみよう。通常麻薬の需要者は、中毒により麻薬依存症になっているため、麻薬需要者の価格弾力性は小さい。すなわちかなりの程度、麻薬需要曲線は垂直に近い形状であると想定できる。麻薬を禁止することによって麻薬の供給コストは増大するから、供給曲線は上方にシフトする。このとき、麻薬の販売量はわずかに減るかもしれないが、その価格は大きく上昇する。麻薬依存症となった麻薬需要者は、価格が高くなってもその麻薬を使用することを簡単に止めることはできないのに加え、通常の職業生活を営むことができる麻薬需要者は少ないから、購入代金を窃盗や強盗などによって調達しようとする傾向が強まる。

　結果的に、麻薬を禁止することによって、麻薬の販売量はあまり減少させることができないのみならず、麻薬に絡んだ別の種類の犯罪やその被害者を一層増加させることとなる可能性が大きくなる。このような事情も加味するならば、麻薬の禁止は倫理的に正しいから常によいことである、と簡単に割り切ることはできない。また、結局のところ、麻薬市場を牛耳る暴力団・マフィアに対して、多額の所得移転がなされることになるのは疑いない。このような回路を通じて、犯罪の再生産はさらに拡大されることとなるかもしれ

ない。

　いずれにせよ、刑法や刑罰、刑事訴訟手続を考える際には、あるサンクションないしピグー税的措置を導入することとしたときに、それが犯罪者や関係する主体のインセンティブをどのように変化させることとなるのかについて、いったん倫理的判断を捨象したうえで、犯罪被害の増減という問題に着目して、冷静かつ論理的に考察することが有益である。法解釈や法制度設計、刑事政策は、法と経済学の理論を活用することによって、本来の目的をさらに効果的に達することができるようになるはずである。

1．背景説明および法と経済の理論

　刑法とは、犯罪行為、すなわち一定の抑止されるべきであるとされる行為を行った者に対して、どのような要件の下にどのような刑罰を課すかを規律する法である。刑法の機能をめぐっては、諸外国でも古くから、応報刑論、教育刑論など論争が存在し、現代の日本の刑法学説や刑法判例も、刑罰の機能をどう捉えるかによって、その論理や結論が異なるのが通常である。しかし、日本の現行刑法の基礎にある政策原理として、法的な保護に値する利益を擁護するため、それに対する加害行為が行われた場合のみ犯罪とすべきであるとする法益保護主義、責任ある行為についてのみ犯罪とすべきであるとする責任主義、事前に法律で犯罪と定められた行為についてのみ犯罪とすべきであるとする罪刑法定主義などを挙げることについては、共通の理解があると思われる（山口厚(2007)『刑法総論［第2版］』有斐閣　3〜8頁など）。

　これらの考え方と必ずしも衝突するわけではないが、法と経済学では、犯罪は、犯罪者自身のインセンティブに基づく選択によって引き起こされると考える。したがって、刑罰の適用やその執行を、犯罪を抑止するためのインセンティブのコントロール手段と捉える。このような分析枠組みを前提とすることにより、犯罪者の行動をよりよく理解し、刑法による刑罰の適用と執行に関して、犯罪による社会的費用をより小さくする解釈や立法のあり方を探る上での有益な知見を得ることができる。以下、このような考え方の基本的な枠組みを解説する（刑法の経済分析の様々なトピックについては、デイビッド・フリードマ

第6章 犯罪抑止にとって刑罰とは何か

図1 犯罪の選択

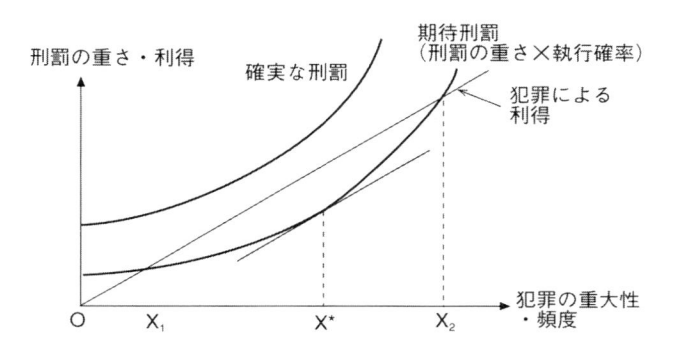

縦軸：刑罰の重さ・利得　　横軸：犯罪の重大性・頻度

曲線：確実な刑罰、期待刑罰（刑罰の重さ×執行確率）
直線：犯罪による利得
横軸上の点：O, X_1, X^*, X_2

ン (1999)（上原一男訳）『日常生活を経済学する』日本経済新聞社 388～413頁、ミラー、ベンジャミン、ノース (1995)（赤羽隆夫訳）『経済学で現代社会を読む』日本経済新聞社3、4、15及び17章、クーター、ユーレン (1990)（太田勝造訳）『新版法と経済学』商事法務研究会483頁以降など参照）。

(1) 刑罰の法と経済分析の基礎理論
①犯罪者による犯罪の選択はどのように行われるか

　仮に、犯罪が重大で頻度が高くなるほど、犯罪に伴う利得が大きくなると考えてみよう。例えば、窃盗や横領の金額や回数が増えるほど、犯罪者にとっての利得は増大する。図1により、このような犯罪による利得を右上がりの直線で表す。一方で、犯罪の重大性や頻度に応じて刑罰の重さは逓増するものとする。仮に刑罰が犯罪ごとに確実に課されるのであれば、図1のケースでは刑罰の重さが常に犯罪による利得を上回っているので、「合理的」犯罪者には犯罪を行う利益がないため、犯罪は行われない。しかし、犯罪が常に罰せられるわけではない。犯人が不明のままだったり、判明していても、逃走したまま逮捕されなかったり、逮捕されても証拠不十分により無罪となることもある。犯罪者による犯罪の実行にとっては、**刑罰の重さ**に**刑罰の執行確率**を乗じた**期待刑罰**が意味を持つ。期待刑罰が犯罪による利得を下回る時、犯罪を行う理由があるが、その時犯罪者にとって選択が最適となるのは、期待刑罰から犯罪による利得を差し引いた差額が最大となるような犯罪の重大性・頻度の水準である。

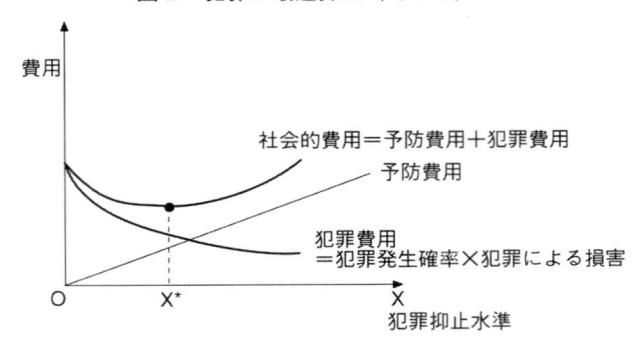

図2　犯罪の最適抑止（その1）

費用／社会的費用＝予防費用＋犯罪費用／予防費用／犯罪費用＝犯罪発生確率×犯罪による損害／O　X*　X　犯罪抑止水準

図1ではこれが X* の水準として示されている。

　したがって、期待刑罰を重くすることは、犯罪をより軽度なものに、また犯罪の頻度をより小さなものにする。期待刑罰を引き上げるためには刑罰を重くするか、または刑罰が執行される確率を高めなければならない。すなわち、犯罪者の逮捕を確実なものにし、裁判を迅速に行うことによって、行われた犯罪が確実に有罪となるよう措置することが必要である。しかし、刑罰を重くするためには、刑務所を増設したり、刑務所職員を増やしたりする必要がある。このための費用を追加しなければならない。また、犯罪者の逮捕のためには警察官や検察官を増員しなければならないかもしれないし、裁判を確実に行うためには裁判所の組織も大きくしないといけないかもしれない。期待刑罰を重くすることは社会的な費用を伴うのである。

②犯罪の最適抑止をどう考えるか

　犯罪は様々な社会的費用を発生させる。例えば、窃盗の場合、100万円盗まれる際に窓ガラスが割られ、金庫が壊されるなどの被害が別途30万円だったとしよう。100万円については被害者から犯罪者の所得移転であって純損失ではないと考える余地があるが、ガラスの被害等は純損失である。犯罪抑止水準が低いほど、財産形成のインセンティブも減退する。しかし、犯罪抑止のための警察官の巡回頻度の増大、潜在的被害者による警報装置の設置、頑丈な鍵の取り付けなど、予防費用をかけることによって犯罪発生確率を小さくすることができるため、犯罪による損害に犯罪発生確率を乗じた犯罪費用は犯罪抑止水準

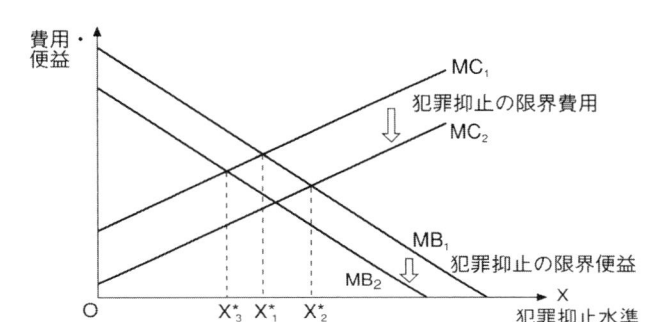

図3 犯罪の最適抑止（その2）

を引き上げるほど小さくなる。一方、予防費用は抑止水準を引き上げるほど高くなる。損害賠償法の場合と同様、運用費用を無視すれば、犯罪の最適な抑止水準は、**予防費用**と**犯罪費用**の和である**社会的費用**を最小化する水準であり、図2によればX^*の水準である。

図3は、総費用の極小化を、**犯罪抑止の限界費用**と**限界便益**という観点から見たものである。当初の犯罪抑止の限界費用をMC_1、犯罪抑止の限界便益をMB_1とする。犯罪抑止水準を1単位引き上げるためには、警察、検察、裁判所、刑務所などに関する施設や人員を増やさなければならない。一方で、犯罪抑止水準の1単位の追加によって犯罪費用が減少し、治安がよくなるという便益も生じる。犯罪抑止水準を1単位引き上げるために要する前者の費用が後者の便益よりも小さい限り、犯罪抑止水準をさらに引き上げなければならない。犯罪抑止水準をX_1^*の水準まで引き上げたときに、ちょうど犯罪抑止の限界費用と限界便益とが等しくなる。しかし、これを越えて犯罪抑止水準を引き上げると、犯罪抑止の限界費用が限界便益を上回り死加重が生じ、社会的余剰は縮小する。最適な犯罪抑止水準はX_1^*の水準である。

仮に犯罪捜査のための何らかの**技術革新**、例えば犯罪者を追跡するための画期的に精度の高い鑑識技術、潜在的犯罪現場を確実に安くモニタリングできる監視カメラの開発などが行われ、犯罪抑止の限界費用が低減し、MC_1がMC_2に下方シフトしたとする。このときの最適な犯罪抑止水準は、従来のX_1^*よりも高いX_2^*の水準となる。一方、厳重な鍵や警報装置を解除することに役に立

つ、犯罪者にとって有利な技術開発が行われたり、密航手段の巧妙化により犯罪者の国外逃亡が容易になったりするなどによって、犯罪抑止の限界便益が低下し、MB_1がMB_2に下方シフトしたとする。このときの最適犯罪抑止水準は、X_1^*を下回るX_3^*となる。**最適犯罪抑止水準**は、犯罪をめぐる諸環境によって変動しうるのである。

③犯罪の最適抑止手段とは何か

犯罪者のインセンティブに大きく影響するのは期待刑罰の大小である。すでに述べたとおり、期待刑罰とは刑罰の重さに執行確率を乗じたものである。犯罪者にとっては、刑罰の執行確率が1、すなわち犯罪を行うと常に確実に逮捕され、罰金を100万円課されるのと、刑罰執行確率が10パーセント、すなわち犯罪10回につき1回しか刑罰が執行されないが、罰金として100万円に10分の1の逆数を乗じた1,000万円を課されるのは、どちらの期待刑罰も一定である。期待刑罰を一定とする刑罰執行確率と刑罰の重さの組み合わせは図4の双曲線として示される。

「期待刑罰一定の組み合わせ1」よりも「同2」の方が、期待刑罰が重い水準にある。また、刑罰の執行確率を高めるためには、警察官、検察官などの捜査要員を増大したり、裁判官や裁判職員を増員したりするなど、犯罪者が逮捕され有罪判決を受ける確率を高めるための資源を投入しなければならない。一方で、刑罰の重さを増大させるためには、罰金であればその金額の増大、懲役・禁固などの自由刑であれば、収監期間を増大させるための刑務所施設や刑務官の増員が必要となるだろう。刑事司法にかけることができる予算が一定であるならば、前者と後者に予算をどのように割り振ることが効率的だろうか。仮に刑事司法予算の制約線が図4の予算1であったとしよう。この予算制約の下では、X_1、Y_1の点以外のすべての点では、期待刑罰一定の組み合わせ1の期待刑罰水準よりも常に低い期待刑罰水準しか達成できない。したがって、犯罪者が**リスク中立的**で、期待刑罰が一定であれば犯罪量も一定であると仮定すると、X_1、Y_1の予算制約線と期待刑罰一定の組み合わせ線が接する点が最も望ましい司法資源の配分点となる。同様のことは予算2におけるX_2、Y_2についてもいえる。

刑罰の重さについては、罰金を前提とするか、自由刑を前提とするかによっ

第6章 犯罪抑止にとって刑罰とは何か

図4　刑罰執行確率と刑罰の重さの最適な組み合わせ

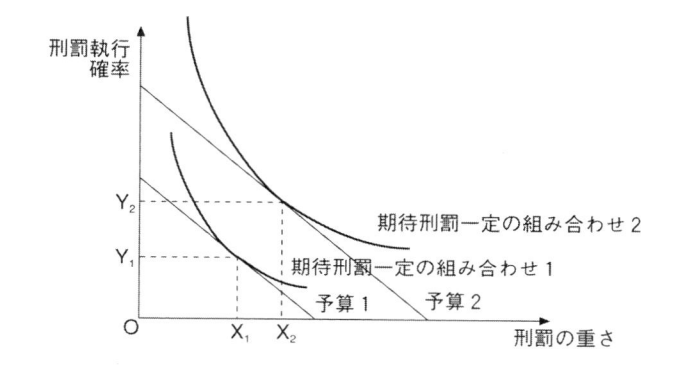

[図：縦軸「刑罰執行確率」、横軸「刑罰の重さ」。Y_2, Y_1, X_1, X_2 が示され、「期待刑罰一定の組み合わせ2」「期待刑罰一定の組み合わせ1」「予算1」「予算2」の曲線・直線が描かれている]

て、それらの最適な組み合わせは異なる。罰金の加重は、自由刑の加重に比べると、相対的に予算を要しないので予算制約のいかんを問わず、予算線の傾きが小さくなることによって最適点はより右方に移動するだろう。これに対して、自由刑の刑期を引き上げることは多大の予算を伴う。予算線の傾きが大きくなるため、最適な組み合わせ点はより左上方に移動するだろう。罰金刑は、犯罪者にとって支払いが可能である限りにおいて、自由刑よりも効率的な刑罰といえる。

④商品の非合法化は犯罪を減らすのか

　麻薬、売春、賭博などは、殺人や窃盗と異なり、直接の被害者が存在しないようにも見える。被害者なき犯罪といわれることもある。これらはすべて日本では非合法である。米国では1920〜1933年にかけて禁酒法が施行され、酒の販売は非合法だったが、現在は合法化されている。コカインは1914年以前の米国では合法だったが、現在は非合法である。売春はネバダ州で今も合法である。賭博はネバタ州をはじめ、多くの州で合法化されつつある。

　図5により非合法商品の市場を考察してみよう。S_1は、これらがすべて合法であるときの商品の供給曲線である。このとき、供給量はX_1、価格はY_1となる。仮に当該商品を非合法化して、販売者を処罰すると、供給者は、逮捕、有罪判決、罰金、自由刑などを受けるというリスクを背負わなければならない分供給コストが押し上げられる。供給量はX_2に減少し、価格はY_2に上昇する。

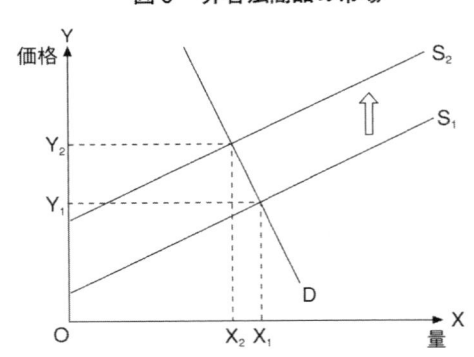

図5　非合法商品の市場

単純に考えれば、これにより望ましくない商品の流通量を減少させ、その価格を上昇させることで、商品に手を出す機会を減らすことができるはずである。

しかし、このような非合法化には副作用が伴う。

第一に、非合法化されることによって、通常の企業や個人はこれらを販売できなくなるから、非合法活動に比較優位を持つ暴力団などが、これらの非合法化された市場を独占しやすくなる。

第二に、非合法契約では、仮に債務不履行があった場合にも、裁判所を通じた法的手段により債務を履行させたり、損害賠償を請求することは不可能である。このため、契約履行の担保のためには、私的で非合法な、しばしば暴力を伴う手段が選択される。禁酒法時代の米国の密造酒販売人や現在の米国の麻薬密売人たちの間で、契約トラブルをめぐる殺人事件が多発してきたことは周知の事実である。

第三に、非合法商品では、商品の品質に関して消費者が十分な情報を得ることが合法商品の場合よりも困難となり、**情報の非対称**が拡大する。HIVに感染した売春婦、不純物が多く有害な麻薬、いかさま賭博などが横行しやすくなるが、非合法市場であるために、「劣悪」な商品の供給は、市場からも国家からも、事実上、罰せられることは少ない。

第四に、麻薬のように需要者が中毒患者となってしまい、**需要の価格弾力性**が小さくなりがちである商品、すなわち需要曲線が垂直に近い形状の商品については、非合法化によって商品価格が著しく高騰する。米国では、麻薬中毒者

が、高騰した麻薬を購入するための金欲しさから財産犯や強盗殺人を犯す頻度が大きいことが報告されている。麻薬の消費量はそれほど減らず、価格上昇を通じて別種の犯罪を大きく誘発するような一定の条件の下では、麻薬という商品を非合法としておくことは、便益よりも費用の方を大きくする。いいかえれば、犯罪の防止措置がそのまま犯罪の原因となるのである。

　第五に、刑事司法資源が一定であるとき、麻薬密売人を捜査する警察官は、他の殺人や傷害、窃盗の犯罪者を捜査する時間と労力をその分断念しなければならず、他の犯罪は増える。これも社会的費用の一つである。

　第六に、非合法化に伴う価格上昇を通じた莫大な収益は、非合法市場を提供する暴力団等の反社会的集団の潤沢な資金源となる。彼らはこれらの資金を元手にして、他の分野の犯罪をより容易に実行できるようになる。

　もちろん、合法化にも、麻薬中毒患者を増やすことになりかねない、特定地域での合法化だと、そこにその商品を求める人々を集結させることになりかねないなどの副作用がありうる。しかし、麻薬が一定程度社会に広まってしまっている国や地域の場合と、そうでない場合とでは事情が異なる可能性があるが、いずれにせよある商品の非合法化を考える際には、その選択がもたらすことになる便益と費用の双方を理論的実証的に見積り、精密に比較衡量をしたうえで政策判断を下すことが適切であることは疑いない。

(2)　犯罪はなぜ悪い

　例えば窃盗や横領、詐欺の場合、被害者の100万円が犯罪者の所得に移転しただけであり、そこだけ見れば便益と費用が一見釣り合っているように見える。何がいけないのだろうか。

　理由の第一は、すでに述べたように**犯罪には費用がかかる**という点である。例えば、窃盗のために犯罪者は、侵入のための道具を調達し、気付かれずに忍び込むための技術を習得し、場合により侵入先の下調べや偵察を行い、多くの時間、労力、金銭を支出しなければならない。仮に100万円が所得移転だとしても、必ず他に純損失が発生する。

　第二は、犯罪を防止するためには、「警報装置」などの**私的防止費用**と、刑事司法に関する**公的防止費用**の両者の支出が必要となる点である。仮に公的防

止費用を支出することを中止するならば、それは実体法としての刑法の定めいかんを問わず、法益侵害を事実上公認することを意味するから、前者の私的防止費用はますます膨大となり、**所有権の保障**が存在する世界よりも、社会はさらに貧しくなる。すなわち、国家が民法や刑法により所有権などの法益を保護しない場合には、ある財や金銭をめぐって犯罪者はそれを手に入れるために労力、時間等を支出するが、それに止まらず、潜在的被害者や社会はそれを犯罪者の手に渡さないために、鉄条網を張り、二重窓とし、厳重な鍵を付けるなどの無駄な支出を強いられたり、さらには財産形成そのもののインセンティブが減退したりすることになるのである。

(3)　「効率的」犯罪は存在するか

　刑法37条1項本文は、自己や他人の生命・財産等に対する現在の非難を避けるために止むを得ずした行為で、生じた害が避けようとした害の程度を超えなかった場合に違法性がなく犯罪が成立しない、という**緊急避難**を規定する。これは、一種の「効率的」犯罪が非犯罪化されている一例と見ることもできる。また、緊急車両が制限速度を超過して運転することは許容されているが、これも、犯罪解決や急病人の救助などという価値を、制限速度を超えて車両を運行する危険よりも高い価値であるとみなして、いわば「効率的」犯罪を非犯罪化していると見ることもできる。このことから、殺人や傷害など、加害行為の利益と侵害価値との比較の余地のない犯罪はともかくとして、一定の軽微な義務違反に対する刑罰についてはむしろ損害賠償法の領域に近づけて非犯罪化し、しかし当該行為の危険性に応じた外部不経済対応分については、過料や課徴金を徴収することに合理性があると考える余地があるだろう（福井秀夫（1999）「行政上の義務履行確保」法学教室226号参照）。

(4)　刑罰の重さと刑罰執行確率をどう組み合わせるか——効率的刑罰とは

　刑罰が自由刑と罰金の二種類である場合について、罰金の負担能力が犯罪者にある限り、罰金の方が自由刑よりも**効率的な刑罰**であることはすでに考察した。では、仮に犯罪者にとって、確実に課される20年の懲役刑と、30分の1の確率で課される死刑とが無差別であるとする。この場合、20年間の懲役刑と、

第6章 犯罪抑止にとって刑罰とは何か

本人に30回に1回の割合で死刑クジが混じるクジを引かせることとは同等である。犯罪の抑止水準は影響を受けず、刑務所の管理費用は不要となる。

あるいは、自由刑である懲役刑や禁固刑の代わりに、犯罪によって生じた社会的費用を償わせるための一種の債務奴隷として犯罪者を拘束し、当該犯罪者が獲得しうる最も高い収益を生む業務に従事させるといったことはなぜ行われないのだろうか。

これらに対するオーソドックスな回答は、そのような刑罰は残虐な刑罰であって憲法の許容するところではないからということになるであろうが、思考実験のため、効率性を阻害する要素があるかどうかに限って考察してみよう。嫌悪感などの国民感情を除けば、このような「効率的」刑罰の問題点は、効率的刑罰の実施に関わる関係者などによる**レント・シーキング**の動機を生み出しかねない点のみであるといえそうである。したがって、犯罪者をより効率的に生み出すために、人為的に刑罰をより積極的に適用しようとする動きが生じたり、逆に刑罰の適用をめぐってそれを回避するために労力や時間を費やそうとする私人の投資が生じるなど、社会の純損失を拡大する可能性がある場合と、違憲の場合を除き、「効率的」刑罰の導入の可能性はもっと議論されてよい。

(5) 損害賠償法と刑法はどう違うのか

損害賠償法も刑法も、一定の外部不経済を内部化しようとする機能を果たす点で連続しているという側面がある。また、通常犯罪行為は当然に不法行為であるといえる。このような観点を踏まえ、刑法の特徴をまとめておこう。

第一は、損害賠償法の遂行当事者は私人たる原告であるが、刑法の訴追遂行当事者は国家機関の一部である警察、検察組織である点である。同じ国家の権能である司法について、裁判所が担う点は同様である。

第二は、損害賠償法では被害者に対する賠償が行われるが、刑法では犯罪者に対する国家による刑罰というペナルティが与えられるという点である。

第三は、損害賠償法では損害の回復が意図されるから、実際上資力がない加害者を被告として賠償請求を行うことには意味がないため、加害行為を抑止するという機能が一定の場合に極端に小さくなるという点である。これに対して刑法では、資力がない犯罪者に対しても自由刑を課することが可能であるため、

民事法では働きにくい犯罪抑止のインセンティブを機能させることが可能である。

　第四は、刑法では、刑事司法担当者に対して法に照らして訴追に邁進することを要求するが、それと両立しない誘引が存在する点である。損害賠償法の場合は被害者自身が自らの損害回復を意図して訴訟遂行を行うため、誘引に矛盾がない。すなわち一部の腐敗国家などでは、賄賂で訴追を免れることは犯罪者にとっても刑事司法担当者にとって合理的であり、賄賂授受の期待刑罰が小さいゆえに、そのような事態は起こりがちとなる。先進諸国でも合法的な取引きは想定できる。警察官や検察官が十分に犯罪の証拠を持っているとき、犯罪者にとって刑罰を受けないことの価値が1,000万円であり、警察官や検察官にとって、当該犯罪者に刑罰を受けさせることによって、組織内で昇進や昇給といった形で得られる利益が300万円の価値を持つとしよう。300万円と1,000万円との間で決まる（直接に金銭授受などなくても）双方に価値のある合法的な取引きによって刑罰執行を行わない選択をすることは、当事者にとって合理的である。立件するかどうかについて警察に裁量があり、また起訴便宜主義によって、有罪の証拠を持ちつつも起訴するかどうかについて検察官が広い裁量を持つ制度の下では、立件しない又は不起訴とする選択肢の行使によって、特に政治的に有力である被疑者に対して大きな貸しを作ることは、捜査当局や担当者にとって合理的な取引きとなりうるのである。

　第五は、刑法が、完全賠償が困難な場合の不法行為法の補完手段たりうる点である。生命や重要な身体機能を奪われるような場合について、それを償うだけの完全賠償の市場を想定することは難しい。これら行為の抑止のためには、当該犯罪行為を抑止するにたる刑罰を用いることが合理的である。

　第六は、仮に完全賠償が可能な場合であっても、被害者にとって非自発的であるために多大な取引費用を発生させる窃盗行為などよりも、市場を通じて当事者が進んで行う取引きを強く保護し、促進するという機能を刑法が果たすことができる点である。すなわち、毀損された利益を回復するだけでなく、権利をそもそも毀損させないようにすることに刑法の意義がある。

　第七は、刑法は、犯罪を抑止するために、犯罪者にとってのネットの期待利益を負にすることができる点である。損害賠償法では、原則として被害者や被

った損害の回復が可能となるだけであるのに加え、損害賠償請求訴訟の提起確率が必ずしも1ではない以上、損害賠償法だけでは、加害行為を十分抑止することはできない。

　もっとも、刑法における期待刑罰の大小に意味があるとしても、**罪刑が均衡**していることには重大な意味がある。すなわち、軽微な犯罪に対しても重大な犯罪に対しても一律に重い刑罰を課すときには、重大犯罪が増大してしまうという副作用が生じる。窃盗も強盗も殺人も、同じく死刑によって償わなければならない刑罰制度の下では、わずかな金を盗んだ者にとっては、さらに強盗を働き、加えて殺人を行うことの刑罰に関する限界費用はそれぞれゼロとなるから、殺人を止める抑止力は働かない。また、1万円の窃盗に対して5年間の懲役で、100万円の窃盗に対しても同じ刑罰なら、より多額の窃盗を行わない理由はない。

　第八は、刑法では、**故意犯**を中心に一定の危険行為の事前抑止を図ろうとしている点である。損害賠償法では、広く**過失**による損害の賠償も対象としている。また、刑法における未遂犯の処罰に当たる仕組みは損害賠償法には存在しない。これも刑法が一定の危険行為を事前抑止しようとしていることに伴う特徴といえる。

2．判例とその解説——犯罪者のインセンティブと刑法

　ここでは犯罪者のインセンティブに特に関係すると思われるいくつかの判例、学説について紹介し、犯罪に関する社会的費用の最小化という命題に照らしてこれらを評価してみよう。

＜判例＞
（罪刑の均衡）
・最高裁大法廷1974年11月6日判決刑集28巻9号393頁（猿払事件判決）
　「刑罰規定が罪刑均衡その他種々の観点からして著しく不合理なものであつて、到底許容しがたいものであるときは、違憲の判断を受けなければならないのである。そして、刑罰規定は、保護法益の性質、行為の態様・結果、刑罰を

必要とする理由、刑罰を法定することによりもたらされる積極的・消極的な効果・影響などの諸々の要因を考慮しつつ、国民の法意識の反映として、国民の代表機関である国会により、歴史的、現実的な社会的基盤に立つて具体的に決定されるものあり、その法定刑は、違反行為が帯びる違法性の大小を考慮して定められるべきものである」

(不能犯・未遂犯)
［方法の不能］
・最高裁1962年3月23日第二小法廷判決刑集16巻3号305頁
　「人体に空気を注射し、いわゆる空気栓塞による殺人は絶対に不可能であるというが、原判決ならびにその是認する第一審判決は、本件のように静脈内に注射された空気の量が致死量以下であっても被注射者の身体的条件その他の事情の如何によっては死の結果発生の危険性が絶対にないとはいえないと判示しており、右判断は、……是認するに十分である」
・大審院1917年9月10日判決刑録23輯998頁
　硫黄粉末を服用させることによって殺人が可能だと考えこれを服用させたが、殺人の方法として絶対不能であるとして殺人未遂の成立を否定
・東京高裁1954年6月16日判決東高刑時報5巻6号236頁
　地中に長く埋没したため爆弾の性能を欠いていた手榴弾の安全装置を外して、殺意を持って人に投げたが、目的とした危険状態を発生する恐れはないとして殺人未遂の成立を否定

［客体の不能］
・大審院1914年7月24日判決刑録20輯1546頁
　通行人から財物を奪取しようとしたが、その通行人が懐中物を所持していなかったにも拘らず、通行人が懐中物を所持することは普通予想できる事実なので、これを奪取しようとする行為はその結果を発生する可能性があるとして、強盗未遂の成立を肯定
・広島高等裁判所1961年7月10日判決高刑集14巻5号310頁
　銃撃を受けて倒れた人に止めを刺そうと、殺意を持って日本刀を突き刺したが、被害者はすでに死亡していた事案。被害者の生死について専門家の見解が分かれるほど微妙な案件で、加害者が被害者の生存を信じていたのに加え、一

第6章　犯罪抑止にとって刑罰とは何か

般人もその死亡を知りえなかったであろうこと、死亡の危険を感じるであろうことは当然であり、行為の性質上、結果発生の危険がないとは言えないとして殺人未遂の成立を肯定

（期待可能性）

・大審院1919年11月21日判決刑集12巻2072頁（第五柏島丸事件）

連絡船の第五柏島丸が、定員の5倍以上の乗客を乗せて航行中、過剰乗船のため船体が傾いて沈没し、多数の死傷者を出した事案。二審裁判所は船長を業務上過失致死罪によって禁固6ヶ月としたが、大審院は、出航時に多数の通勤者が先を争って乗船したのに、取り締まり警察官は出航時間を励行するよう促し、定員超過の点を看過していたことや、船長の再三の注意にも拘らず、船主が採算上の理由のため多数乗客を乗せることを命じていたことなどの事情を考慮して罰金300円に変更

＜解説＞

（罪刑均衡）

猿払事件最高裁判決は、罪刑の適切な均衡について犯罪抑止の効率性改善と矛盾しない論理を展開している。もっとも、膨大な判例の集積の中で重大な結果が重く処罰され、軽微な結果が軽く処罰されるという体系が確立しているかどうかは検証の必要がある。また、刑罰法令に示された罪刑そのものがこのような観点から見て均衡しているかどうかも、精密な検証の意味があるだろう。

（不能犯・未遂犯）

未遂犯を処罰する根拠については、「人の生命が侵害されるまでは、保護のために刑法が介入しえないとするのでは、生命の保護にとって不十分だろう。そこで、犯罪の成立をいわばこうした完成形態以前に繰り上げることが刑事政策的に要請されることになるのである」（山口（2007）265頁）とされる。未遂犯の成立のためには、「犯罪の実行の着手」が要件とされており、実行の着手とはいかなる要件の下に認められるのかが刑法学の世界でも論議されてきている（和田俊憲（2003）「未遂犯」山口厚編『クローズアップ刑法総論』成文堂の問題提起が参考となる）。

一方で、未遂犯と区別される不能犯という概念がある。不能犯とは、既遂を

生じさせることが「不能」であるため、未遂犯の成立が否定されて不可罰とされる場合である。他人を呪い殺せると信じて行ういわゆる「丑の刻参り」などがその例に挙げられる。判例の硫黄粉末を飲ませた例、変質した手榴弾を投げつけた例なども不能犯である。どのような犯罪実現の危険性があるかについては、事前の一般人の認識可能性を基準とし、行為者が認識していた事実を考慮して危険を判断する「**具体的危険説**」や、危険を客観的に判断すべきであるとする「**客観的危険説**」などが講学上論議されている。他に説例としてよく挙げられるのが、それぞれ人がそばにおらず、人が寝ていると誤信して空のベッドに銃弾を打ち込んだ場合、飼い主であると誤信して飼い犬を射殺した場合などである。

現在の判例では、未遂犯と不能犯の区分の基準は必ずしも明らかでなく微妙である。硫黄粉末の殺傷能力が絶対不能である以上、同一人が繰り返し同じことを行っても誰かが殺される危険はないが、変質した手榴弾については、どの程度地中に埋没すれば危険性がなくなる程度に変質するのかは、事情により異なるのに加え、手榴弾を投げつける行為自体は一般的に常に他人を殺傷する危険をもたらしうる。注射針で空気を静脈に注入する行為についても、どの程度空気を注入するかは偶然に依拠して決まることが多いであろうし、そのような行為が繰り返されるのであれば、対象者の生命の危険がもたらされる可能性が高まることも否定できない。空のベッドに銃弾を打ち込む行為、飼い主を殺そうとして飼い犬を射殺する行為についても、行為者にとってはたまたま対象を誤信したのみであって、誤信がない限り人の生命が奪われていた可能性が大きいので、実質的な危険性も大きいといえる。両方とも人が寝ているように見える２台のベッドが並んでおり、加害者が誤信して、実はもう１つのベッドで寝ていたＡを殺そうとして空のベッドに銃弾を撃ち込んだというケースや、暗闇で犬を連れて散歩する飼い主を狙ったつもりで両者の区別がつき難く、飼い主だと思って飼い犬を射殺したケースについては、飼い主の生命の危険はきわめて具体的で切迫していたわけであり未遂犯とすべきだろう。空ベットを撃ったが、隣室にＡが居た場合、そのときたまたまトイレに入っていた場合、別の階に居た場合、車庫や庭に居た場合、帰宅直前だった場合、たまたまその日は宿泊出張中だった場合なども行為の実質的危険性に大差はないが、「一般人の

認識可能性」は一概には決し難く、またそれ自体実質的な危険性とは関係がない。「客観的危険」についても、うえの例ごとの結果発生蓋然性の大きさによってどこまでを不能犯とするのかを決することは容易ではない。犯罪行為の抑止という法と経済学的な観点からは、行為者が**錯誤**に陥ったり、**特殊な因果関係の経路**を辿らなかったとしたら実現されていたであろう結果が、**具体的危険性**を生じせしめるような場合には、**不能犯**とするよりも**未遂犯**として処罰することが、行為者のインセンティブを適切にコントロールするうえで有効である。うえの空ベットの設例はすべて未遂犯とすべきように思われる。

（期待可能性）

　第五柏島丸事件では、労働者が使用者に対して弱い立場にあるために使用者・上司の違法行為を強いる命令を断ることが期待できないことが減刑の理由とされているように見受けられる。しかし、定員超過を行うことがどの程度の危険をもたらすことになるのかについて、もっとも適切に**予測可能**で、現状をも確認しうる立場にいるのは船長であり、仮に使用者が定員超過を命じていたとしても、当該船舶の個別的な危険性の事情を把握できる立場に使用者がいるわけではなく、最も効果的に危険を回避しうるのは、あくまでも現場の判断権者たる船長というべきであろう。この意味で第五柏島丸事件の判決には疑問が残る。

　同様に、強迫によるなど行為者に酷な場合を除き、判断能力のある労働者などが、上司や組織の命により犯罪結果を避ける期待可能性がなかったとするがごとき帰結を安易に認めることは、犯罪の効果的な抑止という観点から疑問であり、期待可能性理論の適用については、厳格な統制が望まれる。

3．法と経済学で考えてみよう

　刑法や刑罰にどのような役割を担わせることとするのが望ましいかについての政策的判断は、必ずしも確立していない。刑法の目的や役割を政策的に十分理由のあるものに明確化していくとともに、特に行為者のインセンティブを適切にコントロールすることによって望ましい結果をもたらそうとするアプローチについては、さらに検討を深める余地が大きいと思われる。特に刑法につい

ては、条文の抜本改正が行われないまま長期間経過し、刑法総論といわれる刑罰適用の一般則については、立法による対応がないまま学説・判例に委ねられる結果となっているが、政策判断を立法で行わないまま、解釈でしのぎ続けることは、予測可能性の点でも望ましいことではない。立法措置による刑法の再編は重要な課題である（八代尚宏・佐伯仁志（2004）対談「経済学と刑法学の対話（上）、（下）」書斎の窓533、534号参照）。

(1) 刑法の目的の明確化

「刑法は、犯罪に係る社会的費用、すなわち犯罪予防費用と犯罪費用の和を最小化することを最大の目的とする」という考え方については、刑事法実務や刑法学説の中で必ずしも普遍的に承認されているわけではない。もっとも現実の判例や刑法学説も、この目的を一切無視しているわけではなく、黙示的にせよ、このような観点を織り込んで判断しているものも多い。しかし、個々の論点について、この観点をより明瞭に認識して解釈を行うことは、解釈論の体系化・精密化に資するとともに、立法による刑事政策をより体系的で、かつ国民にとって有益なものとすることに資するだろう。

(2) 犯罪者のインセンティブコントロールの重視

刑法とそれによる刑罰の適用は、事後に犯罪者を罰するというに止まらず、当該犯罪の要件が満たされるときには処罰を受けることとなることを、潜在的犯罪者に知らしめる重要なメッセージとしての意味も持つ。すなわち潜在的犯罪者は、刑罰の重さやその執行確率と、犯罪による利益とを比較衡量し、犯罪行為の実行の有無を決定する。このような犯罪者の行動原理を前提とし、社会的な費用を最小化するためには、犯罪抑止にふさわしい、罪刑が均衡した刑罰を課さなければならない。さらに、**期待刑罰**の重さ、**刑罰の執行確率**等の政策的決定を通じて、犯罪の抑止に効果的なインセンティブのコントロールの仕組みを刑事法の中に内在させておくことが適切である。

この観点から見ると、未遂犯、不能犯についての判例の扱いや学説の議論の一部は、インセンティブコントロールの点で疑問が残る。例えば、不能犯については、明確に定義を行い、錯誤や因果関係の異常な展開がないときにもたら

されていたであろう実質的に危険な結果の有無に着目して、既遂に至らなかった場合に未遂犯か不能犯かを決する基準を、新たに立法により導入する意義は大きいと思われる。

　ドイツでは、犯罪者の最近の所得を算出し、その所得に処罰日数を乗じた金額を罰金とするという日数罰金が用いられている（佐伯・八代（2004）（下）5頁佐伯発言）。犯罪者の支払い能力の点を捨象すれば、罰金は自由刑よりも効率的な刑罰であることはすでに論じたが、罰金支払い能力の制約を緩和するための「**日数罰金**」制度の導入も有益と思われる。この制度では罰金がインセンティブとして機能し、かつ犯罪者の支払い能力が問題となりにくくなる。犯罪者のインセンティブコントロールとして効率的な手法の一つである。

(3)　損害賠償法と刑法の連続性

　これまでは、損害賠償法は被害者の救済、刑法は国家による犯罪者の処罰と、役割を截然と独立に把える議論が普遍的であったが、どちらも外部性の内部化措置として連続しているのに加え、刑法が被害者の救済に無関心であることは妥当でないという議論が広く見られるようになっている。現行の刑事訴訟手続きの中では被害者に対する損害賠償を加害者に命じることはできないが、英米では刑事裁判の中で損害賠償を命じ、独仏では附帯私訴として損害賠償請求訴訟を刑事訴訟に併せて提起できるという制度がある（八代・佐伯（2004）（上）4頁佐伯発言）。2006年6月25日付日本経済新聞朝刊1面によれば、法務省は日本でも刑事訴訟で損害賠償請求を可能とする**附帯私訴**を導入する方針を固めた。これまで刑事訴訟と損害賠償請求訴訟とが別立てになっていたことは、証拠調べや審理の重複等で社会的な費用を増大させる結果をもたらしてきた。強大な権限の下に収集された刑事訴訟の証拠等は、被害者の救済を図る有力な武器となるだろう。

　刑事訴追の対象とならなかった被害について、民事訴訟のみで賠償請求を行う被害者と比べて、この場合の被害者が特に有利になるという懸念があるかもしれない。また、刑事裁判における附帯私訴の利用を意図して、被害者から起訴させようとする圧力がかかりやすくなるのではないかという懸念もありうる。

　刑事訴訟手続きで起訴されるべきかどうかと、民事訴訟による被害者救済の

必要性とが一対一で対応するわけではないことは当然としても、刑事訴訟手続きで蓄積された情報は、国民の財産であると見ることができる。なかんずく、被害者救済にこれが利用されることは、刑事訴訟手続きの本来の意図とは矛盾しないのであるから、たまたま集まった刑事訴訟手続きにおける情報が、そのまま民事訴訟の損害賠償請求においても活用されることは常に望ましいことであるといえる。たまたま刑事訴訟手続きとならなかった案件については前提が異なるにすぎず、あえて被害者に不利となるように扱いをそろえる合理性はないと考えられる。

被害者からの起訴を求める圧力が強まるという懸念については、そういう要望に応えて犯罪者に民事上の責任も併せて取らせる方が、犯罪を適切に抑止するという刑事手続きの目的を達成するうえでもさらに効果的であると考えることがむしろ自然であろう。

また、法と経済学で議論される最適な刑罰執行確率を検討することは、起訴に値する証拠が揃っている事件が複数ある場合、それらの中からどの程度選択的に起訴すべきか、という検討ではありえない。それは警察や検察に関する人員・組織などの投入量の決定基準であって、犯罪の嫌疑事実の証拠を収集しえた事件について、最適刑罰執行確率をもたらすように起訴すべき案件を絞ったり広げたりすることは、法の下の平等に反するのみならず、刑罰の確実性をもたらしうる事件を放置するにほかならず、資源投入の効率性と矛盾する考え方だろう。嫌疑が十分な犯罪については、原則として起訴すべきであるし、被害者の要望がある場合にはなおさらそうすることこそ、法治主義国家における刑事法のあるべき運用だろう。同様の意味で、現在検察官には有罪の証拠を把握していても起訴しないことができるという**起訴便宜主義**の広範な裁量が与えられているが、これも犯罪抑止の実を挙げるうえで適切を欠き、不公平である場合が多いと思われる。一定の重大な犯罪類型については、むしろ**起訴法定主義**への転換が望ましい。

なお、法の執行にインセンティブを与える見地から、一種の「**賞金稼ぎ**」の原理によって訴追の手助けを民間に委ねるというアイディアは決して荒唐無稽ではない（フリードマン（1999）407～410頁）。国家の管理の下に民間人が一定の刑事訴追の役割を担い、被害者から損害賠償請求権を買い取り、犯罪者の

第6章　犯罪抑止にとって刑罰とは何か

発見、逮捕、訴追等を経て、自らの報酬を含めて犯罪者からの支払いを得るという仕組みの原型は、様々なバリエーションの下に現代にも応用可能な要素を含んでいる。

(4)　計画的犯罪と衝動的犯罪

　一般的に、計画的犯罪の方が衝動的犯罪よりも重く処罰される傾向がある。計画的に犯罪を実行する場合の方が冷酷であり、重い処罰に値するという考え方が前提にあると思われるが、実は**計画的犯罪者**の方が期待刑罰に対してより敏感に反応する一方、**衝動的犯罪者**に同じだけの犯罪抑止のインセンティブを与えるためには、より重い刑罰によるコントロールが必要であるという考え方も成り立ちうるように思われる（八代・佐伯（2004）（上）7～8頁、八代発言参照）。少年犯罪についても、現在は成人犯罪と比べて刑罰が軽くなるが、仮に少年の場合は刑罰や良心の呵責という将来の負担に対する**割引率**が大きいから犯罪に走りやすい、という考え方を基礎としているなら、なおさら将来の負担についての高い割引率を相殺するため、刑罰を引き上げなければ犯罪抑止のインセンティブが生じない。少年は社会復帰の可能性が大きいことも根拠とされるが、これについては、自由刑よりも罰金刑（確実な担保措置の下での将来の支払いもありうる）を中心とすることで対処できる。

　また、逮捕後や公判になってから「**反省の態度**」を真摯に示したり、被害者に対する損害賠償の支払い意思を示していたりする場合には、執行猶予が付いたり、刑が減刑されることが多い。これも計画的犯罪が重く処罰されることのちょうど裏返しであり、「反省の態度」（に見えること）が刑罰を軽くする重要な要素となることが判明しているとき、むしろ「冷酷で合理的」な犯罪者は「反省の態度」を真摯に演出するために多大な労力を注ぎ込むだろう。そのような演出の才覚すらない犯罪者の方が不利益に扱われることが果たして公正だろうか。十分な犯罪の抑止が可能となるだろうか。

　事後の反省の態度は、被害者への損害賠償が完全に終っているかどうかなど、口先や演技の影響なく客観的に判断できる事情のみを考慮するに止めるべきだろう。

(5) 非犯罪化の可能性

　いわゆる**被害者なき犯罪**については、その取締りによる社会的コストが、事情によっては無視できないレベルに達する。犯罪とされる領域を現在のまま維持することが、様々な社会的費用を差し引きしてもなお、社会に利益をもたらすといえるかどうかについて、犯罪類型ごとに再検討が必要だろう。

　また、行政法規違反の場合に課される刑罰、いわゆる行政刑罰については、多くの場合ほとんど機能していないといわれる。行政法規違反については、むしろ所管行政庁に情報や法令解釈のノウハウが備わり、事実認定も容易であることに鑑みると、違反の是正を**実効性**のない刑罰で機械的に担保するという立法の慣行自体を抜本的に見直す余地があると思われる。**非犯罪化**して、行政庁による**外部性の内部化措置**としての**反則金**、**課徴金**などに転換していく方が、**実効性確保**による効率性増大と公正の担保の双方の点で妥当だろう。

(6) 責任無能力者による加害行為

　責任無能力者による加害行為は刑罰による処罰の対象とならない。刑罰が行為者のインセンティブをコントロールして犯罪を抑止する手段であることを前提とするならば、刑罰が行為の抑止力とならない責任無能力者について、刑罰による加害行為の抑止が成り立たない点は、理論的にそのとおりである。しかし、だからといって、責任無能力者による加害行為が放置されてよいわけではなく、犯罪に該当することとなるような加害行為は、誰によってなされようとも、被害者や社会にとって有害であることに変わりはない。これを抑止することは社会の重要な目標とされなければならないだろう。現在、責任無能力者の処遇については、医療の領域に閉じ込められてしまい、再度の加害行為の抑止について十分な担保措置がなされていないことに伴う問題が、折に触れ指摘される。刑罰がインセンティブとして機能しない責任無能力者による加害行為の抑止という独立の重要な問題に対する対処として、一定の身体的拘束・保護監察など、潜在的被害者を加害から守るための効率的で人権にも配慮した実効性のある体系的仕組みを構築すべきだろう。

第6章　犯罪抑止にとって刑罰とは何か　　　　153

4．回答骨子

(1) 刑法は、刑罰により犯罪者のインセンティブをコントロールし、犯罪による社会的費用を最小化することを目的とする。

(2) 損害賠償法では、私人のイニシャティブによって被害者への賠償が図られ、刑法では、国家のイニシャティブによって犯罪者へのペナルティが課される。それぞれ独自の意義があるものの、外部性の内部化という点で両者の性格は連続している。

(3) 一般的には刑罰を重くすること、刑罰の執行確率を高めることは、どちらも犯罪を減らす効果を持つ。しかし、軽微な犯罪を重い刑罰によって処断することはかえって犯罪の重大化を招くので、罪刑の均衡が必要である。

(4) 衝動的犯罪や少年犯罪が、計画的犯罪や成人犯罪と比べて軽く処罰されることは、これらの類型の犯罪を抑止するうえで十分なインセンティブとなっていない可能性がある。

(5) 完全な責任無能力者などを除いて、犯罪者には多かれ少なかれ刑罰により犯罪を思い止まるインセンティブがもたらされる傾向があることを否定できない。その程度も見極めて刑事罰の仕組みを設計することは、社会的費用を最小化するうえで効果的である。完全な責任無能力者などについては、加害行為による被害を防ぐ観点から、刑罰とは別途の身体的拘束など、より効果的な仕組みの構築が必要である。

(謝辞)
安藤至大、安念潤司、太田勝造、久米良昭、島田聡一郎、玉井克哉、八代尚宏の各氏からいただいた詳細・有益な教示に感謝申し上げる。

第7章 企業規律に責任を持つのは誰か
会社法の経済分析

設例
　近年、企業の敵対的買収をめぐる話題に事欠かない。新株予約権、第三者割り当て増資などをめぐって買収側と被買収側の攻防が頻繁に行われるが、これを契機に、会社のあるべき姿や会社法の規律の意味がにわかにクローズアップされつつある。
(1) 会社、特に典型的形態である株式会社は何のために存在するのだろうか。
(2) 会社法とは、何をどういう理由によって規律しているのだろうか。
(3) 会社法に多数存在する、当事者が異なる合意をすることを許さない規定（強行規定）の規律は、どの範囲でどの程度必要なのだろうか。
(4) 企業買収をめぐる法的規律の基準はどのように設定すべきだろうか。
(5) 会社支配をめぐる対立がある場合の新株発行等について、会社支配権を維持強化するのが主要な目的（支配目的）である場合に株式発行を不公正発行とする、いわゆる「主要目的ルール」をどのように評価すべきか。

第7章で使う経済学 契約理論と不法行為理論の狭間

　会社法は、株主相互間の利害調整、株主とその委託を受けた執行機関との間の利害調整、会社と不法行為債権者や契約債権者との間の利害調整という大きく3つの場面を規律することを目的としている。しかし、不法行為債権者との関係を除いて、それぞれの場面で想定される法的関係は、当事者の数の多寡に違いはあるものの、特定の当事者相互の関係であって、事前に当事者の間で何らかの交渉が存在することが当然の前提となっていることを加味すると、これらの規律の各場面において、どの程度当事者による自主的な解決が功を奏することが可能か、という考察を抜きにして、会社法の規律を適切に考察することはできない。また、当事者による解決が成功するためには、当事者間の交渉が容易に可能であり、交渉によって何らかの望ましい状態への移行が図られなければならない。

　取引費用の多額を前提とする会社法による画一的な規律については、そこで想定される諸利害調整場面が、当事者の交渉が容易には成立しがたい取引費用の相対的に大きいと想定される場面であるのかどうか、をまず考察することが、規律の意味を検証するうえで不可欠である。この点も、コースの定理（マンキュー282〜287頁）の端的な応用であると考えることができる。

　株主と執行機関との利害調整は、**プリンシパル**（依頼人）と**エージェント**（代理人）との間で発生する**モラルハザード**（倫理の欠如）の解決問題であるともいえる（マンキュー653〜655頁）。

　また、企業の買収に関する規律については適用事例が増えている。様々な制度改正もなされているが、法と経済学の観点から特に重要であるのは、会社の価値を最大化できるような株主構成への移行が、いかに迅速かつ安価に可能となるのか、という基準である。この観点からは、会社支配権の移転はそれが会社価値を向上させるものである限り、促進されることが望ましい。経済組織としての会社の活力をもたらす法解釈と立法のあり方という観点からの分析によって判明する事柄は多い。

1. 背景説明および法と経済の理論

　ここでは会社の存在理由、会社法の意義、企業買収をめぐる近年の話題などについて、会社の典型的形態である株式会社を中心として考察してみよう。

(1)　会社と会社法の意味

　「株式会社とは、資金を集めて事業を行うことをサポートするために法が用意した形態（法的仕組み）の１つである」（神田秀樹（2006）『会社法入門』岩波新書２頁）。株式会社形態の特質は、①出資者による所有、②法人格の具備、③出資者の有限責任、④出資者と業務執行者との分離、⑤出資持分の譲渡性の５つであるとされる（神田（2006）４～11頁）。資金調達の容易化により規模の経済を追求できるとともに、取引きに当たっては、個別の出資者との契約を積み重ねるよりも、一つの法人格にまとまった株式会社と交渉することで**取引費用**を両当事者が大幅に節約できる。

　会社法とは、「会社をめぐる関係者の利害を調整する一群の法的ルール」（柳川範之・藤田友敬（1998）「会社法の経済分析」三輪・神田・柳川編『会社法の経済学』東京大学出版会４頁）である。会社法は、(1)株主間の利害調整の場面、(2)株主と会社債権者との利害調整の場面、(3)株主と経営者（業務執行者）との利害調整の場面の主として３場面についてルールを設けている（神田（2006）100～109頁参照）。株主間の利害調整としては、**多数株主**と**少数株主**との間での利害の対立がある場合、主として**少数株主保護**の観点から調整ルールが設けられている。株主と債権者との間の利害調整についても株主有限責任の原則（会社法・以下引用部分で「法」という・104条）、剰余金の分配規制（法461条）、取締役の第三者に対する損害賠償責任（法429条）、**法人格否認の法理**（最高裁1969年２月27日第一小法廷判決民集23巻２号5111頁）などの規律がある。株主と経営者の利害調整については、取締役は会社に対して善良な管理者の**注意義務**を負う（民法644条）のに加え、**忠実義務**（法355条）が課され、会社と取締役との利益相反行為についても規制が課されている（法356条）。

図1　完備契約と不完備契約

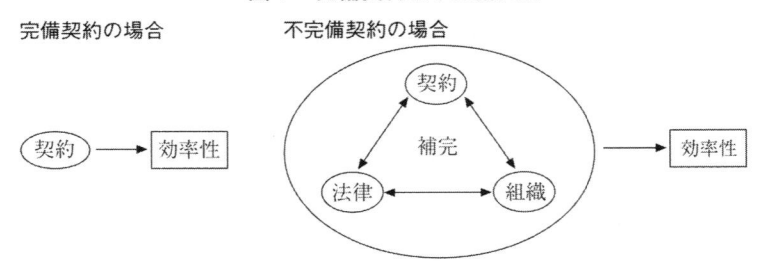

完備契約の場合　　　不完備契約の場合

契約 → 効率性

契約／補完／法律／組織 → 効率性

出典）柳川範之（2000）『契約と組織の経済学』東洋経済新報社、84頁。

(2) 不完備契約論からみた会社法

　株式会社をはじめ、企業組織について、出資者が契約により、それぞれの権利義務関係を自由に定めるとき、何か支障が生じるだろうか。企業と債権者との関係においても、債権の保全のために必要な措置を契約で取り決めることによってリスクを避けるなら、十分に保護は図られるのではないだろうか。株主と経営者との関係についても、経営者を雇用する際の契約によって、経営者のインセンティブのコントロールや利益相反行為に対するペナルティーを取り決めておくならば、それを越えて法が介入する必然性があるだろうか。

　このような観点を押し進めれば、ほとんどの利害調整場面で、会社法のような企業組織に関する法的ルールが独自に意義を発揮する場面はあまりない、ということになりかねない。利害調整場面について、契約ないし契約の集合体としての当事者の合意が障害なく可能であるなら、あらゆる利害局面について、合理的な解決が事前に取り決められるはずだからである。

　これに対して**不完備契約**の理論では、すべての利害調整場面を想定してその処理をすべて事前に契約に書ききることには限界があるとし、契約が記述できない、又は不十分にしか記述できない場合には、効率的な資源配分が実現できないが、法や組織によりこれを改善する余地があると考える（図1参照）。株主間の利害調整をとっても、多数株主がどのような機会主義的行動を取るのかについて予めすべてのケースを予測し、これに対処するための契約条項を書くことは難しいかもしれない。およそ契約当事者の認識・予測能力には限界があ

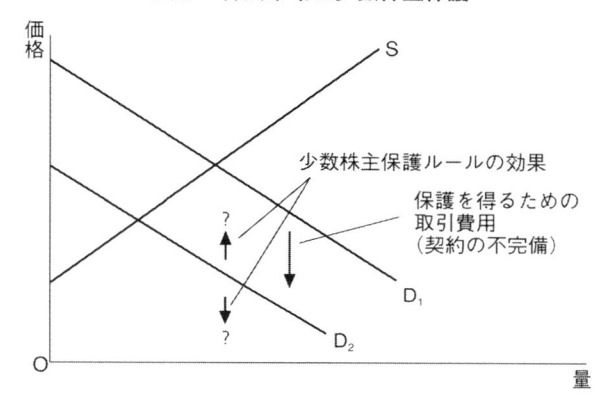

第7章　企業規律に責任を持つのは誰か

図2　株式市場と少数株主保護

（価格を縦軸、量を横軸とする図。供給曲線S、需要曲線D_1および下方シフトしたD_2が描かれている。D_1からD_2への下方シフトが「保護を得るための取引費用（契約の不完備）」を示し、D_2からD_1への上方シフトが「少数株主保護ルールの効果」を示す。）

るかもしれない。仮に当事者の認識・予測能力に問題がなく、一定の起こりうる可能性についての対処が契約に書ききれたとしても、それをエンフォースする際に裁判所が当該条項を正しく解釈し、適切に執行してくれるという保証はないかもしれない。**情報収集コスト**や**契約作成費用**、契約の**エンフォースメント費用**などを勘案すると、契約が不完備な場合には**取引費用**が多額に上る。

　図2により、少数株主保護について、ルールの有無による株式市場の変化を見てみよう。少数株主保護に関する取決めを行うための取引費用が存在しない場合、すなわちこの側面に関する契約が完備である場合の株式需要曲線をD_1とする。実際には契約が不完備なために適切な保護を得るための取引費用が一定程度発生するとすれば、その分需要曲線は下方にシフトする。これをD_2とする。これに対して、少数株主保護のための法的ルールを設定することによって取引費用を軽減することができれば、D_2は上方にシフトする可能性がある。法的ルールが契約の不完備を代替し、または補うことによって、少数株主保護を受けるための契約条項が書かれるための費用負担を削減することができる余地があると考えるわけである。

　会社法では、具体的な少数株主保護規定として、**株主平等原則**、営業譲渡や合併に関する株主総会での**不公正な決議の取消権**、**株式の買取請求権**、**株主総会決議無効の訴え**などを置いている。

　しかし、例えば、少数株主を保護しないことが企業運営の効率性に合致する

ことも考えられないわけではない。すなわち、会社の企業価値、言い換えれば株主利益の総和を少しでも上昇させるためには、会社経営に機動性が必要であり、原初的株主としての大株主のみを優遇し、小口株主の出現を阻むことが合理的な場合があるかもしれない。この場合小口株主を保護しないという選択は、現行の少数株主保護規定に抵触する限り不可能であり、一定の大株主のみを集めてそのコントロール下で企業経営を行わせ、これによって**企業価値の最大化**を図るという戦略は取ることができなくなる。少なくとも、少数株主を保護しないことが効率性を向上させる場合があるとしたら、そのような選択肢を一律に禁止する理由があるかどうかは疑わしいといえる。

また、公平の見地からの少数株主保護についても、当初の定款に明確に議決権行使等の意味で少数株主非保護である旨が明記され、これが開示されて購入者の十分な納得の下に株式が流通するなら、株価上昇の利益さえ得られればよいとする小口株主は了解のうえで株式市場に参入するわけであるから、議決権行使等をさせないことをもって不公正であるともいえない。実際上、**会社の支配権**が大口株主に移転することは、会社経営の**運用費用**を引き下げて**企業価値**を高める蓋然性が大きいともいえる。そのような大口株主への**支配権の集中**を促す戦略を一概に否定すべきではないかもしれない。

これに対しては、小口であったとしても、広く少数株主から資金調達を行うことは会社にとってもメリットがある、という批判があるかもしれないが、これも一概にはいえない。そのようなメリットと大株主中心の戦略的経営が行われることによる効率性の向上のメリットのどちらが大きいと見込まれるのかによって、当否は異なる。いずれにせよ、予め立法者がこのような比較衡量の結末について先験的に解答を与えることはできないし、ましてや事後的に裁判官がその場での判断に基づいて当否を決することは困難と考えざるをえないだろう。このような見地からは、実は D_2 は上方にシフトするとは限らず、少数株主保護規定を強行規定として導入することによって、条件次第では下方シフトする可能性も大いにありうるのである。

法109条2項では、**非公開会社**に限って定款で少数株主を差別的に扱うことを認めているが、こうした扱いが**公開会社**ではなぜ許されないのかは明らかではない。

(3) 不完備契約はなぜ発生するのか

　「完備契約」では契約を策定し履行するための取引費用がゼロであることを仮定しているが、厳格な意味での「完備契約」は現実には存在しない。すべての契約は「不完備契約」であるともいえる。また、「契約に書ける」か否かという点についても、契約には様々な種類があり、売買、賃貸借、請負、労働、消費貸借など、契約類型に応じて完備性を整えやすいものと、そうでないものがあり、契約一般の不完備性を論じることに意味があるとはいえない。また、同じ種類の契約であっても、その契約の当事者が同種契約を多数経験し、熟練した者である場合と、例えば不動産の売買契約の買手のように、必ずしも当該契約手続きに精通しているわけではない当事者が含まれる場合とでは、大幅に契約の不完備性の程度と範囲は異なる。このような意味で、不完備契約論は、一定の契約類型の一定の状況においては、一定の「強い」不完備性が発生しうる、という現象についての説明や認識に有用である「認識概念」ではあっても、アプリオリに「不完備契約」であるから法によるルール策定やその強行法規化が必要である、という「道具概念」として直ちに通用させることはできない。当事者の自由な合意に対して、政府や裁判所が不完備契約を根拠として介入するためには、不完備契約一般を議論するだけでは不十分であって、ある一定の契約の特定の不完備部分について、取引費用等の市場の失敗の論拠が存在することを明確にしたうえで、政府や司法のどのような介入によって、何をどのように改善できるのか、という観点からの検証を経なければならないのである。その場合には、およそすべての契約に不完備性があることを踏まえる必要がある。

(4) 「標準書式」としての会社法

　契約が不完備であるとき、法が契約を代替することが効率的になる場合があり、法が契約の不完備に係る部分をカバーするという意味で、「**標準書式**」として会社法は意義を持つという議論がある（柳川・藤田（1998）11～13頁、神田秀樹・藤田友敬（1998）「株式会社法の特質、多様性、変化」三輪・神田・柳川編『会社法の経済学』東京大学出版会など）。株主平等原則、新株発行手続き、取締役の会社・第三者に対する責任などは、「関係当事者が合理的に交

渉したなら合意するであろう」内容として用意されているということになる（神田・藤田（1998）457頁）。望ましい契約条項は、フリーライダーが発生しやすく、**公共財**的側面があるため、法が共通のルールを用意することに意味があるともいわれる。

もっとも、このような意味での情報収集費用や契約条項作成費用について、「**標準書式**」としての法に意味があるとしても、それが例外を許さない**強行規定**でなければならない、とは必ずしもいえない。標準書式としての機能であれば、法がそれを任意規定として提供すればたりる。すなわち、「特段の取決めがない場合には任意規定たる会社法のルールによるものとみなす」と当事者を拘束するのであればともかく、標準書式と異なる約定を結びたいという当事者に対して、それを禁止することを合理化することを、「標準書式論」から正当化することは困難である。政府が一種の公共財として、モデル契約約款を提供するに止めることが「標準書式論」の自然な帰結だろう。

なお、この場合の標準書式としての契約約款は、コースの定理にいう権利の初期配分としての機能を果たすことが見込まれる。したがって、単純に多くの当事者が想定するであろう条項を網羅してそれを策定することは妥当でない。権利の**初期配分**後の権利移転に関して、それがより容易になるように初期権利配分を設定することが適切である。すなわち、異なる権利配分への移行の際の**事後の交渉費用**がより安くなるような**初期権利配分**を選択すべきであるといえる（権利の初期配分のあり方については、担保執行法制における初期権利配分が参考になる。執行妨害者たる占有者に対する権利の買戻しが困難で膨大なコストを発生させてきた廃止前の民法395条短期賃貸借保護や、占有権原の不存在の証明責任を抵当権者に負わせてきた改正前の民事執行法の初期権利配分の誤りについて、本書第5章、福井秀夫・久米良昭（2001）「競売市場における司法の失敗」鈴木・福井・山本・久米編『競売の法と経済学』信山社参照）。

(5) 多数株主と少数株主の利害対立を会社法が調整すべきか

会社内で多数派株主と少数派株主が対立し、多数派株主及びその親族が占める役員に巨額報酬が支払われる一方、利益配当が低く抑えられてきたというケースについては、どのような規律を何によって行うべきだろうか（当該ケース

について柳川・藤田（1998）20～21頁参照）。役員の報酬は定款又は株主総会決議で定めなければならないこととされている（法361条）ので、その限りにおいて上のケースでも多数株主の意思を貫徹させうるが、他方で会社法は少数株主に対する武器も用意している。すなわち、特別利害関係人が議決権を行使し、著しく不当な決議がなされた場合には、決議の取消しの訴えが可能とされている（法831条1項）。また、少数株主が第三者として多数株主たる取締役に対して損害賠償責任を問うことも可能である（法429条）。上のようなケースでは、多数株主が不公正な利益を得ているか否かという観点からの議論も多いが、効率性の観点から見た場合、このような場合において、会社法の規律はどのように正当化できるだろうか。

　少数株主も、多数株主の支配を念頭に置いたうえで自己の意思で株式購入を行っており、事前の選択機会があったといえる。しかし、株式購入の際に多数株主の横暴について十分に予測することは困難だったかもしれない。多数株主の行う権限行使のすべての選択肢について、事前に認識したうえで株式購入の判断をすることは現実的ではなかったかもしれない。その意味で、完全な合理的予測の下での少数株主の地位への参入は、前提として成り立っていなかったのかもしれない。少数株主が常に保護されるという法のコミットメントがあるがゆえに、少数株主にとっての株式投資がより魅力的なものとなり、会社の必要資金が十分に確保されるという好循環がもたらされ、効率性の改善に資しているのかもしれない。

　しかし、これらに対しては、次のような指摘も可能である。例えば、多数株主に対して支払われる巨額報酬は、役員たる多数株主が経営業績を上げるために欠くべからざる重要なインセンティブとして機能しているのかもしれない。少数株主としては配当が低額であることは承知しつつ、しかし卓越した経営陣による業績向上を見込んで主として株価上昇という利益のみを期待しているのかもしれない。仮にそのような事情がなくても、単に多数派株主が少数派株主を搾取するためだけに利益配当の抑制政策を取り続けているのであれば、少数株主に利益がないことが判明したとき以降は、会社が新たな資金調達手段として株式発行を行うことは困難となるかもしれない。だとすると、資金調達の困難性をもたらす根拠のない利益配当抑制を多数派株主が行い続けると考える理

由などないかもしれない。

情報の不完全性により「合理的判断」が当事者にできない場合に、事前に当事者になり代わって、すべての個別ケースの効率性を改善するように「合理的判断」を、博愛的統治者たる政府や国会が一律に行っておくことができる、という想定は本当に成り立つだろうか。むしろ、利益配当について自由な選択肢がある方が、少数株主も含めて利得の増大が図られ、経済効率が高まる場合もありうるだろう。そのような様々な契約形態が許されていないことによって、当事者は潜在的な効率的選択肢を学習する機会を奪われていることにもなり、余計に社会全体が貧しくなっていると考える余地もあるのである。さらに、少数株主を極端に「搾取」する定款の下で、株価が下がるという予測が成り立つとき、多数株主は自らも利益を失うわけであるから、そのようなコミットメントを行う理由は乏しいともいえる。

すなわち、事前に法が契約類型や個別の事情を一切無視して、一律に**強行規定**として**少数株主保護**ルールを設けておくことは、個別の契約によって効率性を改善する機会を放棄させているかもしれないし、仮に少数株主保護というお題目のみ法が定め、具体的な認定はすべて事後的な裁判官の判定に委ねることとするならば、法解釈の専門家である裁判官に、すべての個別ケースについて、公平のみならず、企業運営に関する効率性の判断能力までもが備わっていなければならないことになるが、このような想定は成り立ち難いと思われる。少なくとも、原初的会社定款の作成段階で、原初的株主による合理的な判断の帰結として、効率性に資する少数株主保護を定款に定めることに特別な困難があるとはいえない。

なお、事後的ルールとして米国の会社法が参考になる。米国では日本と同様の少数株主保護規定は存在せず、少数株主保護は多数株主の少数株主に対する**忠実義務**によって規律される。併せて取締役の**忠実義務**に関するルールによっても規律される（神田・藤田（1998）471頁）。前者の行使については、事後的に少数株主が多数株主の忠実義務違反を理由として損害賠償請求をすることになるが、利害関係が同じである多数者を代表して特定人が訴訟を起こすことができる、いわゆる**クラスアクション制度**が米国には存在するため、このような訴訟形態は多くの**取引費用**を要しない。日本ではクラスアクションが存在しな

いため、同様の訴訟が事実上履行困難となっている。このような状況について、日本にクラスアクションがない以上現行会社法の少数株主保護規定は合理的なものであると考えるか、日本にクラスアクションがないことは取引費用を増大させており非効率であるから同様の制度を導入して日本の会社法の少数株主保護規定を緩和する方向に政策を転換すべきだと考えるか、という正反対の方向があるが、中長期的には後者の方向が会社の法政策として正道であると思われる。

(6) 会社支配権の移転は悪か——企業買収の是非

敵対的買収など支配権移転をめぐる紛争処理の基準として、「**企業価値**」を向上させるか否かという基準が唱えられる（2005年5月27日経済産業省・法務省「企業価値・株主共同の利益の確保又は向上のための買収防衛策に関する指針」など）。その基準は、既存経営者の下での企業価値というべきであり、**敵対的買収**を招いたのは、長期にわたる**株価低迷**であったといえる（胥鵬（2006）「敵対的買収と企業価値」資本市場251号）。

小口・零細株主にとっての情報収集コストの高額化、合理的無関心、フリーライダーの出現などによって、株主総会は形骸化しがちとなる。また、取締役会の監督機能も、株主総会の形骸化を前提とすると期待し難い。しかし、会社支配権が大株主の下にある場合には、これらの問題は解消されやすくなる。敵対的買収とは、大株主の出現を促す手続きでもあって、**会社支配権の市場**は、株主総会や取締役会の機能不全を補う意味合いを持っているということもできる。このような意味で、企業価値の向上は、会社支配権の移転を促進することによってもたらされる可能性が大きい。この観点からは、事後的な買収防衛策の発動は会社支配権の移転を妨げることから、一般的に奨励されるべきものではないことになる。

これに関連して、新株を発行する際には、**既存株主**との利害調整が常に問題になる。すなわち、新株発行の価額及びその量によっては、既存株主の議決権割合が低下するとともに、既存株式価値自体の低下がもたらされるため、既存株主の利益を保護するためには何らかのルールの設定が必要であると考えられている。理論的に考えられる事前ルールは三つある（神田（2006）118～121頁、

神田秀樹（2007）『会社法［第９版］』弘文堂120～123頁参照）。第一は、新株は、既存株主に対して、その持ち株割合に比例して発行することだけを認めるルールである。第二は、経済損失を防止するため、既存株主以外の者に新株を発行する場合には、既存株主に損失を与えない払い込み金額で新株発行を行わなければならないとするルールである。第三は、既存株主の利益を害する新株発行は既存株主自身がそれを行うべきか否かを決定することとするルールである。これらは事前の規制であるが、米国の会社法では、取締役の義務や多数株主の少数株主に対する**忠実義務**の問題として事後に裁判所が違反を判断するというルールとなっており、これも含めると四つのルールがある。

　日本の会社法では、非公開会社については第一ルールを原則として、第三ルールを併用している。既存株主が新株割り当てを受ける権利を持つのが原則だが、新株発行に当たっては株主総会の特別決議でこれを排除することができることとされている。非公開会社で既存株主の割り当て権を排除した場合と公開会社の場合については、第二ルールと第三ルールを組み合わせることとしている。既存株主以外に対する新株発行は「公正な払込み金額」で行わなければならないが、第三者に対する「特に有利な」払込み金額での新株発行も株主総会の特別決議によれば行うことができる。しかしこの場合、持ち株比率の著しい低下を防ぐため、公開会社では授権株式数を発行済み株式総数の４倍までに限るというルールが採用されている。

　しかし、これらの規律について、会社法で想定されているパッケージごとに一定のルールを強制的に割り当てる合理性があるかどうかについては検証の必要がありそうである。また、米国会社法のような事後的な忠実義務の適用のみによって、ぶれないで効率的かつ公正な判断が可能であると想定することもまた楽観的にすぎるように思われる。

　「有利発行」の基準は必ずしも明確ではない。判例では様々な考え方が示されているが、基本的視点としては**会社支配権の移転を促進**する株式発行といえるかどうかが、**企業買収防衛**に関する**新株発行の是非**を判断する重要な要素といえる。

(7) 会社債権者の保護をどう図るか

株式会社が十分な株主出資財産を持たない場合に金融機関が多額の貸付を会社に対して行うと、事業が破綻した場合に金融機関が債権を回収できなくなる。また、株主と経営者がリスクの高い投機的事業を債権者の負担の下に実施することが可能となってしまう。このため、会社債権者の保護を会社法によって適切に図ることが必要であるともいわれる（小林秀之・神田秀樹（1986）『「法と経済学」入門』弘文堂161～174頁、金本良嗣・藤田友敬（1998）「株主の有限責任と債権者保護」三輪ほか編『会社法の経済学』東京大学出版会参照）。

会社に対する不法行為債権者は別として、金銭消費貸借の債権者などの契約上の会社債権者の場合、消費貸借等の条件としていかなる債権保全手段を講じるのかについて債権者に広い裁量がある。現実に零細企業など会社財産が十分でないと見込まれる場合には、金融機関が貸付に際して企業オーナーなどの**個人保証**を取り付けることが通常である。契約上生じる債務は、その範囲、金額が明確に予想できるため、個人保証のみならず、**弁済保険**への加入を要求するなど、様々な保全手段を必要に応じて講じることができるといってよい。しかるに、新会社法制定前は、設立時の最低資本金制度が置かれていたのに加え、取締役の第三者に対する責任、配当規制などは新会社法でも踏襲されている。取締役の第三者に対する損害賠償責任は、法429条1項で、軽過失の場合を除き、悪意又は重大な過失があった場合にのみ問われる。民法上の原則では、第三者に対して取締役が責任を負うのは不法行為要件を満たす場合に限られるが、会社法では、第三者保護を手厚くするため、別途特別に法的責任を設けたと説明される（神田（2007）222頁）。

しかし、役員等が行う会社経営上の判断が、仮に悪意又は重大な過失に基づき会社債権者に損害を与えることになるとしても、リスクがあるものの、場合により会社債権者に利益を与える結果をもたらすこともありうると思われる。判例上、履行の見込みが少ない取引をした場合、放漫経営の場合などで損害賠償責任が問われている（神田（2007）223頁）。成功確率は低いが巨額の利益を会社にもたらすような場合について、事後の認定により履行見込みが少なかったり、放漫経営であったりするとされる可能性が大きいことは、**経営陣を萎縮**させて、会社の長期的な発展をかえって阻害するかもしれない。このようなリスクとリターンに関する微妙な判断を、特別に法で統制し、いわば裁判官によ

る事後的利益衡量に委ねることが常に会社債権者の保護になるといえるかは疑わしい。契約当事者たる会社債権者については、当該契約の中でそのようなリスクとリターンに関する個別の判断を直接行って、必要に応じて契約を通じた介入をすればたりると考える余地もある。

　配当規制についても、配当を積極的に行うことが、資金調達の便宜にかない、会社をより発展させるうえで意味を持つ場合もありうるだろう。仮に会社債権者として配当を規制したい動機がある場合には、契約の前提として、配当に関する規制を当事者の合意の下に設定すればたりる。会社法の強行規定群が、一定の配当規制のパッケージを、あらゆる会社に対して一律に及ぼすことの合理性は疑わしいといえる。

　なお、いわゆる**ネットワーク外部性**から会社法の強行規定を合理化する議論もある（神田・藤田（1998）459頁）。しかし、望ましい契約規格への統一を促し、あるいは望ましくない契約規格からの離脱が遅れることを理由とした法による強行規定ルールの策定は、仮にそのルールが間違っていた場合には、かえって社会経済的な混乱と非効率を増大させかねないことに留意しなければならない。また、ネットワーク外部性で前提とされる初期投資の大きい電力や通信設備の場合のような「外部性」が、しょせん個別の意思決定にすぎない契約条項について生じる、という想定には相当の無理がありそうである。むしろ標準化されたパターンからの離脱が自由にできる方が、かえって効率性が高まると考えることが自然な想定だろう。

(8) 会社と契約関係にない第三者との法的関係

　株主相互や株主と経営者との関係、契約に基づく会社債権者と会社との関係などは、いずれも当事者の合意に基づいて発生し、当事者の取決めによって利害調整を緻密に行う余地がある。しかし、会社との契約関係が直接にない第三者との関係については、契約法の規律を及ぼすことができないため、利害調整を行うためには、法でこれをルール化するほかないとされる。例えば、会社が行った不法行為の被害者からの損害賠償請求を会社が受ける場合、このような不法行為債権者からの請求を視野に入れた会社財産の確保を十分に行わないことによって、不法行為債権者の犠牲の下に株主や経営者の利益が確保されるこ

とになる、ともいわれる。

　ところが、損害賠償請求を受ける債務者が十分な資力を持たないことによる不法行為債権者の利益の阻害については、債務者が「会社」の場合でなく、個人や会社以外の法人形態の場合でも、事情は同様である。資力のない個人・法人は、「会社」に限らず無数に存在するからである。しかも、一口に会社といっても、会社が不法行為加害者となる蓋然性が高いか否かは、業種・業態・経営陣・立地等、諸条件によって大幅に異なる。例えば衣料品販売業を営む会社とガス器具の設置・販売を営む会社とでは、製造物責任・不法行為責任を問われる可能性や、賠償金額は大幅に異なるだろう。製造過程で環境負荷を発生させる物品の製造業とサービス産業とでは、環境汚染を理由とした損害賠償責任を負う可能性は大きく異なる。同じ業種であったとしても、ブランドイメージを維持するために不法行為責任の発生を極小化しようとする経営陣がいる場合とそうでない場合とでは、不法行為発生のリスクは大幅に異なる。ただ「株式会社」であるというだけの理由で、一律の債権者保護規定を会社法が導入していることは、このような事案の個別性に対応できていない不合理な法規制である蓋然性も大きい。

　要するに、不法行為債権者の保護は、「株式会社」という組織形態に固有の問題ではなく、不法行為法一般の問題として考えなければならない論点であり、会社法が固有の対策を置くことの合理性は明らかではない。すでに自賠責保険、製造物責任保険などで見られるように、不法行為加害者となる蓋然性が高い主体についての不法行為債権者の保護は、個人、会社などの組織形態いかんを問わず、損害保険制度への加入奨励や、加入義務付けによって対処するのが本来の対策というべきであろう。

　なお、会社法では、株主総会の決議取消判決や会社の合併無効判決に対して対世効が与えられている（838条）が、対世効という第三者効を法で規律することは取引費用の削減に端的に資する措置であり、不法行為債権者保護の場合と異なり、合理的であるといえる。

　以上縷々論じてきたように、会社法の膨大な強行規定のそれぞれについて、明確で合理的な存在根拠を与えることは必ずしも容易ではない。個別事情や社会的ニーズを無視して強行規定で会社の様々な利害調整場面を規律することは、

これまで十分な理論的実証的根拠を持って行われてきたともいい難い。現行会社法は、多くの強行規定群を旧法から引き継いでいるが、これらのそれぞれについて強行規定にするメリットが本当にデメリットを上回るものであるかどうかについて、今後厳格な検証を行い、非強行規定の範囲を可能な限り広げていくことは、立法政策の大きな課題といえよう。

2．判例とその解説——企業買収と会社法

　会社法に関する判例の集積は膨大であるが、ここでは株主間の利害調整の場面で近年注目を浴びる企業買収に関わるいくつかの判例を素材として、会社に関する法的規律のあり方を考察してみよう。

＜判例＞
（新株発行の価額）
・東京地裁2004年6月1日決定判時1873号159頁
　企業買収防衛策として株主総会の議を経ずに取締役会が第三者割り当て増資を決議した。本来「特に有利な発行価額」での株式発行については株主総会の特別決議を要することとされていたところ（旧商法280条の第2項、法199条3項・201条1項に相当）、買収側株主がこれに該当するとして新株発行差し止めの仮処分を申し立てた事例についてこれを認容。
　「商法280条ノ第2項にいう『特ニ有利ナル発行価額』とは、公正な発行価額よりも特に低い価額をいうところ」、「公正な発行価額というには、その価額が、原則として、発行価額決定直前の株価に近接していることが必要である」。申立人らは「経営参加や技術提携の要望を有しており、……企業買収を目的として長期的に保有するために株式を取得したものであることが窺われ、本件全証拠を精査しても、不当な肩代わりや投機的な取引を目的として株式を取得したものと認めるに足りる資料はない」

（著しく不公正な方法による株式発行）
・東京地裁1989年7月25日決定判時1317号28頁（いなげや・忠実屋事件）
　「株式会社においてその支配権につき争いがある場合に、従来の株主の持ち

株比率に重大な影響を及ぼすような数の新株が発行され、それが第三者に割り当てられる場合、その新株発行が特定の株主の持株比率を低下させ現経営者の支配権を維持することを主要な目的としてされたものであるときは、その新株発行は不公正発行にあたるというべきであり、また、新株発行の主要な目的が右のところにあるとはいえない場合であっても、その新株発行により特定の株主の持ち株比率が著しく低下されることを認識しつつ新株発行がされた場合は、その新株発行を正当化させるだけの合理的な理由がない限り、その新株発行もまた不公正発行にあたる」

（第三者による新株予約権発行差し止め）

・東京高裁2005年3月23日決定判時1899号56頁（ニッポン放送事件）

　ニッポン放送はフジテレビグループの一員であったが、フジテレビはニッポン放送の経営権を獲得することを目的として**株式公開買い付け**を開始した。ライブドアはこの間、ニッポン放送の大株主となり、ニッポン放送の経営権の争奪を目指したが、ニッポン放送は、取締役会で大量の**新株予約権**をフジテレビに対して発行することを決議した。これが行使された場合、ライブドアの株式保有割合が激減し、フジテレビの株式保有割合が、新株予約権を行使した場合に取得する株式だけで過半数を超えることから、ライブドアは新株予約権発行が、旧商法280条ノ39条第4項が準用する280条ノ10の「著シク不公正ナル方法」による発行であると主張し、新株予約権発行差止めを求める仮処分を申請。地裁はこれを認めたため、ニッポン放送はこれに異議を申し立てたが、地裁は異議を退け仮処分決定を認可する決定を行った。ニッポン放送がこの決定に対して抗告したのが本件。抗告棄却で確定。

　「会社の経営支配権に現に争いが生じている場面において、株式の敵対的買収によって経営支配権を争う特定の株主の持ち株比率を低下させ、現経営者又はこれを支持し事実上の影響力を及ぼしている特定の株主の経営支配権を維持・確保することを主要な目的として新株予約権の発行がされた場合には、原則として商法280条ノ39第4項が準用する280条ノ10にいう『著シク不公正ナル方法』による新株予約権の発行に該当するものと解するのが相当である。

　もっとも、経営支配権の維持・確保を主要な目的とする新株予約権が許されないのは、取締役は会社の所有者たる株主の信認に基礎を置くものであるから、

株主全体の利益の保護という観点から新株予約権の発行を正当化する特段の事情がある場合には、例外的に経営支配権の維持・確保を主要な目的とする発行も不公正発行に該当しないと解すべきである。

　例えば、株式の**敵対的買収者**が、①真に会社経営に参加する意思がないにもかかわらず、ただ株価をつり上げて高値で株式を会社関係者に引き取らせる目的で株式の買収を行っている場合（いわゆる**グリーンメイラー**である場合）、②会社経営を一時的に支配して当該会社の事業経営上必要な知的財産権、ノウハウ、企業秘密情報、主要取引先や顧客等を当該買収者やそのグループ会社等に移譲させるなど、いわゆる焦土化経営を行う目的で株式の買収を行っている場合、③会社経営を支配したのちに、当該会社の資産を当該買収者やそのグループ会社等の債務の担保や弁済原資として流用する予定で株式の買収を行っている場合、④会社経営を一時的に支配して当該会社の事業に当面関係していない不動産、有価証券など高額資産等を売却等処分させ、その処分利益をもって一時的な高配当をさせるかあるいは一時的高配当による株価の急上昇の機会を狙って株式の高値売り抜けをする目的で株式買収を行っている場合など、当該会社を食い物にしようとしている場合には、濫用目的をもって株式を取得した当該敵対買収者は株主として保護するに値しないし、当該敵対的買収者を放置すれば他の株主の利益が損なわれることが明らかであるから、取締役会は、対抗手段として必要性や相当性が認められる限り、経営支配権の維持・確保を主要な目的とする新株予約権の発行を行うことが正当なものとして許されると解すべきである」

　「したがって、現に経営支配権争いが生じている場面において、経営支配権の維持・確保を目的とした新株予約権の発行がされた場合には、原則として、不公正な発行として差止請求が認められるべきであるが、株主全体の利益保護の観点から当該新株予約権発行を正当化する特段の事情があること、具体的には、敵対的買収者が真摯に合理的な経営を目指すものではなく、敵対的買収者による支配権取得が会社に回復し難い損害をもたらす事情があることを会社が疎明、立証した場合には、会社の経営支配権の帰属に影響を及ぼすような新株予約権の発行を差し止めることはできない」

第7章　企業規律に責任を持つのは誰か　　　173

＜解説＞

　これらの判例は、いずれもいわゆる敵対的買収に関する企業支配権の移転の是非が問題とされた事例である。**敵対的買収**を阻止するための新株発行等が、正当な**企業買収防衛策**に該当するか否かが論点となっている。多くは、既存の支配的株主と、新規に会社支配権の掌握を目指す株主との間の利害調整の問題である。法令の根拠を差し当たり除外するとして、「よい買収」と「悪い買収」とを区分する基準は何だろうか。企業価値が株式に化体していることに鑑みれば、株式移転市場においても、そのよし悪しを判断する基準は、株主利益の最大化、すなわち企業価値を向上させるか否かであると考えられる（神田（2006）192〜193頁）。問題は、このような基準が事前の契約の集合体としての会社定款などに、当事者の自発的な合意によって盛り込まれることとなるか否かである。買収防衛策として注目を浴びる会社法上の様々な手段も、原初的株主がそれを株主利益最大化手段として有用であると考えれば、法のルールを待つまでもなく、当初定款で自発的にそれを内在化させる選択をするはずである。逆にその時点の経営陣の延命を図ることに資する買収防衛策などは株主利益の観点から有害であると考え、そのような手段を一切発動せしめないよう経営陣を拘束する定款を策定することも株主の判断でなしうる。

　ニッポン放送事件をはじめ買収防衛策について、政府・民間を上げての大議論がなされたが、いずれの会社も、株主利益の最大化という観点からどのようなルールを盛り込んでおくべきかについて十分な考慮を払うべきである、という課題を突きつけられたわけであり、株主利益を最大化するルールを自らの判断で定款に盛り込むべき責任も大きくなったといえる。ましてや今後新設される会社については、出資者にほかならない原初的株主は多様な買収防衛ルールを考案することも可能なはずである。

　しかし、現実の事件は、判例にも示されているとおり、当初に株主も経営陣も想定しなかった形での企業買収が行われ、当事者自治のルールがこれに対応していなかったのみならず、会社法による買収防衛策の規律には、立法者が予想しない事態についての明確な基準が盛り込まれていなかったために、事後的に司法上の判断を行わざるをえなくなったという事例が多いと考えられる。

　現時点では、企業買収をめぐる諸手段が現実に社会で認知された以上、今後

の企業買収ルールは会社定款で規律することとすればたり、事後的な司法判断は定款に定めたルールを形式的に適用すればたりるという考え方も成り立ちうる。その場合の会社法の役割は、当事者の想定する選択肢のすべてに対応する法的手段を用意することである。

もっとも、これらの判例の事件では、当初の合意や法の想定に欠缺があったと考えれば、裁判所の判断について、企業価値の向上、株主利益の最大化という観点から事後的な次善の策としての評価を行うことは可能である。

東京地決2004年は、取締役会が決定した株式発行価額が株主総会の特別決議を要しない「特に有利な発行価額ではない発行価額」に該当するか否かが争われた事件である（田中亘（2006）『会社法判例百選』30事件解説参照）。決定では、直前の株価や直前半年間の株価などと比べて安すぎるため、株式発行価額は「特に有利な発行価額」であると認定され、買収防衛策としての効力が否定された。企業買収に伴う株式買占めに伴い株価が高騰している最中での株式発行では、基準とすべき株価が株価の操縦や投機を反映したものか、正当な企業価値の向上を反映したものかを区分し、後者に限って正当な価額であるとするのが本決定の趣旨であり、学説も概ねこの区分を支持する。

しかし、外部性や公共投資による歪みの問題がありうる土地投機ならともかく、株式の投機を敵視する考え方を経済学的に正当化することは困難である。逆に正常な企業価値を反映した株価高騰であったとしても、それが市場での売り抜けを目指す投機によることもありうるだろう。結局のところ、投機的株価か否かを論理的に区分することはおよそ不可能であって、きわめて競争的な現実の株式市場で決定された直前の株価を、株式市場での「特に有利な発行価額」の決定基準とせざるをえないように思われる。

東京地決1989年は、買収防衛策として大量の新株を発行したケースについて、資金調達の目的があっても、会社支配権の維持を主要な目的とする株式発行は、「不公正発行」に当たる、といういわゆる**主要目的ルール**」を明示したものである。会社法学説には、資金調達の目的がある限り不公正発行にならないとするもの、反対派株主の持ち株比率が低下し支配関係に影響するときには不公正発行となるとするもの、会社支配権に影響を与える目的での新株発行についても不公正発行とならないとするものなど様々な説がある（吉本健一（2006）

『会社法判例百選』31事件解説参照)。しかし、密室の取締役会で決定される株式発行の主観的目的が「現経営者の支配権を維持すること」であるか否かは、利害関係が一致する少数者の内面の意思が明らかにならなければ判定できない事項であって、これを事後的に論証することは不可能に近い。ありうる客観基準は、反対派株主の持ち株比率の低下という具体的で明確なものと考えざるを得ないと思われる（川濱昇（1987）「株式会社の支配権争奪と取締役の行動の規制（3）」民商法雑誌95巻4号494頁以下参照）。企業価値の向上という観点からも、株式をめぐる支配権の攻防を決定することに関わる株価の基準は、両者対等なものとし、持ち株比率の低下の影響を受けない攻防を促進すべきであるといえる。

　東京高決2005年は、敵対的買収に係る新株予約権発行について、やはり「主要目的ルール」を適用したものであり、グリーンメイラー、焦土化経営、高額資産の売却処分等、正当な新株予約権発行の論拠を具体的に例示した点にも特色がある。

　しかし、グリーンメイラーが、企業価値を高めることとなる買占めの後、株式を高値で関係会社に引き取らせるという想定は合理的ではない。経営陣の生み出す企業価値の方が高ければ関連会社が株式引き取りに応じる必要はない。企業価値を高める内実を伴わないグリーンメイラーが利益を得ることは想定し難いといえる。高額資産の売却についても、真に意味のある企業価値向上策であれば、それが株価に正常に反映するだけのことであって、瞬間風速的な高配当が株式市場で可能になるという想定は荒唐無稽である。本決定のように司法判断を事後の時点で行うとすれば、本来、会社支配権への客観的影響という要素のみを基準とすべきであった。

３．法と経済学で考えてみよう

(1) 法ルールの意味

　会社法の利害調整場面である株主相互間、会社と債権者、株主と経営者といった諸局面を検討すると、仮に法が介入するとしても、多くの場合任意規定としての**標準書式**を定めるに止めることに合理性がある場面が多いと思われる。

会社の意思決定に**対世効**を持たせるといった会社の情報に係る対外的周知などを除いては、当事者の合意が端的に意味を持ち、それを尊重することが効率性を高める場面が多いと考えられるのである。不法行為債権者との関係も、会社法固有の問題でないことはすでに論じたとおりである。

　強行規定には、当事者にとっても社会にとっても合理的でありうる他の取決めを一切許さないという硬直性が常に存在する。強行規定を正当化する場合には、他の一切の選択肢を許さないことによるメリットがデメリットを上回ることの厳格な論証が、個々の規定について必要である。

　通常の関係者であれば他の選択肢を取ることが一切想定されないような極端な事項については、強行規定として定めても差し支えないという議論もありうるが、そのようなルールであれば、なおさら当事者に委ねても自然にそのような取決めがなされるはずであるから、ますます強行規定とする必要性は乏しい。

(2)　当事者が意思決定することの意義

　すべての契約におよそ不完備性が伴う以上、不完備性を理由とした契約への法や司法による介入は直ちには合理化できない。会社に関するルールについて、当事者、法、司法などのうち、誰がどのように責任を持つべきか、を考える際には、個別の意思決定場面における具体的な市場の失敗の存否とその程度をさらに検証していくことが必要である。当事者の合理的意思の欠如や情報収集コストの巨額化などによる契約の不完備性に関する議論は、一般論でなく、当該企業の当該業務状況や利益状況を踏まえて、介入を必然とするほど確実に効率性を改善するものであるかどうかを個別具体的に検証することが必要だろう。市場の失敗対策として介入が必要な場面であるかどうかは、厳密に判定されなければならない。さらに市場の失敗として介入が合理化されうる場合であっても、そのための介入は、市場の失敗の内容と程度に応じた必要十分なものでなければならない。現行の少数株主保護規定や債権者保護規定についても、厳格な必然性の理論的・実証的検証が求められる。当事者の利害に関わる場面に関する限り、当事者による企業価値向上への飽くなき試みのすべてを極力可能にするような枠組みが望ましいことは当然であって、仮にそこに取引費用が発生することがあるとしても、当事者がそれを認識し、自発的にそれを負担したう

えで、別の試みを講じようとするときに、新たな契約自体を禁じる必然性は乏しい。当事者の取引費用の削減策としては、標準書式としての法ルールがあれば十分かもしれない。法で選択肢を制約することは、契約技術の革新を妨げる可能性もある。可能性の小さいものであっても選択は自由とし、典型的な選択肢についてはパッケージとしての**標準書式**を用意するという法のあり方への転換を検討すべき時期にきている。

(3) 取引費用の削減策

標準書式としての会社形態ルールがあまりに複雑になると、検索コストが多大になり、非効率がもたらされるという懸念があるかもしれない。しかし、昨今の目まぐるしい会社法制の変遷に鑑みると、会社はすでに様々な組織規律の変遷にさらされてきているともいえる。利害調整の様々な局面をどう規律するのかについての標準書式パッケージは、典型的パターンを必要に応じて用意し、それぞれごとに明認方法として名称独占の規律を与えることでたりるだろう。例えば、「株式会社その１」、「株式会社その２」などごとに、利害調整ルールのパッケージを定めるとともに、その内容についての公示制度を導入することによって、それ以外の規律があるという誤解が生じないような情報の非対称対策を政府が取ることこそ、推奨されてしかるべきであろう。

(4) 事前のルールと事後のルール

事前のルールとして企業買収防衛策の規律を白地で考えるならば、敵対的買収者をいかに不利に扱う買収防止策も可能であることを事前に明示し、既存株主支配の長期継続をもくろむ選択肢を設けてもよいと思われる。それを不当と考える敵対的買収者は、株式市場に参入しなければよいだけのことである。また、事前のルール設定としても、株式所有権の移転は企業価値の向上を一般的に促進する、という前提の下に、既存経営陣に有利な買収防止策の禁止を掲げる会社があってもよいし、実際、原初的定款では、そのようなルールが大勢を占めることも十分予想できる。

しかし、**事後的なルール**の設定としては、一連の判例が示すように、現経営陣の支配権の維持を目的とする買収防衛策に厳しい対応を取ることには一応の

合理性があると考えられる。その理由付けや基準については再検討の余地はあるものの、株式の流動性を高め株主の大規模化を奨励することは、**企業価値の上昇**、経済の活性化を促す効果を普遍的に持つことが多いといえる。

　なお、会社規律に関連して、従業員などのステイクホルダー（利害関係者）の利益が考慮されてしかるべきであるという議論もあるが、ステイクホルダーの利益を増大させるためには、株価向上をもたらし、企業価値を上昇させる必要があるし、逆に、企業価値上昇のためにはステイクホルダーの利益を適切に増大させることが必要とされるはずであるから、基本的に株主利益の最大化は、ステイクホルダーの利益の適切な増大をも包含していると考えてよい。

4．回答骨子

(1) 会社は大規模な資金調達の便宜を図るための組織形態の1つであり、株主利益の最大化を図ることが会社の存在意義の根幹的部分である。ステイクホルダーの利益もこれによって伸長される。
(2) 会社法の目的は、会社をめぐる様々な利害関係者の調整を図ることである。強行規定としての標準書式を設定することで、当事者の取引費用が低減するともいわれているが、その当否については再検討の余地がある。
(3) 会社の業種、業態、規模、立地、経営陣などによって、会社の規律のあり方は千差万別であって、会社一般に関する強行規定が合理化されるかどうかについては、市場の失敗が発生する限りにおいて、それを是正するために必要十分な手段となっているか、という観点から検証する必要がある。
(4) 本来、当事者の合意を最大限尊重することは、企業価値の向上という効果を発揮するうえで重要である。当事者の合意が明確でない場合の事後的な司法判断等においては、**株式の移転促進、大規模株主の出現促進**という基準で買収防衛策の是非を考えることが適当である。
(5) 「**主要目的ルール**」のような検証の難しい主観的意図を基準とすることは、紛争処理の取引費用を高め、また当事者の脱法行為を促してそのための投資が奨励されるという点で望ましくない。客観的基準として、**会社支配権への影響**という基準で代替させるべきである。

（謝辞）
安念潤司、太田勝造、神田秀樹、胥鵬、鶴田大輔、八代尚宏、柳川範之の各氏からいただいた有益な教示に感謝申し上げる。

第8章 知的財産は有体物と何が違うのか
独占権付与の経済分析

設例
　発明や著作、意匠などは、法により一定期間独占権を与えられ、権利として手厚く保護される。最近では「知財立国」が政府の方針となり、行政、裁判所、自治体をはじめとした諸主体で知財振興が課題とされている。しかし、なぜ知的財産には通常の物の所有権と異なって特殊な規律が必要なのだろうか。例えば、土地の所有権に存続期間はないが、特許権は20年、著作権は50年という有限の存続期間しか与えられていない。
(1) 知財にはなぜ独占権を与えて保護するのだろうか。一切法の保護がないと何が不都合なのだろうか。また、不動産や動産という有体物と知財とでは何が違うのだろうか。
(2) 特許権や著作権の存続期間は権利の種類ごとに一律に定められているのはなぜだろうか。存続期間設定の基準は何か。
(3) 企業に雇用される発明者に対する職務発明報酬について巨額報酬を認める判決が相次いだが、職務発明報酬の基準はどのようなものであるべきだろうか。
(4) 特許を使用した製品が転々流通しても、特許権者がそれぞれの所有者に対して特許の効力を主張することは通常は想定されていないが、これはなぜだろうか（いわゆる消尽理論）

第8章で使う経済学　独占の経済学

　通常独占が非効率であるとされるのは、マンキュー 418〜458頁に論じるとおりである。しかし、発明者や芸術家、著作家に対して政府が与える一定の特許権や著作権などの独占権は、むしろ、政府が独占権を人為的に付与することによって生じさせているものであって、独占がむしろ経済効率を高めると考えられているからである。すなわち、偉大な発明や優れた音楽といった、公表したとたんに公共財となって、フリーライダーを多数生じさせてしまいかねないような知的財産について、政府が何の保護も図らないとすると、偉大な発明や優れた芸術は生み出されにくくなるかもしれない。これらを生み出す活動に報いることは、そのような生産活動を奨励し、その分社会を豊かにすることに貢献することになるだろう。

　このような意味で、知的財産に対する独占権は、いわば社会のために意図された独占であり、発明や芸術を生み出すという人々のインセンティブを適切に喚起するための必要不可欠な措置といえる。しかし、独占の程度や範囲は、これらを強めれば強めるほどよい、とはいえない。なぜならば、独占権の強さや範囲が増大すればするほど、発明や著作がより広く社会に活用され、より社会や個人を豊かにする可能性が小さくなるからである。経済学の第1原理にある通り、人々はこの場面でもトレード・オフに直面するからである。

　効率性の観点から要請される独占に関する決定基準は、独占権の強さと範囲を、社会的限界費用がその社会的限界便益と一致する点まで強め、または広げよ、というものである。知的財産については、最近、国を上げての取組みや、地方自治体の対応も盛んとなっているが、このような明確な原理原則に基づいた緻密な議論は必ずしも一般的に見られるわけではない。知的財産権は、ただ権利保護を強めればよいというわけではなく、それぞれの権利保護の対象となる技術や創作の内容、性格等に応じて、きめ細かな法解釈や立法を行うことが、より知的財産に関する効果を適切に発揮させることにつながる。

　また、第9章でも議論されるように、知的財産権保護のための独占権付与と、競争政策の一環である独禁法の運用とが、一見衝突するかのごとき場面

第8章　知的財産は有体物と何が違うのか　　　　183

も見られる。せっかく知的財産法制が発明等のインセンティブを高めるためにあえて設定した独占権について、単純に競争政策によって、またそれを弱めることとするのは、矛盾した法的措置となりかねない。

いずれにせよ、独占に関する費用と便益を加味した効率性の追求という基準を適切に満たす法解釈と立法が要請されている。

1.　背景説明および法と経済の理論

社会にとって最適な「知財政策」とは何か、ということを、「法と経済学」の観点から原理的・体系的に明らかにし、それを実務に適用していく試みは、未だ緒に就いたばかりである。「発明者や著作者の保護を極力手厚くすべきである」、「知財に不慣れな中小企業を財政支援すべきである」といった一見もっともな議論も広く見られる。

しかし、限られた人的・物的な資源が、ある分野の発明や著作に対して、人為的に集中投入されるならば、他の分野の発明や著作は相対的に減退する。また、当該発明や著作以外の科学技術の進歩や芸術分野の開花は抑制される。特定の発明等の分野を、仮に政府や自治体が指定して助長するならば、後にその分野に将来性がないことが判明した時には、国民が埋没費用を負担することになる。

知財政策とは、経済・社会に有益な科学技術や著作を生み出すことに対して適切な動機付けを与えることであるが、それには法制度の枠組みを整えることが第一義的に重要であって、単純な保護・助成措置の強化は有効ではない。

例えば、特許期間や、著作権期間を延長するならば、発明者・著作者の権利はより強く守られるが、反面その発明や著作が活用されたり、別の新しい技術や著作を生み出す契機となって、より豊かな社会が実現できる可能性を小さくする。発明等が卓越したものであればあるほど、その独占権を強化することに伴う弊害も大きくなる。発明等の動機付けを確保しつつ、独占の弊害を小さくするという**トレード・オフ**を伴う複雑な政策シミュレーションが、法解釈や法制度設計に当たっては不可欠である。

特許紛争の解決にも、**精密性**と**迅速性**のトレード・オフがある。権利確定の

正確を期すほど、紛争処理時間は長期化し、早期解決していれば得られていたであろう経済的利益は失われる。政策の方向は、ひたすら精密性を高めることでも、ひたすら迅速性を高めることでもない。迅速処理で得られる利益から、失われる精密さを差し引いたうえで、最大の社会的な利益をもたらすような紛争処理水準が、行政審判にも、司法裁判にも求められる。

企業内研究者に対する職務発明報酬については、発明者から企業に対しての「**相当な対価**」の請求権が認められており、2005年の改正前特許法の下で高額報酬判決が相次いだ。判例によれば、発明独占権からの企業利益に発明者の貢献度を乗じた額が、「相当の対価」の基準とされ、それは事後的に裁判官が決定する。しかし、現実には発明の大半が利益を生まないのが現実であることに鑑みれば、研究開発や事業化自体に大きな**リスク**がある。それを考慮しない判例基準では、報酬は常に過大に算定されるのに加え、企業がリスクを引き受けて、失敗するかもしれない研究開発や事業化を推進するインセンティブが失われる。裁判所が、技術、産業、経済に関する複雑な専門的交渉の肩代わりを引き受けるうえでの適任の機関といえるのか、という論点も存在する。発明者が気の毒だから正当な報酬を、という情緒的議論は経済社会の豊かさを犠牲にしかねない。

知財政策や知財判例は、これらの複雑な事情を斟酌したうえで、発明や著作の市場が失敗しないような「法と経済学」の考慮を加えた介入であることが求められる（福井秀夫（2004a）「自治体の戦略的知財政策とは何か」ガバナンス61号、同（2005）「自治体知財政策はなぜ必要か」ガバナンス72号）。適切な発明等への動機付けを確保しつつ、明確な権利関係を法に記述し、その設定・取引・履行確保が確実・安価・短期間に実行できるような行政・司法制度を構築していくことが重要となる。

なお、著者が関わる政策研究大学院大学知財プログラムでは、法と経済学による知財分析を柱とした教育・研究を実践している（http://www.grips-ip.jp/）。

(1) 知財保護のディレンマ

特許権にせよ、著作権にせよ、その新規性・独自性に対して独占権が付与されるものであるため、社会に代替物がないにも拘らず、これを人為的に独占さ

図１　独占の非効率

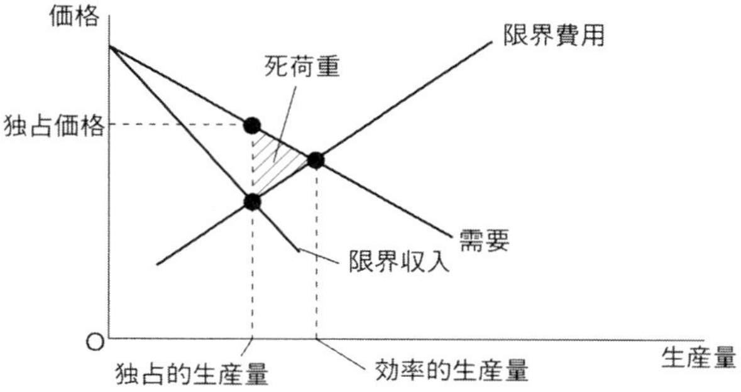
価格
限界費用
死荷重
独占価格
需要
限界収入
O
独占的生産量
効率的生産量
生産量

せることになることに由来して、通常の独占同様、社会的な**死荷重**を発生させる（図１）。

しかし、だからといって、知財に対して独占権を一切付与しない制度の下では、知財への**フリーライド**が容易で、発明や著作を生み出すインセンティブが生じにくいため、死荷重を除いた部分の社会的余剰すら、最初から生じなくなるかもしれない。知財に対する独占権の付与は、独占市場の非効率性を勘案してもなお社会的な余剰を生み出す場合には、常に望ましいことであるといえる。しかし、独占権の範囲と強さの与え方を考えるにあたっては、願わくは、死荷重をできるかぎり小さくし、社会的余剰をできるだけ高めるように仕組むことが望ましい。このことは、いい換えれば発明や著作など知財創出のインセンティブをできるだけ減らさない前提で知財保護の範囲と強さを弱めるべきだということである。保護期間の定めや特許料の徴収などは、**知財保護**の**範囲**と**強さ**を決定する重要な要因である。

(2)　知財は有体物の所有権とどう違う

不動産や宝石の所有権と知財とは何が異なるのだろうか。不動産も宝石も、原則として所有権の存続期間に制約を加えられていないし、相続による承継が可能である。また、不動産や宝石は、所有者が必ずしもその創出に功労があったわけではないが、知財所有者は当該知財を生み出すことに功労があった当人である。功労者に対して、なぜ永遠の所有権を与えないのだろうか。一方で、

なぜ特別な侵害からの救済制度を設けているのだろうか。

この主たる違いの第一は、**代替性**であると考えられる。不動産や宝石などの有体物にも、値の付けようがないほど希少なものがあるかもしれない。しかし、一般的に有体物は、ほとんどの場合程度の差はあっても代替的商品を市場で手に入れることが容易である。

したがって、ある有体物が特定私人に独占されているからといって、それ以降の経済社会の発展にとって決定的な障害となることは通常考えにくい。これに対して、偉大な発明や著作は、その発明が公開されることによって、広く活用されたり、他のより偉大な発明の基盤となったり、応用されて様々な社会経済の利便性、快適性を高める新たな製品を生み出したりするため、発明等が独創的なものであればあるほど、独占に伴う社会経済的な弊害は大きくなる。したがって、代替性が小さく、二次的な活用によって生み出される便益が大きくなる可能性がある知財については、権利を永遠に認めることは望ましくない。

違いの第二は、有体物は単に物的所有権を保護すれば権利侵害を防げるが、知財はいったん公開されると知識や情報のコピーの限界費用がゼロに近く、「**公共財**」の性格を持つことである。したがって、手厚い保護がないと知財は秘匿されてしまう一方、事後的にはそれを早く無料で多くの者が使えることが望ましい。

(3) 独占権の強さと技術・アイデアの流布

特許権に関する独占権は、基本的に存続期間を特許出願日から20年間と定めることによって確保されている（特許法67条1項）。さらに特許権については、特許権登録日から存続期間中毎年特許料を納付しなければならず、特許料は期間の経過に伴って逓増するが、最初は年間2,800円程度、最終的にも8万数千円程度にすぎない（特許法107条）。著作権の保護期間は原則として著作者の死後50年である（著作権法51条2項）。

ここでは差し当たり特許料を捨象して図2により、特許権・著作権等の**最適期間**を考察してみよう。ここでは、特許権・著作権等の存続期間のみによって独占権の強さが調節されるものとする。また、ここで想定される特許権や著作権は、保護期間を超えても利用ニーズがなくならず、価値があるものであると

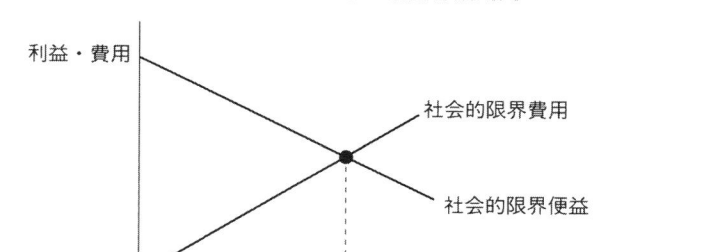

第8章　知的財産は有体物と何が違うのか　　187

図2　特許権・著作権等の最適保護期間

[図：縦軸「利益・費用」、横軸「特許権・著作権等の保護期間（年）」。右上がりの「社会的限界費用」曲線と右下がりの「社会的限界便益」曲線が交差する点がI^*の水準]

する。

　存続期間がゼロ、すなわち知財に独占権を一切付与しないとき、それらは直ちに社会共有の財産になるから、技術や文化の伝播による社会経済の発展が阻害されるという社会的費用は発生しない。しかし、独占権の付与期間が増大するにつれて、その知財を利用していれば発生したであろう新たな発明や著作の利益という機会費用は増大するため、社会的限界費用は増大する。一方、発明者や著作者にとって保護期間がゼロであることは著しく発明や著作のインセンティブを阻害し、知財が生み出される可能性がきわめて小さくなるが、保護期間を設定することで発明等が促されるという社会的便益が発生する。保護期間が増大するにつれて、発明や著作の活動は増大すると見込まれるが、増加の程度は逓減すると考えられるため、保護期間に対して社会的限界便益は右下がりの曲線となる。最適な特許期間・著作期間等は図2ではI^*の水準である。

　一定の割り切りによって、このような最適期間として著作権では50年、特許権では20年が設定されていると考えられるが、実際には発明や著作物は玉石混合であるといってよい。価値のないものが多いと、社会的限界費用曲線の傾きは小さくなるが、社会的限界便益曲線は下方シフトし、最適保護期間がどう変化するかは一概にいえない。これに対して、きわめて価値の高い特許や著作が多いと、それぞれの曲線の傾きの大小とシフトの方向は逆になる。

　また、発明者や著作者の創作活動等に対するインセンティブの発揮の度合いも人によって千差万別である。報酬などなくても発明や芸術著作活動に猛然と励むことが当然だと考え、そのように実践する人もいれば、一定の報酬によっ

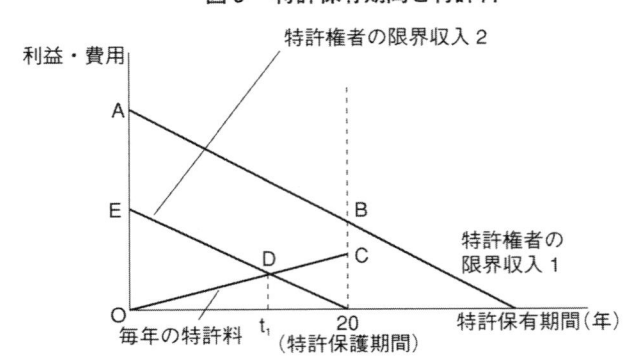

図3　特許保有期間と特許料

て報われない限り、発明・著作活動などをそれ自体目的として行うことには何の興味も示さないという人もいるだろう。前者の場合には社会的限界便益曲線は下方に位置し、逆に後者の場合であれば、社会的限界便益曲線は上方に位置するだろう。

　本来はこのような個別事情に応じて最適な保護期間を設定することが望ましいが、その決定のためには膨大な情報が必要であり、決定コストが極端に高くなるため、一定の割り切りの下に現行法のような、かなり大雑把な独占権が設定されていると理解することができる。

　次に図3により特許保有期間と特許料との関係を考察してみよう。特許が生み出す価値が高い場合を特許権者の限界収入1、低い場合を特許権者の限界収入2とする。また、毎年の特許料は徐々に増大し、20年目で特許の保護期間も毎年の特許料の支払いも消滅するとする。特許の価値が高い場合、特許権者の総収入はAOCBの面積となる。これに対して特許の価値が小さい場合、保護期間の20年いっぱいまで特許を保有し続けると、特許料を勘案すると損失が発生するため、20年未満のt_1年で特許を取り下げることが合理的となる。このとき特許権者の総利得はEODの面積となる。

　北田透（2006）「特許権の存続期間及び登録における特許料に関する経済学的考察」政策研究大学院大学知財プログラム修士論文集 http://www.grips-ip.jp/ip/paper.html によれば、特許の登録後、平均9.47年で特許の自発的な取り下げが行われている。9年目の特許料が26,200円、10年目が87,600円であるこ

第8章　知的財産は有体物と何が違うのか

とを加味すると、平均的な特許はせいぜい年間数万円以内の収入しか生み出していない。また、特許のうち9割以上は、20年の保護期間を待たずに取り下げられている。多くの特許は、図3の「特許権者の限界収入2」のケースであると考えられる。いい換えれば、多くの特許にとって、上限を20年と定める保護期間は、実質的な意味を持っていないのである。これに対して特許の価値が高い「特許権者の限界収入1」のケースでは、保護期間の制約がなければ20年より長期にわたって発明の独占を続けられるはずだが、実際には20年目に強制一般公開がなされ、その後の技術の伝播が容易となっている。

　もっとも、特許権者にとってのインセンティブという観点からみれば、現行の保護期間と特許料の双方を用いた独占権の強さのコントロールの仕組みは必ずしも合理的ではない。特許権者の発明インセンティブは、この場合 AOCB、すなわち特許権者の総利得の大きさに依存すると考えられる。発明のインセンティブが同じであれば、特許が早く社会に還元されるほど望ましい。仮に毎年の特許料を存続期間中ずっとゼロとするならば、インセンティブの大きさである AOCB の大きさを維持するための特許期間は、20年よりもっと短い期間でたりる。同じ発明インセンティブを維持して技術の公開を早めることができるのである。発明の果実を早く社会に還元できるというメリットが発揮できる分、この方が制度設計として望ましい。もっとも、実際には毎年の特許料に行政の事務手数に係る限界費用が含まれているから、その分は控除し、取下げのインセンティブとしてのみ機能している分については、特許期間を存続する以上、ゼロにすることが望ましいということになる。発明インセンティブに影響を与えないかぎり、特許保護期間は短ければ短いほど望ましいのである。

　一方、特許の大部分がいわばジャンク特許であることに鑑みると、実はジャンク特許たる大部分の特許の保護期間の長短はさほど重要ではない。価値の高い少数の特許の保護期間を、発明インセンティブを損なわずにいかに短くできるか、こそが関心事である。

　しかし、特許の価値を発明時点・出願時点で確定することは、発明者本人、特許審査機関のいずれにとっても困難である。発明自体、**技術の新規性**に着目して独占権が与えられる仕組みであり、新規であることと、その新規な技術が収益を生むこととの間に必ずしも論理的関係があるわけではない。大多数が価

値を生まない発明であることを前提としつつも、多数の発明がなされれば、有益な発明の発生確率を一定としてその数を増やすことができるから、発明インセンティブを多数の潜在的発明者に与えることには意味がある。しかし、生み出される発明の価値が予測できない**事前**の段階で一律の保護期間・特許料を設定して発明インセンティブをコントロールしようとするよりも、発明の価値が判明した事後の段階において、発明によって生み出された**利益の多寡に応じた特許料率**を設定することによってインセンティブ・コントロールを行う方が多くの発明への参入を促し、合理的であると考えられる（北田透・福井秀夫による「**累進特許料**」の提案）。

保護期間を設定する以上特許の当初段階の特許料は小さいほど望ましいが、「累進特許料」では、当該特許に係る発明が発明者や特許の使用者に莫大な利益をもたらした場合には、発明に要した研究投資額や一般的な研究投資のリスク負担分を控除した上での利益が一定の額を超えた時点から急激に逓増する特許料を課し、総額で一定の利益を発明者が確保した時点以降は、禁止的な特許料を設定する。これまで効果にばらつきが大きかった保護期間と特許料の組み合わせによる独占権の強弱コントロールよりも、発明者のインセンティブを損なわないだけの利益を発明者に確保しつつ、たまたま大きな価値を生み出した発明を早く社会に還元させ、流通させることを促進するという、特許制度本来の趣旨に合致した効果を達成できる。

生み出す利益が十分大きい発明に限って特許料が高額となり、独占期間は短くなるが、生み出す利益が小さい発明に係る特許については、これを強制的に公開させる必要性が小さい以上独占期間は長くなり、その間小さいなりに利潤を確保できる。知財創出の成功については、いわばギャンブル的な性格を否定することができないが、このような仕組みの下では、結果として生み出された価値に応じて事後的に負担が課されるため、様々なレベルの発明や発明者のそれぞれに対して適切な発明のインセンティブを与える。

なお、特許による独占保護期間後の市場の変化については、例えば先発医薬品と後発（**ジェネリック**）医薬品の価格変化を考察することが参考になる。医薬品の特許期間が切れると、同じ成分であるが、別の名称により当初特許を用いた割安な他社製品（ジェネリック）が多数流通するようになる。図４により

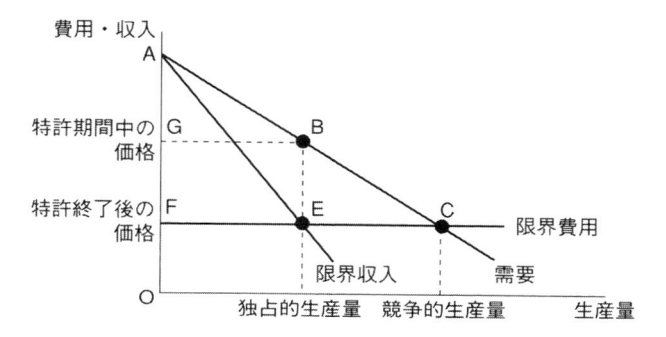

第8章　知的財産は有体物と何が違うのか

図4　医薬品の市場

(図：縦軸「費用・収入」、横軸「生産量」。点A から右下がりの需要曲線がCを通る。点Aから急な傾きの限界収入曲線がEを通って下降。水平線FECが限界費用。点Gは「特許期間中の価格」、点Fは「特許終了後の価格」を示す。独占的生産量はEの真下、競争的生産量はCの真下。)

この理由を考察してみよう。

　多くの医薬品供給は限界費用一定と仮定して差し支えない。特許期間中の先行医薬品の発明企業は限界費用と限界収入が一致する生産量水準を決め、当該独占生産量における需要者の最大値付け額を特許保護期間中の価格とする。特許期間が満了すると、他社のジェネリック医薬品が多数参入し、競争的市場に移行するため特許終了後は限界費用まで価格が低下する。全体として同一効能の医薬品の価格は大幅に下落し、社会的余剰はABEFからACFへと増大、特に消費者余剰はABGからACFへと大幅に増大する。効能の高い医薬品であればあるほど、事後的には競争的価格への移行を極力早い段階で実現することが社会的に望ましく、また移行に伴うタイムラグも短いほど望ましいといえるのである。

（4）　職務発明にどのように報いるか

　職務発明については、2005年改正前の特許法35条により、使用者は常に通常実施権を有する一方、発明者たる従業者は、使用者に特許権を承継させ、専用実施権を設定したときには「**相当の対価**」の支払いを受ける権利を有するとするとともに、その対価の額は、発明により使用者が受けるべき利益の額、その発明がなされるについて使用者が貢献した程度を考慮して定めなければならない旨規定されていた。

　これに対して2005年改正特許法35条では、職務発明に関する対価額の算定に

ついて契約や勤務規則などで自主的に決めることを一定限度で認めるとともに、それらによる対価の支払いが不合理でなければそれにより、不合理な場合や自主的な定めが存在しない場合には従来どおり「相当の対価」を裁判所が定めることとした。また、同条4項で「相当の対価」の考慮要素について、「対価を決定するための基準の策定に際して使用者等と従業者等との間で行われる協議の状況、策定された当該基準の開示の状況、対価の額の算定について行われる従業者等からの意見の聴取の状況等を考慮して、その定めたところにより対価を支払うことが不合理と認められるものであってはならない」と定め、考慮要素を旧法よりも詳細化した。

一方、旧法に基づく多くの判例による「相当の対価」決定や支払額の考え方は、次の考え方によっている。

相当の対価＝発明の独占権から得た企業の利益の額×発明者の貢献度
発明者への支払額＝相当の対価－職務発明規定による企業の支払い済み額

企業と発明者との間で定めた契約や規則などによる支払額は、裁判所が定める「相当の対価」を拘束することは一切できず、裁判所独自の基準による算定額が常に優先される。またこの考え方では、企業が負担する研究開発や事業化のリスク、すなわち必ずしも成功するわけではない多くの研究開発投資やそれらにより生み出される発明に要した費用で、結果的に埋没することとなるものが、利益から控除されていないため、これらを勘案した場合の企業利益と比べて利益が過大となり、過大な「相当の対価」額が算出されることになる（長岡貞男（2004）「研究開発のリスクと職務発明制度」知財管理54巻6号、玉井克哉（2004）「職務発明制度改正法案の検証」知財管理54巻6号が、従来の判決の考え方のリスクに関する企業と発明者との分担のあり方について、この趣旨から批判を加える）。

職務発明報酬の仕組みを考えるに当たっては、発明者個人の発明インセンティブのみを考慮するのではたりず、発明者を雇用する立場にある企業の研究投資等のインセンティブをも勘案しなければならない。企業は、もともと発明者個人と比べるとリスクの負担がしやすい立場にあり、その故にこそ発明者は、企業に所属することによって、個人では不可能な規模の投資を行いつつ、発明に従事できる。リスクは常に企業が負担し、成功した場合の果実は常に発明者

がリスク負担を無視した割合で得ることができるという仕組みの下では、企業の研究開発投資や事業化投資は過少になる。

　また、発明者の発明インセンティブは、報酬のみによって生じるものではなく、研究環境、昇進など様々な複合的な要素にも依存し、民間企業と公的研究機関では発明者のリスクに対する態度も異なる（柴田優子（2006）「職務発明と成果主義に関する考察」政策研究大学院大学知財プログラム修士論文集参照）。これらも加味した適切な発明者へのインセンティブ付与と、企業の研究開発や事業化に対して負のバイアスのかからないインセンティブの付与の双方を両立させる制度の構築が求められている。

(5)　消尽理論

　権利者によって特許製品が譲渡され流通するとき、転々流通した製品にまで特許権の効力が及ぶものと解することは不合理であるとして、そのような場合には特許権は消尽してしまい、権利者が追及することはできないと解するのがいわゆる「消尽理論」である（田村善之（2006）『知的財産法第4版』有斐閣255頁、中山信弘（2000）『工業所有権法（上）特許法［第2版増補版］』弘文堂361頁等参照）。

　例えば、①権利者として国内の一定地域以外での販売を禁止する意図を持って特許生産品を販売するような場合に、当該製品が流通して禁止想定区域内において販売されることを特許権者が禁止できるのかどうか、②レンズ付フィルムについての特許権者以外によるフィルムの交換のように、特許権者が想定しない製品に対する変更が加えられた場合、特許権者がそれを差し止めることができるのかどうか、③外国で権利者やそれと同視しうる者が特許製品を適法に流通させていた場合で、それが国内に並行輸入によって還流するとき、特許権者が差し止めることができるかどうか、などといった場面で「消尽理論」の適用が議論される。追求効がない、すなわち特許権が消尽するとされる場合に差止め等はできないし、消尽しないとされる場合は差止めや損害賠償請求ができる。

　しかし、通常の特許権者の意思を推定するなら、例えば使い捨てカメラであれば、フィルムの交換を、技術的にも特許権者以外が行いにくくすることによ

って、特許製品から一定の利潤を上げるように予め見込んでいるのであり、仮に第三者のフィルム交換行為が自由であれば、使い捨てカメラに関する特許の効力の大部分は無に帰する。

　特許製品に地域限定の意味を持たせる販売戦略を取った発明企業が、限定地域外での製品流通を念頭に置かなかったにも拘らず、そのような場合について常にどこででも自由に特許製品を流通させなければならない、と強制する合理性があるだろうか。

　並行輸入についても例えば著作物たる DVD のような場合には、地域コードの設定などによって実質的に国内への並行輸入による同等品の還流を技術的に阻止することが可能である。思考実験のための想定であるが、音楽 CD についても、海外で流通する正規の音楽 CD が日本国境を越えて国内に還流した途端に音源が消失してしまうような技術が仮にあったとしよう。このような技術によって、実際上「特許権を消尽させない」のと同じ結果をもたらすことができる。それと同じことが現行の法的ルールの下では実現できないと解して、消尽理論を一種の強行法規的に運用することは果たして妥当だろうか。

　実際には、譲渡された特許製品が第三者に転々流通するような場合、当初の譲渡先との間で、使用地域、使用方法、改造などを制限する詳細な特約を結んでおいたとしても、それを転々流通先も含めて担保することは、**取引費用**が高額に上るため難しい可能性が大きいといえる。しかし、何らかの技術的対応又は法による取引費用の低減措置を取ることができるならば、当初に当事者間で消尽の有無等に関して自由に権利を設定し、それを裁判所が保護することは、コースの定理に照らして効率性を改善するという意義がある（消尽理論の**任意規定**的理解については、打越隆敏（2006）「特許制度における消尽理論について」政策研究大学院大学知財プログラム修士論文集が考察を加えている。また、並行輸入に関して、村尾崇（2005）「著作権法による真正品の輸入の制限」政策研究大学院大学知財プログラム修士論文集は、音楽 CD の並行輸入に関して消尽を当然に肯定する議論を批判している）。

2．判例とその解説——知的財産保護のトレードオフ

　ここでは知財保護に関して発生するメリットとデメリットに関わる判例を紹介し、独占権をめぐるトレード・オフの問題ができるだけ顕在化しにくい仕組みを構築するための手掛かりを考察してみよう。

＜判例＞
（特許期間）
・東京地裁1950年11月14日判決行集1巻12号1791頁
　「特許権が無期限に存在するということであれば、相当の年月の経過によつて新規であつた発明も新規ではなくなり、社会一般の常識的知識となつているにも拘わらず、なおこれを自由に利用することができないという結果を生じ、社会の受ける不利益は甚だしく、かつ産業技術水準の向上を阻害し、特許権を認めた趣旨を没却するに至るのである。従つて特許権の存続は、発明者の利益の保護による発明奨励という目的と社会一般の利益及び産業技術の進歩という目的とが矛盾するに至らない限度においてこれを認めることが、必要欠くべからざることである」
　「特許権が消滅するころになつてはじめて社会の注目を浴び、利用しはじめられたというような事情によつて、特許権者は少しも独占権の実質的効果を受けることができなかつたというような場合にも、等しく15年間の期間でその特許権を消滅させることは、発明者に対して極めて気の毒であるのみならず、ひいては発明への意欲を喪失させ、秀れた発明の奨励という目的をも破壊することになるであろう。そこで法は特許権の存続期間を例外的に延長することができる制度を設けたのである。しかし、いうまでもなく、存続期間の延長は必然的に社会一般の利益を害するのであるから、発明者個人の利益保護と社会一般の保護とは、存続期間延長の問題において、衝突をすることになる。従つて特許権存続期間の延長は、その当面の目的を特殊の特許権者に利益を与えるというところにおきながら、やはりこれによつて蒙る社会一般の不利益を放置してまで延長を許すことが産業技術の進歩に貢献する所以であると判断される場合

にのみ許される制度である」

（後発医薬品に関する特許発明の実施）

・最高裁1999年4月16日第二小法廷判決民集53巻4号627頁（膵臓疾患治療剤事件）

「特許権存続期間終了後に特許発明に係る医薬品と有効成分等を同じくする医薬品（以下「後発医薬品」という）を製造して販売することを目的として、その製造につき薬事法14条所定の承認申請をするため、特許権の存続期間中に、特許発明の技術的範囲に属する化学物質又は医薬品を生産し、これを使用して右申請書に添付すべき資料を得るのに必要な試験を行うことは、特許法69条1項にいう『試験又は研究のためにする特許発明の実施』に当たり、特許権の侵害とはならない」

「特許権の存続期間が終了した後は、何人でも自由にその発明を利用することができ、それによって社会一般が広く益されるようにすることが、特許制度の根幹の1つである」「特許法上、右試験が特許法69条1項にいう『試験』に当たらないと解し、特許権存続期間中は右生産等を行えないものとすると、特許権の存続期間が終了した後も、なお相当の期間、第三者が当該発明を自由に利用し得ない結果となる。この結果は、前示特許制度の根幹に反する」

（職務発明報酬）

・東京地裁2004年1月30日判決判事1852号36頁（青色発光ダイオード事件）

青色発光ダイオードに関する職務発明の「相当の対価」を604億円余りと認定したうえで請求額である200億円の支払いを被告に命じた。

「従業者によって職務発明がされた場合、使用者は無償の通常実施権……を取得する。したがって、使用者が当該発明に関する権利を承継することによって受けるべき利益……とは、当該発明を実施して得られる利益ではなく、特許権取得により当該発明を実施する権利を独占することによって得られる利益（独占の利益）と解するのが相当である。ここでいう独占の利益とは、(1)使用者が当該特許発明の実施を他社に許諾している場合には、それによって得られる実施料収入がこれに該当するが、(2)他社に実施許諾していない場合には、特許権の効力として他社に当該特許発明の実施を禁止したことに基づいて使用者があげた利益がこれに該当するというべきである。後者（上記(2)）におい

ては、例えば、使用者が当該発明を実施した製品を製造販売している場合には、他社に対する禁止の効果として、他社に実施許諾をしていた場合に予想される売上高と比較して、これを上回る売上高（以下「超過売上高」という）を得ているとすれば、超過売上高に基づく収益がこれに当たるものというべきである。また、使用者が当該発明自体を実施していないとしても、他社に対して当該発明の実施を禁止した効果として、当該発明の代替技術を実施した製品の販売について使用者が市場において優位な立場を獲得しているなら、それによる超過売上高に基づく利益は、上記独占の利益に該当するものということができる。
(3)他者に実施許諾していない場合については、このほか、仮に他社に実施許諾した場合を想定して、その場合に得られる実施量収入として、独占の利益を算定することも考えられる。

　このようにして、使用者が特許権の取得により当該発明を実施する権利を独占することによって得られる利益（独占の利益）を認定した場合、次に、当該発明がされる経緯において、発明者が果たした役割を、使用者との関係での貢献度として数値化して認定し、これを独占の利益に乗じて、職務発明の相当対価の額を算定することとなる」

・最高裁2003年4月22日第三小法廷判決民集57巻4号477頁（オリンパス事件）

　「勤務規則等に定められた対価は、これが同条［特許法35条］3項、4項所定の相当の対価の一部に当たると解し得ることは格別、それが直ちに相当の対価の全部に当たるとみることはできないのであり、その対価の額が同条4項の趣旨・内容に合致して初めて同条3項、4項所定の相当の対価に当たると解することができる」

　「特許を受ける権利等を使用者等に承継させた従業者等は、当該勤務規則等に、使用者等が従業者等に対して支払うべき対価に関する条項がある場合においても、これによる対価の額が同条4項の規定に従って定められる対価の額に満たないときには、同条3項の規定に基づき、その不足する額に相当する対価の支払いを求めることができる」

(消尽理論)

・最高裁1997年7月1日第三小法廷判決民集51巻6号229頁（BBS 並行輸入事件）

「特許権者又は実施権者が我が国の国内において特許製品を譲渡した場合には、当該特許製品については特許権はその目的を達したものとして消尽し、もはや特許権の効力は、当該特許製品を使用し、譲渡し又は貸し渡す行為等には及ばない」

「我が国の特許権者又はこれと同視し得る者が国外において特許製品を譲渡した場合においては、特許権者は、譲受人に対しては、当該製品について販売先ないし使用地域から我が国を除外する旨を譲受人との間で合意した場合を除き、譲受人から特許製品を譲り受けた第三者及びその後の転得者に対しては、譲受人との間で右の旨を合意した上特許製品にこれを明確に表示した場合を除いて、当該製品について我が国において特許権を行使することは許されない」

・東京地裁2000年8月31日判決特許判例百選［第3版］128頁（写ルンです事件）

「当該特許製品において特許発明の本質的部分を構成する主要な部材を取り除き、これを新たな部材に交換した場合にも、特許権者は、当該製品について特許権を行使することが許されるものと解するのが相当である。けだし、このような場合には、当該製品は、もはや特許権者が譲渡した特許製品と同一の製品ということができないからである。もっとも、特許発明を構成する部材であっても消耗品（例えば、電気機器における電池やフィルターなど）や製品全体と比べて耐用期間の短い一部の部材（例えば、電気機器における電球や水中用機器における防水用パッキングなど）と交換すること、又は損傷を受けた一部の部材を交換することにより製品の修理を行うことによっては、いまだ当初の製品との同一性は失われないものと解すべきである」

・東京高裁2001年11月29日判決判時1779号89頁（アシクロビル事件）

　被告Yらが原告XらのX製剤を購入し、粉砕加工のうえ有効成分を抽出し、それを再度生成してX製剤と同一用途のY製剤を製造販売した事件につき、次のように述べて消尽を肯定。

「Y製剤に含まれるアシクロビルはX製剤に含まれていたアシクロビルそのものであって、アシクロビルについて何らかの化学反応が生じたり、何らかの化学反応によりアシクロビルが新たに生成されたりしたわけではないのであるから、Yの行為についてみると本件特許発明の実施対象であるアシクロビルを

新たに生産したものと評価することはできない」
・知財高等裁判所2006年1月31日判決（キヤノンインクカートリッジ事件）

使用済み特許製品であるインクタンクに注入口を開けてインクを再充填した製品を輸入販売する行為が特許権の侵害に当たるかどうかが争われた事件に関して次のように述べて消尽を否定、侵害を認定。

「（ア）当該成果物が製品としての本来耐用期間を経過してその効用を終えた後に再使用又は再生利用がされた場合（第1類型）、又は、（イ）当該成果物中に特許発明の本質的部分に係る部材が物の構成として存在する場合において、当該部材の全部又は一部につき、第三者により加工又は交換がされたとき（第2類型）には、特許権は消尽せず、特許権者は、当該成果物について特許権に基づく権利行使をすることが許される」

「物を生産する方法に係る発明においては、特許権者又は特許権者から許諾を受けた実施権者が、専ら特許発明に係る方法により物を生産するために用いられる製造機器を譲渡したり、その方法による物の生産に不可欠な原材料等を譲渡したりした場合には、譲受人ないし転得者が当該製造機器ないし原材料等を用いて特許発明に係る方法の使用をして物を生産する行為については、特許権者は特許権に基づく差止請求権等を行使することは許されず、当該製造機器ないし原材料等を用いて生産された物について特許権に基づく権利行使をすることも許されない」

＜解説＞
（特許期間）

東京地判1950年に示された特許期間を独占権の限界を画する手段として位置付ける見解は、法と経済学の考え方に合致している。また、最判1999年については、特許期間終了後の販売を意図していたとしても、特許期間中に業として行われる特許発明の実施行為を行うことは、特許法にいう「試験又は研究のためにする特許発明の実施」の趣旨から逸脱するとして、批判も多い（田村(2006) 271頁など）。しかし、仮に特許法に定める20年の特許期間の設定の趣旨は、期間終了後は発明の分野や種類を問わず、一律にその内容を早期に公開・流通させるという割り切りであると解し、その点に重きを置くならば、た

とえ医薬品の製造承認について相当の期間を要することが通例であるとしても、その期間を特許期間20年に包含させるべきことを法が意図していると解釈することは不可能でないと思われる。

すなわち、発明者に与えるインセンティブとして20年間の独占権の付与という割り切りが仮に必要十分なものであると法が想定しているのであれば、当該期間経過後は極力速やかに発明を無償で社会に流通させることを促進する方が適切であると解釈することは、その趣旨に合致する。その意味で最判1999年の考え方は、特許制度が直面するトレード・オフの解決手法として、一つの合理的な枠組みを示していると考えられる。

(職務発明報酬)

話題となった青色発光ダイオード事件については、その後控訴審段階で和解がなされ、相当の対価の額は大幅な縮減を余儀なくされた。一審判決は、すでに述べたように、企業の負担する様々なリスクを無視している点に重大な問題があると考えられる。また現行法のように、実施権を当然に使用者に帰属させ、当事者の取決めの如何を問わず、裁判所が相当な対価の具体額を改めて算定する仕組みを、**強行規定**により例外なくすべての職務発明に及ぼしていることは、発明者、使用者、さらに発明の果実を得る社会に対して、ありうるより適切な選択肢をすべて禁じることに等しい。この弊害は大きい。

(消尽理論)

消尽理論とは、先験的に特許権の効力を限定する原理原則というよりも、特許権の効果に関する特許権者の意思を合理的に推定するならば、通常の流通によって特許製品が当然に流通先で使用されることは元々特許権者の意図したことであるはずなので、**意思の推定・補完**をする考え方として一定の意義を持つと考えるべきである。逆にいえば、特許製品の変形や並行輸入のように、特許権者が明らかに意図しない現象について、常に特許権の効力が及ばないと解釈しなければならない必然性は乏しい。そのような意味で、消尽理論をあたかも実定法の強行規定のように解して、当事者の意思の推定を超えて、常に事後的に当事者の意思と離れた消尽理論の適用の結末を当てはめてしまうことには慎重であるべきだろう。判例には、必ずしもこのような考え方に立つわけではない理由付けも見られるが、上に掲げた諸判例の結論は、東京高判2001年アシク

ロビル事件を除き、概ね妥当と思われる。

3. 法と経済学で考えてみよう

(1) 知財を利用する権利の独占をめぐるトレード・オフの解決

　特許権にせよ、著作権にせよ、どのような保護期間の設定や権利設定対価の徴収が、どの程度発明や創作活動のインセンティブを左右するのかについては、実証研究の蓄積があるわけではなく、現在の知財に関する独占権の内容も、かなり乱暴な一定の割り切りの下に設定されていると考えて差し支えない。現在の知財独占権に基づく発明者や著作者に対するインセンティブの刺激で得られる利益と、**トレード・オフ**の関係にある技術や著作の伝播・流通の範囲・程度という独占権を強めることによって失われる利益とを差し引きしたとき、それが最大となっているかどうかについての検証もきわめて難しい。

　事前にわからないインセンティブへの影響については、わからない時点でとにかく割り切って一定の設定をしてしまうよりも、事後にわかった情報を活用してより正確なコントロールを試みる方が望ましい。個別の知財の内容、種類、性格等に応じ、特にその知財が生み出す事後的な収益に着目して独占権の強弱の調節を行うことが妥当であると思われる。

　いずれにせよ、知財がかなり低い確率でしか収益を生み出さない以上、事前に成否の見込みを過度に詮索することなく、広く知財創出を奨励することによって、成功する知財の発生確率を高めるともに、事後に収益を生み出す度合いに応じた、知財創出インセンティブを損なわない**累進特許料**を課すことなどによって、知財保護がもたらす独占の弊害を最小化する工夫が求められる。

　なお、事前に独占権の基準を設定する場合、当事者の契約に全面的に委ねても、取引費用が十分小さいときには発明等のリスクを織り込むことができる。それが仮に困難だとしても、法令による一律の割り切りによる独占権基準の設定は、非効率の程度を強める可能性が大きい。

(2) 知財の一般開放に対するインセンティブ付与

　すでに論じてきたように、特許権や著作権などの知財の種類にのみ応じて一

律に同じ独占期間を付与することは、知財の種類を問わず、効率性を大きく損ないかねない。クーター、ユーレン（1997）（太田勝造訳）『新版法と経済学』商事法務研究会173〜175頁が述べるように、主要な発明では保護期間を長期間に、副次的発明では保護期間を短期間にするという特許期間の付与の仕方や、事前判断ではあるものの特許料や更新手数料に重きを置くドイツの手法、現実にはあまり用いられないが、ライセンス強制制度の導入なども、期間のみによる独占権の設定以外の独占権の与え方のバリエーションとして参考になる。

しかし、期間と特許料の組み合わせに関する考察を踏まえるなら、保護期間の設定自体を存続する前提に立つ以上、特許料は事務手数に係る限界費用を超える部分をゼロに引き下げるとともに、そのことによって特許権者に生じる利益を相殺する分だけ保護期間を短縮することが望ましい。

結果として大きな価値を生み出した発明について、20年間にわたってずっと発明者に独占権を享受させるのでなければ元々発明を行わなかったはずだ、と普遍的に言明できるかは疑わしい。死後50年間の著作権の保護期間がなければ、旺盛な創作活動を著作者や芸術家が行わなかっただろうか。古今の著名な著作家・芸術家については、ほとんどそうではなかったと思われる。その一方、20年間の特許保護期間ではとても研究開発投資等の費用が回収できないほど、巨額投資が必要であったという案件も少なくないと思われる。いずれにせよ、このような事情を区分したうえで独占権の範囲と程度を考えることが望ましいが、事前にこれらを判定することが困難である以上、事後的な収益に応じた「累進特許料」等を適切に設定することの意義は大きい。

複数の特許が組み合わさって、それらが一定の製品の売り上げに貢献している場合、どの特許がどれだけの利益に寄与しているかを分離することは困難な場合もあるだろう。この点につき投資額の割合で按分するなどの割り切りをするにせよ、生み出した価値の多寡に応じた特許料の累進的負担は、そもそも多くの「下手な鉄砲」を奨励しないかぎり、大きな獲物を獲得することができないという発明の一般的状況を勘案すれば、多くの関係者が「下手な鉄砲」を撃ち始めるのを促す合理的な手法となる。このことは、仮に**ジャンク特許**であった場合には、それに過度の負担を課すべきではないことと裏腹の関係にある。このような枠組みの下で発明等を促すとともに、その成果を早く広く安く流通

第8章　知的財産は有体物と何が違うのか

させるための工夫を、試行錯誤の下で実践することが望まれる。

(3) 職務発明の果実をどのように大きくするべきか

　旧法、新法を問わず、特許法35条による職務発明報酬の仕組みは、米国のように職務発明報酬をすべて雇用契約で規律する手法と比べて、特定の選択肢を当事者に強制している点で、社会的余剰を小さくしている蓋然性が大きい。また、このような枠組みを前提にするとしても、現在の判例のように、企業の研究開発や事業化のリスクを一切考慮しない「**相当な対価**」の算定アプローチは、発明者の発明インセンティブを高めるが、一方で企業の投資や事業家のインセンティブを大きく損なう効果を持つ。発明者のインセンティブを、報酬のみに着目してコントロールしようとする点にも無理がある。

　企業、発明者ともども、投資や発明のインセンティブを大きくし、職務発明による果実を大きくしていくためには、現行法の解釈として、発明の失敗に関するリスクの負担を「相当の対価」の算式の中に適切に取り入れるとともに、処遇、研究費、研究環境などの金銭的報酬以外の発明者の処遇についても、報酬に換算したうえで「相当の対価」を算定することが必要である。

　しかし本来は、実施権の使用者への帰属、従業員による使用者に対する対価請求権の法令に基づく当然の発生、という現行の強行規定による仕組みを、立法により改変し、**労使の対等な契約**により**職務発明報酬**についてのいかなる取決めも**自由**であるという、米国型制度への転換が、職務発明の果実を大きくするうえでの決め手となるだろう。しばしば、発明者は企業と比べて相対的に弱者であるため、対等な契約は締結し難いという議論が見られるが、重要で画期的な発明を行う力を持つ発明者を弱者であると一律に断じることはできないし、むしろ逆のことも多いだろう。両当事者が完全に納得して合意する以上、様々な契約形態を自由に認めることは、職務発明の果実を大きくする。

　なお、職務発明を当事者の取決めで基準化する場合、発明の利益への寄与分については、投資額や顧客評価等を踏まえた一定の算式を予め取り決め、利益の多寡に応じた累進的な職務発明報酬を事前に合意しておくことも、特許料に関する累進制同様、合理性を持つと考えられる。

(4) 消尽理論の根拠

消尽理論を、当事者の意思を推定する際に意味を持つものと位置付けるならば、特許製品が転々流通することによって特許権が常に消尽すると考える必然性は乏しい。並行輸入に関する最判も述べるとおり、転得者に対して製品流通の地域限定などが公示・明認方法などで明示されているような場合には消尽をさせない、という選択は、並行輸入同様にありうると考えるべきだろう。もっとも、判例に見られる、**同一性を喪失**するときは消尽しないとする要件、効用終了後の再使用・再生使用の場合は消尽しないという要件は、理由付けとして妥当でない。消尽しない理由は**特許権者の合理的意思**に反するという点に尽きるというべきである。特許成分の抽出で同一用途の薬を製造することは消尽しているから許されるという判断は、結論も妥当でないが、理由付けにも同様の批判が妥当する。

消尽を阻止する手段が技術的なものか法的なものか、という違いは、取引費用の低減策としての効果の大きさ等に関わる単なる手段の違いとして勘案すればよく、本質的な相違ではありえない。いずれにせよ、特許権者の意思を踏まえて取引費用を低減させる法的仕組みやその運用は、それ自体奨励されるべきだろう。

(5) 知財に関する法的判断の基本的視点

知財に対する独占権の付与に際しては、発明や著作のインセンティブを損なわない限り、その技術や著作を早く広く公開することを促すのが望ましい。特許期間や特許料の設定、製品の流通などについても、この考え方をできるだけ普遍的に当てはめることが望まれる。

特許権や著作権という独占権を付与した以上、独占権の効力は、極力当事者の意思を最大限尊重する方向で認めることとするのが適切である。

職務発明報酬についても、当事者の自由な雇用契約によって、いかようにも決めうるという仕組みが、最も効率性を高める蓋然性が大きい。強行規定たる現行法の仕組みを維持したり、「相当の対価」を定める判例基準を普遍的に用いることは、弊害が大きいと思われる。

消尽についても、当事者の意思を尊重し、当初に消尽を見込んで値付けをす

るかどうかについての通常の発明者の意思を基準として消尽の有無を判断すべきだろう。事後の特許権の効力の追及のコストを踏まえ、当事者は自ずと合理的な選択を行うはずである。契約の連鎖をどこまでも追及できるような法的な仕組みは、一定の技術によって発明者が想定しない特許製品の変形や地域外流通があった場合に特許製品の機能が発揮できなくなるように対処しておくことと同様の機能を持つ手法であると理解することができるのである。

4．回答骨子

（1）知財に独占権を付与するのは、知的財産を生み出すインセンティブを発揮させるためであるが、独占が強すぎると技術や著作が社会に還元されることを妨げるため、最適な独占権の設定となるように注意を払わなければならない。知財は不動産と異なり、代替性が乏しいなどのため、永久独占には馴染まない。
（2）個別に最適な特許期間や著作権期間を厳密に決めるのは困難なため、それらは一定の割り切りの下に定められている。
（3）職務発明報酬の仕組みで望ましいのは、当事者の労働契約によってそれを自由に決定することであるが、現行法を前提とする場合には、「相当の対価」の算定に当たって、企業のリスクを勘案するとともに、報酬以外の発明者の処遇についても考慮に入れるべきである。
（4）消尽理論については、実定法的根拠が明確なわけではなく、当事者の意思の推定の一つの手段として考えることが適切である。

（謝辞）
安藤至大、太田勝造、岡本薫、久米良昭、玉井克哉、鶴田大輔の各氏からいただいた有益な教示に感謝申し上げる。

第9章 価格戦略は「反競争」的か
独占禁止法の経済分析

設例
　独占禁止法(独禁法)は、公正で自由な競争を促進することを目的として、私的独占や不公正な取引方法を禁圧することなどによって市場に介入する(独禁法・以下引用部分で「法」という・1条)。企業が採る価格戦略は様々な理由を持つが、どのような価格戦略が反競争的であったり、非効率であったりすると考えるべきだろうか。独禁法の解釈や判例を法と経済学の見地から検証してみよう。
(1) 独占はなぜ挫くべき行為なのだろうか。すべての独占を禁圧すべきだろうか。
(2) 競争を促進する観点からの適正な価格とはどのような価格だろうか。不当廉売や再販売価格維持の禁止をもたらす価格の判定基準は何だろうか。
(3) いわゆる不当廉売には、どのような場合にどのように介入することが適切だろうか。
(4) 再販売価格を拘束することは、効率性にどのような影響を与えるのだろうか。

第9章で使う経済学　産業組織論を踏まえた政府の介入

　独占禁止法などの競争政策を理解するうえで、産業組織論を学ぶことは重要な意味を持つ。産業組織論とは、生産物の価格や数量に関する企業決定が、企業が直面する市場条件にどのように依存するのかを分析する学問分野である（マンキュー　358頁）。

　まず前提として、企業の生産費用の構成を理解することは有益である（マンキュー　358～386頁）。企業の総費用を生産量で除したものを平均総費用といい、総費用は固定費用と可変費用の合計である。平均固定費用は、固定費用を生産量で除したものであり、平均可変費用は、可変費用を生産量で除したものである。企業が1単位だけ生産量を増やしたときの総費用の増加分を、**限界費用**という（マンキュー　370～371頁）。

　企業がどのような条件を満たすとき、操業停止をしたり、退出したりするのかについての基準は、マンキュー　388～416頁で考察されている。これらの考察に当たっては、経済学の第3原理「合理的な人々は、限界的な部分で考える」が重要な意味を持つ。

　固定費には、**サンク・コスト**（埋没費用）とそうでないものの双方が含まれる。サンク・コストとは、すでに投下されてしまって回収できない費用のことである。独占の原因となる参入障壁のうち、独占資源や政府による知的財産権の設定などの人為的独占権は、絶対的費用優位性と呼ばれる。参入障壁のうちもう一つは、サンク・コストである。サンク・コストは、研究開発費や広告費を含む。

　例えば、競争政策で問題となることの多い略奪的価格の成立に関する法的判断に当たっては、以上のような企業の生産費用、参入障壁、サンク・コストなどについて正確に理解することが必要不可欠である。また寡占については、実際上競争政策の介入対象となることが特に多い場面である（寡占についてはマンキュー　460～495頁、競争政策における再販売価格維持、略奪価格、抱き合わせ販売に対する政府介入の評価については、マンキュー　484～490頁に詳しい）。価格を固定するカルテル行為は、経済厚生を減少させるため違法とすべきであるが、競争を弱めるように見える一定の商慣習は、一定

の場合合理的であるかもしれない（マンキュー 489頁）。このような競争政策による寡占市場等への介入に関しては、経済学の第7原理「政府は市場のもたらす成果を改善できることもある」の意味するように、政府が失敗する可能性についての現実的な認識を持つことがとりわけ重要である。

　なお、ゲーム理論は、**寡占**のような協調の経済学分析に当たって有用である（マンキュー 470～481頁）。しかし**ゲーム理論**は、一般的な競争市場や独占市場そのものを理解するうえでは必ずしも必要であるわけではない。なぜならば、競争市場では、各企業は市場と比べて非常に小さく、他の企業との戦略的な相互作用が重要でないからであり、独占市場では、市場に1つの企業しか存在しないため、戦略的相互作用がそもそも存在しないからである（マンキュー 471頁）。競争政策の典型的適用場面である寡占のような一部場面では、ゲームを用いて戦略的行動を正確に把握することに一定の意義があるが、法と経済学一般の適用領域から見れば、マンキューが的確に論じるとおり、法が規律する多くの対象領域は、圧倒的に競争市場ないしそれに近似した市場である。しかも、寡占市場自体、常に不安定になりやすいという性質を持つ（キャビア・カルテルの崩壊についてのミラーほか 97～103頁の考察が参考になる）。理論の当てはめの際には、その当てはめの対象たる市場が大まかにはどのような市場であるのかを特定し、その性格に応じた適切な理論を応用しなければならない。競争市場を前提とした理論が十分になじむ分野に対して無理してゲーム理論を適用しても、分析が成功するわけではない。法と経済学を習得することは、市場の場面ごとに、よりふさわしい理論を用いるセンスと技術を習得することでもある。

1．背景説明および法と経済学の理論

(1) 独禁法の規律

　競争の欠落により市場の失敗が発生する場合、これを不完全競争と捉えて効率性の減少を競争政策によって抑止することが正当化されることは広く知られている。競争の促進という趣旨で市場の失敗対策を行うのが独禁法である。独禁法では、事業者が他の事業活動を排除し、または支配することにより公共の

利益に反して一定の取引分野における競争を実質的に制限（「私的独占」・法2条5項）すること、事業者が共同して他の事業者の対価を決定するなど公共の利益に反して一定の取引分野における競争を実質的に制限（「不当な取引制限」・法2条6項）すること、不当な対価の取引や相手方の事業活動を不当に拘束する条件を付けた取引などに該当しかつ公正な競争を阻害する恐れのあるもののうち、公正取引委員会（以下「公取委」という）が指定するもの（「不公正な取引方法」・法2条9項）などを規制する。これら規制対象に該当する場合には、公取委による排除措置、課徴金の納入命令、刑罰、私訴などによって実効性を担保する。

　ここでは、不当な対価をもってする取引の一類型である不当廉売と、相手方の事業活動を不当に拘束する条件をもってする取引である再販売価格拘束（以下「再販拘束」という）について、企業の設定する価格戦略への政府介入のあり方の問題として分析を行う。法の委任を受けた公取委告示の「不公正な取引方法」（以下「一般指定」という）では、不当廉売を「正当な理由がないのに商品又は役務をその供給に要する費用を著しく下回る対価で継続して供給し、その他不当に商品又は役務を低い対価で供給し、他の事業者の事業活動を困難にさせるおそれがあること」（6項）と定義し、再販拘束を「自己の供給する商品を購入する相手方に、正当な理由がないのに、次の各号のいずれかに掲げる拘束の条件をつけて、当該商品を供給すること。

　一　相手方に対しその販売する当該商品の販売価格を定めてこれを維持させることその他相手方の当該商品の販売価格の自由な決定を拘束すること。
　二　相手方の販売する当該商品を購入する事業者の当該商品の販売価格を定めて相手方をして当該事業者にこれを維持させることその他相手方をして当該事業者の当該商品の販売価格の自由な決定を拘束させること。」（12項）

と定義する。

　これらのような企業の戦略的な価格がいかなる意味で反競争性を持ち、効率性を歪めることとなるのか、またこれらに対する政府介入は効果的であるのかについて考察してみよう。

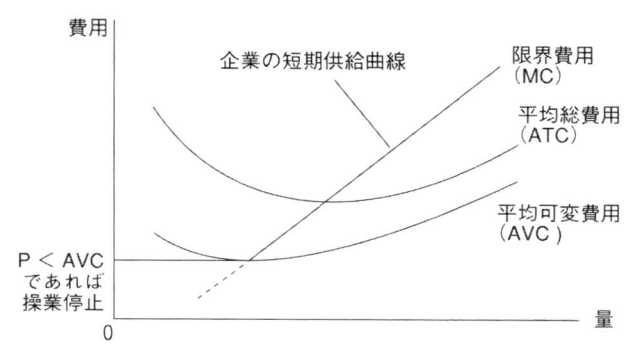

第9章 価格戦略は「反競争」的か 211

図1 競争企業の短期の供給曲線

[図:縦軸「費用」、横軸「量」。限界費用(MC)、平均総費用(ATC)、平均可変費用(AVC)曲線と、企業の短期供給曲線が示されている。P<AVCであれば操業停止。]

（2） 企業の行動と価格戦略

①企業の行動

　価格を所与とする競争企業の短期の供給行動を見てみよう（図1、マンキュー388頁以下参照）。企業にとって操業を停止したり市場から退出したりしてしまい、何も生産しなくなるという意思決定はどのような時に生じるのだろうか。**操業停止**は現在の市況が悪いため一定期間だけ生産しないという短期の意思決定である。**退出**は市場から撤退するという長期の意思決定である。企業は短期では**固定費用**をなくすことができないが、長期ではその負担を免れることができるという違いがある。創業停止の場合は固定費用を支払い続けるが、退出の場合は固定費用、可変費用ともに支払う必要がなくなる。価格が**平均可変費用**を償わない時、企業は生産停止することが合理的である。価格が**平均可変費用**を下回る水準が操業停止点となる。

　これに対して長期では、企業は収入が**総費用**よりも小さくなれば退出する。すなわち、機会費用を含む**平均総費用**を価格が下回るようになった時、企業は退出する（図2）。逆に新たに企業を起して参入を検討する場合には、価格が平均総費用を上回る場合に参入を行う。企業の参入や退出、あるいは操業停止と再開がどのような基準で起こるのかについて、このような枠組みで捉えることは有益である。独禁法が私的独占や不公正な取引方法に介入する際には競争状態の確保が重大な要素となる。競争状態がどのような場合に十分確保されるのかは、参入や退出の容易さに大きく依存する。廉売が不当であるか否かを決

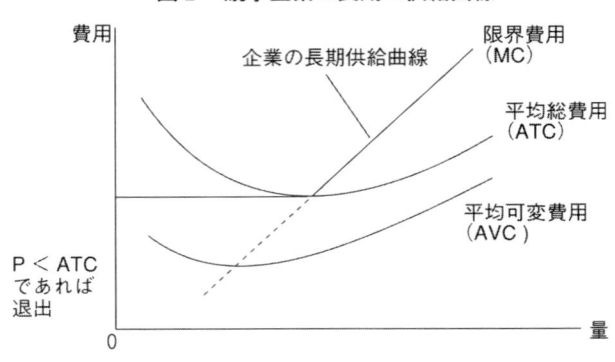

図2　競争企業の長期の供給曲線

費用／企業の長期供給曲線／限界費用（MC）／平均総費用（ATC）／平均可変費用（AVC）／P＜ATCであれば退出／0／量

定する基準についても退出や操業停止の分岐点は大きな意味を持ちうるのである。

　ところで、独占は効率的な水準よりも少ない生産量、高い独占価格をもたらす。競争の欠落を象徴する独占状態はなぜ生じるのだろうか。基本的な要因は**参入障壁**にある。他の企業が市場に容易に参入でき、その企業と競争することができるならば、独占企業は市場における唯一の売り手であり続けることはできなくなる。参入障壁の要素としては、主要な資源が1つの企業に保有されている場合、政府が特許などの排他的な権利を1つの企業にのみ与えている場合、単一企業が複数企業よりも小さい費用で供給でき、規模の経済が働く自然独占である場合などが考えられる。

　しかし、特許権などの知的財産権（知財）の場合、独占権は技術開発などのインセンティブを企業等に付与するために人為的に作り出された参入障壁であるから、知財保護そのものが適切な範囲と程度で設定されている限りにおいて、競争政策の観点から独自にそれを弱めることは目的に照らして首尾一貫しない対応であって、知財が参入障壁の源泉になっている場合における、これに対する競争政策による介入には慎重な考慮が必要である。仮に技術開発等のインセンティブを適切に発揮させるレベルを超えて知財の独占権が強く設定されすぎているのであれば、その強さを弱めることが本来の政策の筋にならなければならないといえる。これに対して、技術開発のインセンティブとは関わりのない政府による営業上の許認可や登録などによる参入コストがある場合や、主要な

第9章　価格戦略は「反競争」的か　213

図3　コンテスタブル・マーケット

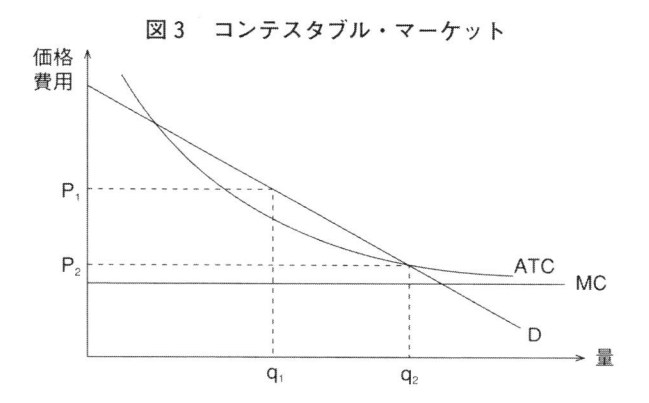

資源の独占や自然独占の場合には、競争政策の観点から参入障壁を引き下げるために介入の余地があるといえる。

参入障壁や競争政策のあり方を考えるに際しては、「**コンテスタブル・マーケット**」の理論が有益である。この理論は、実際に生じる参入だけでなく、潜在的な参入可能性が市場に及ぼす影響に注目したものである。すなわち、潜在的参入企業が既存企業と同等の競争力を持ち、参入や退出が容易でさえあれば、実際に参入が起きなくても、効率的な市場が形成されるという考え方である（小田切宏之（2001）『新しい産業組織論』有斐閣67頁以下、植草益ほか（2002）『現代産業組織論』NTT出版111頁以下参照）。

完全にコンテスタブルな市場では、第一に、潜在的参入企業に対して既存企業が費用優位性を持たないこと、すなわち同じ技術を持ち、すべての生産要素を同一条件で入手できることが必要である。第二に、参入に要する固定費用は退出の際に回収可能であること、すなわちサンク・コストとならないことが必要である。第三に、参入企業に対する反撃のための既存企業の価格変更に一定の時間が掛からなければならない。

図3では、独占を例に取ったコンテスタブル・マーケットを示す。産業の需要曲線をD、既存独占企業の限界費用をMC、平均総費用をATCとする。P_1は参入の可能性がないときに既存企業が選ぶ独占価格である。完全にコンテスタブルな市場では、既存企業がP_1の価格を付けるとき、新規参入企業は、P_1よりわずかに低い価格を設定して既存企業の顧客をすべて奪うことができる。

既存企業の価格引下げまでの間に参入企業は利潤を独占でき、参入企業が価格を引き下げる頃には退出してしまうことができる。起こりうるこのような参入を防止するためには、既存企業は P_2 まで価格を下げて利潤をゼロにしなければならないのである。

現実には完全にコンテスタブルな市場などありえないとも批判されるが、こうした批判は、摂氏ゼロ度、一気圧、分子の体積ゼロなどという理想状態は現実には存在し得ないから物理学は無意味である、という主張と同様乱暴であって、この理論が示唆する結果は政策的にも重要である。参入障壁が存在しないとき、企業に赤字が出ない前提で効率性がもっとも高い価格競争が実現されるということは、政策的に参入障壁を小さくすることができる限りにおいてその分効率性の改善を行うことができる、ということを意味するからである。この理論の前提となる仮定がそのまま成立することなどありえないとして、政策的含意を無視することは妥当でない。競争政策において参入障壁の除去を念頭に置くことは、参入障壁を不可避なものとして受け入れたうえで政府による価格や参入に関する規制を強力に発動することがもたらす政府の失敗を防止するという観点からも有益である。

参入障壁とは、既存企業の潜在的参入企業に対する**費用優位性**である。参入障壁は、参入企業は負うが、既存企業は負わない費用であるということもできる（小田切（2001）77頁）。この観点から参入障壁を分類すると、**絶対的費用優位性**と**サンク・コスト（埋没費用）**の２つに分けることができる。前者には、主要な資源の独占や政府による独占権などの排他的権利の付与が含まれうる。後者のサンク・コストは、自然独占の場合などに問題となる固定費用と強い関係があるが、これらは同じではない。研究開発費や広告費など、生産量に依存せず、生産を中止することによって短期間で回収することができないものがサンク・コストであって、固定費用には短期で転売することなどによって容易に回収可能なものも含まれるからである。

政府による排他的権利としては、知財のほか、政府が事業法として所管する法令の運用などによる営業免許、登録などの参入規制が存在する。これらについては競争政策に衝突する絶対的費用優位性が重大な問題となりうる。事業に参入する際必要な資産が他の目的に利用できる可能性が大きい場合には、サン

ク・コストは生じにくいが、当該業種や企業に特殊な投資であればサンク・コストとなりやすくなる。固定費用のうちサンク・コスト以外の部分は回収可能であるから、それを回収せずに事業を継続することによる機会費用は既存企業も参入企業同様に負担する。これに対してサンク・コストは、回収不可能であるため機会費用が発生せず、これが参入障壁の原因となる。

　自然独占の代表例といわれてきた電力、ガス、電気通信、運輸などの事業では、独占的価格設定を防ぐために価格規制などが当然に必要であると従来考えられてきたが、自然独占市場でも、コンテスタブル・マーケットの仮定に市場を近づけることによって、規制の必要なく、効率性の改善ができる。規制に伴う行政コスト、政治的コスト、政府の失敗などによる歪みを勘案するならば、コンテスタビリティの確保を目指す政策による効率性改善は、市場の分権的意思決定を尊重するものであって、魅力的な政策介入となりうる。

　自然独占産業では、送電・配電設備や輸送設備など、埋没する部分が大きいと考えられてきたが、これらをサンク・コストとしにくくする工夫はありうる。例えば、航空会社にとっての空港は一般的に政府の支出で建設されており、航空会社は空港利用料の形で空港のコストを負担する。鉄道会社が通常自前で整備する駅とは異なり、航空会社にとっての空港利用料はサンク・コストでないという性質を強く持っている。米国で航空産業の規制改革が抜本的に行われたのは、このような背景に基づいている。したがって、鉄道事業についても、駅や線路をサンク・コストとしないよう、例えば政府がこれらを保有して、鉄道会社に貸し付ける方式などは、コンテスタブル・マーケットに市場を近づけるための1つの有力な考え方である。電力事業における発電、送電、配電の分割もこのような考え方に基づくものといえる。

　いずれにせよ、上のことからいえることは、絶対的費用優位性やサンク・コストが無視できる場合、参入や退出は容易であって、略奪的価格設定で競争企業を駆逐したうえで価格を引き上げ、しかる後に独占利潤を獲得するという戦略は成立が困難となるのである。米国の行政当局、裁判所が、**略奪的価格**を認定することに一般的に慎重であるのは、第一に、競争相手の廉売をけん制しようとして、企業が不当廉売訴訟を乱用し、価格競争が阻害されることに懸念があること、第二に、不当廉売が略奪価格として成功する確率が低いと見ている

ことによるといわれる（若杉隆平（1999）「不公正な取引方法に関する規制(1)：不当廉売及び優越的地位の濫用・下請取引」後藤・鈴村編『日本の競争政策』東京大学出版会104頁）。さらに、商品化直後のハイテク機器などのように、新規参入時点での生産量では平均可変費用が逓減している場合、生産量増大による将来の可変費用の下落を見込んで現在の可変費用よりも低い価格を設定することは効率的である（若杉（1999）105頁）。このようなケースについて不当廉売として排除することは非効率をもたらす可能性がある。

　なお、市場がコンテスタブルであるならば、既存企業の退出後、参入企業の独占になったとしても、あるいは既存企業が参入企業を排除したとしても、残存企業は平均費用を上回る価格を設定することはできない。独占的価格が可能となるのは、サンク・コストなどのために新規参入が困難なときであると考えられる。しかし、サンク・コストが参入企業に掛かり既存企業には掛からない費用であることを前提とするならば、参入企業がサンク・コストを加味しても利潤を上げられると予想し、廉売して参入するときには、既存企業が廉売で対抗しても利潤を上げられないと想定するのは矛盾である（小田切（2001）266～267頁参照）。この意味で、参入企業による廉売は、それが可能なときにはそれ自体参入企業の優位性を示すものであって、不当廉売規制がこのような効率性の改善措置を一律に排除してしまう可能性にも留意しなければならない。

　しかし、既存企業が参入企業に対して略奪的価格を設定して市場から駆逐しようとする場合、既存企業の生産費用が実は参入企業の生産費用と同程度であるにも拘らず、「効果的な評判の確立」によって参入企業に対して既存企業が自らを低い生産費用の企業であると信じさせることに成功するならば、非効率な参入阻止が成功する可能性がある（柳川隆・川濱昇編（2006）『競争の戦略と政策』有斐閣　222頁以下参照）。また、参入企業が新規設立企業である場合などであって、その資金調達について情報の非対称などによって生じる「資本市場の不完全性」が大きい場合、既存企業が略奪的価格の設定を行って効率性を阻害することができる可能性もなくはない。

　いずれにせよ、競争と効率性を阻害する不当廉売ないし略奪的価格政策が普遍的に成功するという想定にはかなりの無理があるのであって、介入には事案に即した具体的な検討が必要不可欠となる。

②略奪的価格とは

略奪的価格とは、市場支配力を持つ企業がいったん略奪的な低価格設定によりライバル企業を市場から退出させ、その後に独占的価格を設定しようとすることである。これが問題となりうるのは、概ね企業の限界費用と平均総費用ないし平均可変費用とが同じとなる水準前後に価格が設定される場合である。

競争政策においてこれを違法とする基準としては、アリーダ＝ターナーによる「**平均可変費用基準**」が知られている。アリーダ＝ターナーは、略奪的価格が合理的戦略として成立する可能性はさておき、それが可能であるときには、どのような低価格が問題とされうるかを論じたものである。彼らは、本来効率的な価格である短期限界費用を基準とすべきであるが、その現実の観察の困難性に鑑み、代替基準として平均可変費用を基準とすべきであると主張している。米国やEUではこの基準を導入し、問題とされる価格が平均可変費用以下の場合は違法とし、平均可変費用以上、平均総費用以下である場合は適法性を推定、平均総費用以上の場合には適法とする、というテストに基づく判決が見られるという（川濱昇ほか（2006）『ベーシック経済法［第2版］』有斐閣 189頁）。平均可変費用を、財・サービスの供給を停止したときに被ることを免れる費用で、負担費用からサンク・コストを控除する費用である平均回避可能費用と解釈する説も有力である（中川寛子（2001）『不当廉売と日米欧競争法』有斐閣 31頁以下参照）。平均回避可能費用を下回る価格は、同等に効率的な既存企業に脅威を与え、平均総費用を下回る価格は同等に効率的な新規参入企業に脅威を与えるともいえる（柳川・川濱編（2006）229頁）。

さらに米国連邦最高裁は、「**埋め合わせ基準**」として、低価格によって失われた利潤を事後の独占的価格によって埋め合わせる（recoup）ことができる見込みがあるときに限って略奪的価格であると認定するという基準を採用した。埋め合わせ可能性の立証責任は原告に負わされている（柳川・川濱編（2006）227頁）。

日本の不当廉売では、一般指定6項の「供給に要する費用」という文言からは平均総費用基準を取っているようにも見受けられるが、実際には原価を「著しく下回る」ときに不当廉売とされるため、実質的には平均可変費用基準と大差ないともいわれる（白石忠志（2005）『独禁法講義［第3版］』有斐閣 82頁、

川濱ほか（2006）188頁）。

　なお、一般指定6項には、不当廉売の成立要件として「正当な理由がない」ことを規定するが、「正当な理由」としては、季節商品、陳腐化商品、新規参入などが想定されている。季節商品や陳腐化商品では需要曲線の大幅な下方シフトが生じているのに加え、生産済みの在庫として見切り商品となってしまっている商品と捉えれば、平均可変費用も限界費用も既にその時点では著しく小さくなっている。このような意味で、これらについては、「正当な理由」として位置付けるのではなく、「費用を著しく下回る」わけではないとして、費用要件に該当しないと解する余地もあると考えられる。もっとも、規制当局に観察可能なのが会計費用であることに鑑みると、それに依拠して平均回避可能費用を下回ることを指摘された場合には、「正当な理由」として経済的費用であることの立証を行わせることは合理的であるとも考えられる（川濱昇氏の教示による）。また新規参入の場合は、すでに述べたように将来における平均可変費用の下落効果を勘案することが適当だろう。

③再販売価格の拘束

　一般指定12項の再販拘束は、例えばメーカーが小売店に対して小売価格の設定を一定金額以上とすべき旨拘束する場合に多く問題となる。再販拘束はなぜ問題となりうるのか。再販拘束を行う意図は、第一に、小売業者間の価格カルテルの実効性を担保するものであるともいわれる。小売業者間の価格カルテルに対する裏切りの発生を抑止することが再販拘束によって容易となる。第二は、ブランド間の競争制限の抑止である。ブランド間の競争を抑制するため、メーカー相互にカルテルないし協調的関係を樹立しようとするとき、再販拘束はメーカー段階における裏切りをしないことへのコミットメントを行うことを意味する。シェアの低いメーカーが再販拘束を行ったとしても、これによるブランド内競争緩和へのコミットメントを通じてブランド間の競争を緩和することが可能ならば、再販拘束は効率性を阻害しうることとなるともいわれる（植草ほか（2002）149頁以下）。しかし、このような非効率が発生するのは、ブランド間にカルテル等による競争制限が発生している場合に限られることに留意する必要がある。

　これらの弊害の主張に対しては、再販拘束を擁護する見解も根強い（マンキ

ュー（2005）484〜485頁参照）。

　第一は、再販拘束が競争を弱めることを目的としているわけではないという主張である。メーカーは、市場支配力を、再販拘束ではなく、卸売価格に対して行使することもできるし、そもそも小売業者が熱心に競争することは販売量を増大させるから、再販拘束で小売業者間の競争を抑制することはメーカーの利益を喪失することにつながりかねない。

　第二は、再販拘束によって、メーカーとしては小売店に正確な知識を持つ販売員を配備し、迅速かつ的確な顧客への説明などのサービスを行うことを求めているのかもしれないという主張である。再販拘束のない場合には、ある小売店からこのような手厚いサービスのみ、ただで提供を受け、別のディスカウント店でより安い同じ商品を購入する顧客が現れるかもしれない。再販拘束は、フリーライドの容易な公共財である高品質なサービスの提供を維持するための合理的な手段であるかもしれないのである。実際の再販拘束は、それ自体独立して行われるというよりも、流通経路の統括・管理、報奨、リベート制度、販売促進活動、販売支援・管理、付加的サービスの管理などが付随していることが多い。特定メーカーの製品について小売店が特定卸業者を通じてのみ取引を行う制度である「一店一帳合い制」なども、付随しうる再販拘束の手段とされているが、これらがあいまって、結果として流通費用の節約がもたらされ、効率性の向上に貢献している可能性も否定できない（有賀健（1999）「不公正な取引方法に関する規制（2）：垂直的取引制限に対する規制」後藤・鈴村編『日本の競争政策』東京大学出版会　155頁）。

　また、再販拘束が行われやすいケースは次の三類型であるといわれる（有賀（1999）156〜157頁）。第一は、流通マージンが大きく安売りインセンティブが強い商品である。第二は、ブランド性が高くメーカーの広告費、販売促進費などの固定費が多額であり、限界費用と小売価格との格差が大きい業種の場合である。この場合平均費用に比べて限界費用が著しく安く、メーカー自身も廉売のインセンティブを強く持つ。第三は、小売業者間の費用格差が大きいために同一価格維持が困難な場合である。

　限界費用を大幅に上回る販売価格が可能である理由は、製品差別化であったり、独創性に基づく独占利潤の発生であったりする。ブランド間競争がこのよ

うな理由によって発生し、あるブランドに一定の市場支配力が存在するときに、その支配力をあえて卸売価格に対して行使せず小売価格に行使することが合理的な場合もありえる。むしろ再販拘束は、仮に一部に効率性を損なう側面があるとしても、価格維持を支援して、優れたサービスを伴う製品を生み出し、流通させるためのインセンティブを付与することによって、結果的に全体として効率性の増大に寄与している可能性も否定できないのである。

なお、再販の上限価格の拘束については、メーカーと小売業者の双方が利潤最大化することによる二重の独占価格設定の非効率性を回避するための合理性が認められる余地があるので、日本での先例はないものの、再販拘束の「正当な理由」に該当すると解すべき場合がある。

２．判例・公取委審決とその解説──企業の価格戦略への法の介入

独禁法や競争政策に関する判例は膨大であるが、ここでは価格戦略としての不当廉売と再販拘束に限って判例・審決を紹介する。

＜判例・審決＞
（不当廉売）
・東京高裁1975年4月30日決定高民集28巻2号174頁・公取委1977年11月24日同意審決・審決集24巻50頁（『独禁法審決・判例百選［第六版］』（以下「百選」という）68事件）（中部読売新聞社事件）

中部読売新聞社が東海三県で中部読売新聞として朝刊発行を開始し、1ヶ月当たりの販売価額を500円と設定した。紙面の主要部分は読売新聞社が提供していた。同地域の既存紙は、全国紙が朝夕刊セット1,700円、統合版1,300円、地方紙はセット1,600円、朝刊1,000円・1,200円などであった。公取委は、中部読売新聞の販売価額は1ヶ月1部当たり812円以上であり、500円での販売は著しい低価格での販売に当たり、不公正な取引方法に該当して独禁法19条に違反する疑いがあり、直ちにこれを停止すべき緊急の必要性が存在するとして、東京高裁に緊急停止命令を求める申立てを行った。

不当廉売にいう「原価」は、「原価を形成する要因が、そのいわゆる企業努

力によるものでなく、当該事業者の場合にのみ妥当する特殊な事情によるものであるときは、これを考慮の外に置き、そのような事情のない一般の独立の事業者が自らの責任において、その規模の企業を維持するため経済上通常計上すべき費目を基準としなければならない」。そして、中部読売新聞の販売原価を1部当たり812円と認定し、500円で販売すると312円の赤字になるとした。

　公正な競争とは、「新聞の公共性に鑑み、新聞に掲載される……記事等の程度内容により評価される新聞の価値にしたがい、読者の自由な選択に委せる方法によって……公正に競争すべきであり、これを特殊な事情に基づいて通常の場合の原価を下回る廉価を持って競争することは公正な競争を阻害するものというべきである」

　決定は以上のように述べて、公取委審決があるまで812円を下回る価格で販売してはならない旨述べた。中部読売新聞社は、この決定を不服として最高裁に特別抗告したが、最高裁は1975年7月17日不適法としてこれを却下。

　これを受けて公取委は1975年9月9日審判開始。その後1977年、今後中部読売新聞朝刊を、1ヶ月1部当たり1,000円を下回る価格で販売してはならないとする同意審決に至った。

・公取委1982年5月28日勧告審決・審決集29巻13頁、公取委1982年5月28日勧告審決・審決集29巻18頁（百選69事件）（マルエツ＝ハローマート事件）

　食料品を主体とするスーパーマーケットであるマルエツとハローマートは、相互に近接した店舗を保有していたが、ハローマートが従来178円であった1リットル紙容器入り牛乳を160円で販売し、これに対抗してマルエツは178円であった牛乳を158円で廉売し始めた。その後、両者は牛乳の廉売による自店への集客効果を考慮して販売利益を度外視し、交互に対抗的な販売価格の引き下げを繰り返した。公取委の審査開始直後には、顧客1人につき1本目100円、2本目から150円の価格で販売していた。この期間中の牛乳は仕入れ値が155円〜160円であった。この期間、これら商圏内に店舗を有していた牛乳専売店の牛乳販売量、宅配件数等は前年同期に比して減少した。これに対して公取委が審査を開始したところ、両者はそれぞれの店舗における廉売行為を中止した。

　「マルエツ及びハローマートのように多種類の商品を取り扱っている有力な小売業者が、右のような著しい廉売を相当期間継続して行うことは、効果的な

集客手段となり、牛乳の廉売による直接的な損失があっても、来店客数、店舗全体の売上高の増加によって、全体の利益を図ることのできる販売方法である」

「これに対し、これらの商圏内における牛乳専売店は、牛乳の通常の仕入れ価格は１本当たり185円程度で、その店頭販売価格は１本当たり190円から230円程度……であるが、前記廉売に対し、これら牛乳専売店等は小規模で取扱商品の種類も少ないため、通常の企業努力によっては到底対抗」できず、「とりわけ牛乳専売店は……廉売による影響も大きい。したがって、この廉売は、これらの牛乳専売店等を競争上、極めて不利な状況に置くものであり、更に本件と同様の牛乳の廉売が他の量販店等にも波及し易いことも相まって、牛乳専売店等の事業活動を困難にするおそれがある」

・最高裁1989年12月14日第一小法廷判決民集43巻12号2078頁（百選70事件）
　（東京都と畜場事件）

日本食品株式会社は東京都において食肉処理場（三河島）を営んでおり、東京都も食肉処理場（芝浦）を営んできた。23区内にはこれら以外のと畜場は存在しない。と畜場法により、と場料の額の設定・変更については、都道府県知事の認可が必要であり、認可額を超えると場料の徴収は禁じられている。芝浦におけると場料額は長年継続して原価を大幅に下回り、本件係争期間中、１頭2,480円ないし3,480円であった。また、毎年の莫大な赤字は東京都一般会計からの補助金により補填されてきた。これに対して三河島のと場料は本件係争期間中、認可額8,000円であるのに対して実徴集額は5,800円に止まった。日本食品は、東京都が設定したと場料が不当廉売に該当し、独禁法19条に違反するとして損害賠償請求を行った。一審東京地裁判決は、競争の地理的範囲を23区として東京都の行為を不当廉売としたのに対して、原審東京高裁判決は競争の地理的範囲は関東及び東北の１都11県に及び、当該地域内の59のと畜場業者と競争関係に立つなどの事実認定を行い、不当廉売に該当しないとして原判決を取り消し、原告の請求を棄却した。これに対して原告が上告したが、上告棄却。

「と場料の認可制度は、……と畜場が公共的性格を有し、独占ないし寡占に陥り易い性格の業態であって、顧客保護の必要があるため、申請に係ると場料が高額に過ぎないか否かの判断を認可行政庁に委ねることとしたものであり、

その限りで事業者の自由な価格決定は制限を受けることとなるが、……その額の設定及び変更の申請に当たり各事業者による自主的、裁量的判断の働く余地もあることは明らかである。……したがって、地方公共団体がと場料を徴収してと畜場事業を経営する場合には、と畜場法による料金認可制度の下においても不当廉売規制を受けるものというべきである」

「生産者の出荷先は広範囲に及び、本件係争年間において……一般と畜場は、首都圏を含む関東及び東北の1都11県の59事業者にのぼり、三河島及び芝浦は、右事業者との間でそれぞれ競争関係に立ち、うち47事業者が三河島のと場料の実徴集額より低い認可額で営業し」ている。

「近年における食肉需要の増加、生産構造の変化、生態流通から枝肉又は部分肉流通への変化に伴い、生産地に近い食肉センター型のと畜場のシェアが著しく増加し、三河島のような消費地型の単独と畜場のシェアは衰退傾向にある」

「芝浦のと畜場が長期間にわたり低廉で推移してきたのは、……集荷量の確保及び価格の安定を図るとの政策目的達成のため、赤字経営の防止よりは物価抑制策を優先させることとし……てきたことによる」

「公営中心主義を廃止したと畜場法の下において、公営企業であると畜場の事業主体が特定の政策目的から廉売行為に出たというだけでは、公正競争の阻害性を欠くということはできない……。しかしながら、被上告人の意図・目的……三河島及び芝浦を含むと畜場事業の競争関係の実態、ことに競争の地理的範囲、競争事業者の認可額の実情、と畜場市場の状況、上告人の実徴収額が認可額を下回った事情等を総合考慮すれば、被上告人の前示行為は、公正な競争を阻害するものではないといわざるを得ず……被上告人の右行為は独占禁止法19条に違反するものではない」

(再販拘束)

・最高裁1975年7月11日第二小法廷判決民集29巻6号951頁（百選80事件）（明治商事事件）

　明治乳業が製造する育児用粉ミルクの総発売元である明治商事は、粉ミルクの価格維持を図るため、卸売価格と小売価格を指定し、これを販売業者に遵守

させる方策として次を決定し、実施した。①指定卸売価格で販売することを誓約した卸売業者、指定小売価格で販売することを誓約した小売業者を登録し、それらとのみ取引する、②卸売業者が指定価格を守らず又は登録外小売業者と取引した場合は卸売業者に対するリベートを削減する、③明治商事と直接取引する特殊先小売業者（スーパー、生協等）が指定価格を守らなかったときには登録を取り消す。

公取委は、このような行為は拘束条件付取引に該当し、独禁法19条に違反するとして、審判審決において、販売方針の破棄、卸売業者の協力度合いをリベート算定の基準としないこと等を命じた。明治商事は審決取消訴訟を提起。東京高裁判決は請求を棄却。これに対して上告したが、上告棄却。

一般指定にいう再販拘束が許される「正当な理由」とは、「専ら公正な競争秩序維持の見地からみた観念であって、当該拘束条件が相手方の事業活動における自由な競争を阻害するおそれがないことをいうものであり、……右拘束条件をつけることが事業経営上必要あるいは合理的であるというだけでは、右の『正当な理由』があるとすることはできない」

「(旧)法24条の2第1項の規定は……販売業者間の競争確保を目的とする(旧)一般指定8とは経済政策上の観点を異にする規定であると解される。したがって、……被上告委員会の指定を受けない以上、当該商品が事実上同条1、2項の定める指定の要件に適合しているからといって、直ちにその再販売価格維持行為に右の『正当な理由』があるとすることはできないというべきである。また、当該商品が不当廉売又はおとり販売に供されることがあるとしても、これが対策として再販売価格維持行為を実施することが相当であるかどうかは、前記指定の手続きにおいて被上告委員会が諸般の事情を考慮して公益的見地から判断すべきものであるから、右指定を受けることなく、しかもすべての販売業者に対して一般的・制度的に、再販売価格維持行為を行うことは、右の『正当な理由』を有しないものといわなければならない」

＜解説＞
（不当廉売）
　中部読売新聞社事件決定は、不当廉売となる原価の基準として総販売原価を

示しており、形式的には平均総費用基準を採用したものと解される。本件事件は市場のコンテスタビリティの観点からはどのように評価できるだろうか。

本件では、読売新聞社と資本関係はないものの、中部読売新聞社は同社との緊密な業務提携関係を持ち、紙面製作の実質的な部分は読売新聞に大きく依存していたため、参入に際しての固定費用もサンク・コストもきわめて小さかったと考えられる。新聞としてのブランドは形式上異なるものの、ほぼ同質的な商品としての新聞をほぼ同等の技術で生産することができ、サンク・コストがきわめて小さかったという事情に鑑みれば、東海地方における新聞購読市場は、全国紙と紙面内容等を共通にする業者の場合、参入も退出も比較的容易であって、コンテスタビリティの高い市場であったといえる。

一般的に参入企業にとって、初期におけるブランドの浸透のために長期にわたる一定のサンク・コストを負担したうえでの廉売が必要であるにも拘らず、既存企業にサンク・コストや絶対的費用優位性がある場合には、参入企業は既存企業に対して不利な立場に立つ。このようなときに、有利な既存企業が廉売で対抗しても利潤を上げられないと想定することには無理がある。むしろ、仮に既存企業が対抗する際には、平均回避可能費用を下回らなくても、平均総費用を下回る場合は、合理性のない廉売になる余地がありうると考えられる。

本件では、不当廉売規制を発動して中部読売新聞社の参入を抑制したことがかえって競争の抑制による非効率を発生せしめたのではないか、という懸念を拭えない。本件に係る決定・審決の効果は、現実の潜在的参入企業である中部読売新聞社の登場によって、潜在化したコンテスタブル・マーケットを顕在化させるきっかけを阻み、結果的に既存新聞社の独占的利潤を擁護する機能を果たした可能性がある。元々、新聞購読市場には専売店制など流通経路の非効率が根強く残存し、一定地域内の新聞社間の競争が減殺されていたところ、サンク・コストの小さかったはずの本件に係る潜在的参入事業者の登場は、競争状態を一層強めるものであった蓋然性が大きい。

マルエツ＝ハローマート事件は、大規模小売店による内部補助に基づく牛乳廉売が小規模で少品種しか扱わない牛乳専売店の利益を害したことについて、所得分配上の問題を重視した案件のように見受けられる。そもそも牛乳販売という、固定費用が小さく、特段の技術等を要しない事業について、参入障壁た

る絶対的費用優位性やサンク・コストが巨額になるとは想定し難かったといえる。仮に牛乳の廉売で競争相手を駆逐して、その後に独占的価格による利潤獲得を目指したとしても、牛乳販売業者の多数の参入が短期間のうちに見込まれるだろうから、不当廉売のスキーム自体の成立可能性が著しく小さい。

おとり廉売自体不当であるという評価もあるようだが、廉売対象たる牛乳が一種の広告効果を担っていることに鑑みれば、実質的には店舗広告の費用を捻出しているだけであって、販売価格もその点を加味すれば必ずしも廉価ではないという考え方も成り立ちうる。

おとり廉売は、その店舗全体が実際よりも安い店であると消費者を誤認させる恐れがあり、一般指定8項の欺瞞的顧客誘引に当たる可能性があるなどという議論もあるようだが、例外は別として、消費者は通常牛乳が客寄せ商品であることを熟知してその店に向かうものであり、安い牛乳があるからといって店全体が安いと思う消費者が多いなどという想定は成り立ちにくい。

また現在では、過去一般的であった宅配を中心とした牛乳専売店はほとんど見られなくなっているが、仕入れ値ですらスーパーマーケットよりも高い牛乳専売店が市場に温存されるべきであることを示したこの審決は、結果的に趨勢として達成されつつあった市場の効率化に対して、それを一時的に妨害するだけの機能を果たしたにすぎないという評価もありうるだろう。

東京都と蓄場事件については、価格安定政策としての廉価性を重視して、採算度外視の公営企業による廉売を正当化した点が注目される。しかし、公営企業による価格政策の目的が重視され、民間ではとても太刀打ちできないような廉売が正当化されることとなるならば、当該分野の民間市場は育たず、競争的な環境が整備される蓋然性はその分確実に乏しくなる。東京都の食肉処理場事業は、交通至便地に立地し、莫大な赤字を東京都から補填される前提で、コスト意識の保持や経営努力の必要なく行われてきた事業であった。公的機関による歪みのかかった絶対的費用優位性である典型的参入障壁が存在していた案件であったといえる。

このような事業は、現在であれば端的に民間の競争市場を歪める事業として、いわゆる市場化テストの典型的な対象たりえた事業であったともいえる。この点だけを取っても、イコールフッティングの欠落した不当な民業圧迫と評価し

うる。民間の参入が困難なとき、市場の競争的環境は減殺される。東京都と畜場の価格が人為的に安く設定されていたことに伴う死荷重も無視できない。

　さらに判決では、生産地型と蓄場のシェアが増え、東京におけるような消費地型のと蓄場のシェアが衰退傾向にあることを、廉売を正当化する事情として認定し、あたかも東京に立地する民間と蓄場それ自体を先験的に劣位に置くべきことを正当化するかのごとき論法が用いられている。この点でも市場の機能に関する理解を欠いた判決であるという評価が妥当する。大消費地に近いと蓄場には、鮮度を維持しやすいことや、出荷の際交通結節点に至近の立地で便利であることなど、利点も多い。本来立地選択については事業者の経営判断で決すべきことである。東京都下の立地という一定の地理的優位性を生かした立地であるかもしれないことに鑑みれば、1都11県を競争の地理的範囲と捉えた本判決は市場の捉え方が異常に広く、一体となる市場について不自然な認定がなされている。

　本判決は、不当廉売規制が機能するとすれば、典型的にその役割を果たすべきであった事件についてこれを発動せず、安易な官業による民業圧迫、競争環境の喪失に対して正面から正当化根拠を与えてしまった悪しき先例というべきである。

（再販拘束）

　明治商事事件では、再販拘束が可能な「正当な理由」として、事業経営上の必要性や合理性を含めることを認めなかった。この点についての具体的な理由は必ずしも明確ではないが、一般指定12項の「正当な理由」の解釈に当たっては、当該再販拘束にサービスへのフリーライド問題の解決という意味がありうることや、商品開発のインセンティブとしての合理性など、一定の事業経営上の必要性や合理性という事情を織り込むことが適切であると思われる。きわめて狭い要件の下でしか再販拘束を認めないことは、実はそれが効率性を高め、公平性を増進する合理的な目的を持っているかもしれないという点を無視することにつながる。この点についての具体的な検証は、解釈論としても必要不可欠というべきだろう。

3. 法と経済学で考えてみよう

(1) 独禁法と効率性
　独禁法は、資源配分の効率性の改善、究極的にはパレート最適の達成を目的とするものではなく、参入の促進そのものを図るべきであるとする考え方が判決・審決や学説に見られる。また、法に多用される「不公正」や「不当」という、公正に係る概念の解釈に当たって、これら概念の字義をそのまま達成することによるトレード・オフとして生じる効率性の阻害をどのように調整すべきか、については独禁法それ自体による適切な対応が困難でもある。しかし少なくとも、実際の審決や判決に際しては、ミクロ経済学や産業組織論に基づく効率性に対する明解な知見を前提として論理を組み立てることは重要である。実務における法と経済学的分析を蓄積していくことが今後の課題といえる。

(2) 市場の失敗と政府の失敗
　不当廉売や再販拘束をはじめとして、独禁法による公取委の介入などを市場の失敗の是正対策として合理化できるかどうかについては、理論的にも難点が多い。「合理的」な不当廉売や再販拘束がありうることを前提として、市場の失敗の是正の意図でもたらされる「政府の失敗」のコストについても併せて考察を深めていくべきだろう。

(3) 正当性を欠く絶対的費用優位性に対する介入
　東京都と蓄場事件に関する不当廉売の認定や、いわゆる官製談合など公的機関による優遇措置、規制、許認可、情報提供などが特定の主体の絶対的な費用優位性をもたらしている場面では、参入障壁を小さくする観点に加え、官民の同等条件の確保、公正の実現という観点からも、これらの是正のための介入を一層徹底して行うべきだろう。正当性を欠く官の庇護下や権力行使下における競争の喪失状態は忌むべきものであり、これらについては、官の介入に関係なく生じている民間市場の動向に対する介入よりもはるかに介入の政策的な優先度は高い。

(4) 競争政策と知財保護の交錯

　競争政策が総じていえば独占を弱める働きを持つのに対して、知財政策は発明や著述のインセンティブとしての独占権を強めることを基本としているため、これらの制度の間では緊張関係が生じうる。すでに述べたように、もともと知財保護による独占権付与自体、特殊な政策的考慮による人為的な産物であるから、知財の保護と、知財そのものの迅速で広範囲な流通を促進することとのトレード・オフの解決は、知財政策の中で完結すべきものである。競争政策の観点からの独占権の弱体化が独立になされるならば、知財保護の最適な実現というトレード・オフ解決のための政策の達成に混乱がもたらされ、知財保護の趣旨が没却されてしまうことに留意しなければならない。

　なお、再販拘束に関する独禁法23条4項の「著作物」は、著作権法の「著作物」すべてを指すわけではないとされており、再販拘束を法が認めるのは、新聞、書籍、雑誌、レコード盤（音楽用CD、音楽用テープを含む）に限られているとするのが公取委の解釈である。したがって、コンピューターソフトウエアや映画のDVDソフト、ゲームソフトは再販拘束の適用除外ではなく、再販拘束は禁じられている（審判審決2001年8月1日審決集43巻3頁ソニーコンピュータエンターテイメント事件＝SCE事件）。公取委は、対象を同適用除外が制定された1953年当時に想定されていたものに限るという限定的な解釈を行い、競争促進を優先しようとしているといわれる（白石（2005）147頁）。

　しかし、著作権法上の独占権保護は、コンピューターソフトウエアやDVDソフトであっても書籍やレコードと同等であって、独占権の強弱について著作権法の下では優劣は付けられていない。また、著作権という独占権による市場支配力が存在する限りにおいて、再販拘束は実効性を持つ。そうであるならば、著作物の創出に対するインセンティブ付与と著作物の流通の促進との間のトレード・オフを踏まえて著作権法上の独占権の範囲と程度を決定するという観点からは、すべての著作権保護対象について同等な扱いを行うことが求められている。独占権の強弱について著作権法で著作物の間で差異を設けないという割り切りがなされている以上、独禁法上の「著作物」と著作権法の「著作物」とが解釈を異にするのは、文理解釈の観点のみならず、政策的観点からも問題が大きいと思われる。

4．回答骨子

(1) 独占や不公正な取引方法とされる市場での行為であっても、一定の場合には効率性を改善するなど合理的な場合があり、一概にこれを排斥するべきであるとはいえない。

(2) 不当廉売をはじめとする「不当な対価」の取引などで基準とされる適正な価格は、効率性の向上を目指すものであることが求められる。不当廉売に関しては平均回避可能費用基準が有力であるが、これを下回る場合でも効率的な場合があり、平均総費用を下回るにすぎなくても非効率な場合もありうる。再販拘束は、価格の拘束自体を問題とする。

(3) 不当廉売規制が純粋に効率性改善効果を持つことは必ずしも多くなく、民間市場への介入には慎重な対応が必要である。半面、公的機関による廉売や、公的な規制、助成等を背景とした廉売には厳しく介入することが合理的である。

(4) 再販拘束は、一定の市場支配力がある場合、サービスへのフリーライド問題の解決や商品開発インセンティブの創出という観点から合理化できる場合もありうる。一方、カルテルの補強となる場合もあり、規制を発動する際には効率性への影響についての慎重な見極めが必要である。

(謝辞)
阿部泰隆、安藤至大、安念潤司、太田勝造、川濱昇、田中誠、常木淳、鶴田大輔、長岡貞男、八代尚宏、若杉隆平の各氏からいただいた有益な教示に感謝申し上げる。

第10章　環境を守ることとは何か
環境法の原理

設例

　環境を守ることを目的として、公法上、私法上、様々な環境規律が存在する。これらのいわゆる環境法についての次の見解を、法と経済学を踏まえて論評しなさい。
(1)「環境基準は、厳しければ厳しいほど望ましい」
(2)「環境破壊に対しては、汚染者負担原則で対処すべきである」
(3)「廃棄物処理施設など環境汚染をもたらす施設の立地に当たっては、周辺住民の同意を求めるべきである」
(4)「公法上適法な施設であったとしても、一定の要件を満たせば私法上の差止めを認めるべきである」

第10章で使う経済学　**外部性と公共財の最適処理**

　公共財とは、排除不可能かつ競合しない財であって、外部性の究極の発現形態でもある。また、環境問題の多くは、共有資源の問題として理解することができる。共有資源とは、排除不可能でその財やサービスの利用が競合する財である。共有資源では、外部性のために適切なインセンティブが人々に与えられず、結果的に共有地の悲劇と呼ばれる市場の失敗が発生することは、第３章で分析したとおりである。

　共有地の悲劇を招かないため、政府が環境市場に対して一定の介入をすることは合理化される。しかしその場合、環境を守る水準は上げれば上げるほどよい、ということにはならない。環境には、最適保護水準、すなわち最適破壊水準が存在する。この点はマンキュー 274〜300頁の外部性に関する解説、ミラーほか 195〜208頁の環境問題の分析に詳しい。

　外部性に対する政府介入としては、直接的**規制**よりも、ピグー税や汚染権取引などの**経済的インセンティブ**の方が、一般的に優れている。直接的規制には、数値設定が困難であることや、その柔軟な改定が難しいこと、いったん数値的基準を満たした後、当事者にはそれを上回って環境水準を向上させようとするインセンティブが働きにくいことなどの難点がある。経済的インセンティブは、規制よりも効率的に汚染を減らすことができる。

　しかし、ピグー税や汚染権取引によらざるをえなくなるのは、コースの定理の前提となるような、当事者による交渉で環境問題の解決を図ることが困難である場合、すなわち外部性を内部化することが困難である場合である。交渉が可能ならそれを優先すべきである。確かに、地球環境規模のような不特定多数に影響する環境汚染については、当事者による交渉での問題解決は難しいかもしれない。しかし、例えば日照権、景観権などが問題とされる近隣紛争では、初期権利配分を適切に行いさえすれば、それ以後は当事者による自発的交渉によってより望ましい状態への移行が促される可能性が相対的に大きい。

　コースの定理は、権利を明確にしてその設定や移転に関する取引費用を小さくすること、さらに初期権利配分についてはその後の権利移転ができるだ

け円滑になされるよう留意することなどを示唆しており、現実にそのような試みによって、完全ではないとしても、かなりの程度資源配分を改善できる場合は少なくないのである。

1. 背景説明および法と経済学の理論

　環境行政関係者、法律専門家、環境研究者等を問わず、環境について持論がある人々は多いが、環境を守るのはなぜか、環境に関する法規律、すなわち環境法の原理は何か、環境を改善するための効果的な手段は何か、などについての論理的な説明が明解になされることは少ない。ここでは、外部性を中心とする法と経済学の知見を、環境法や環境をめぐる判例、政策などに応用してみよう。

(1) 外部性と環境

　市場を通じないで他人に利益又は不利益をもたらすことを**外部性**といい、利益の場合を**外部経済**、不利益の場合を**外部不経済**という。外部性があるとき、市場は失敗し資源の最適な配分を達成することができなくなる。図1を見てみよう。石油化学製品など製造工程で環境汚染をもたらす製品の市場を想定する。企業にとって生産に必要な限界費用が供給曲線であり、工場の周辺の住民に大気汚染、水質汚濁などにより被害をもたらしていたとしても、それが生産コストに反映されていないとき、生産量 Q_1、価格 P_1 であり、需給均衡点はEとなる。しかし、このとき生産1単位につき X に相当する住民への健康被害等の汚染の費用が発生している場合には、私的な費用にこの汚染の費用を加えた社会的限界費用曲線は、私的限界費用曲線より X だけ上方に位置している。汚染の被害額は、$X \times Q_1$ であり、これは IJEG の面積に等しいが、この分が企業によって負担されていないために、製品は汚染費用も加味した最適量よりも過大に生産されているといえる。このときの死荷重は、GFEであり、総余剰は HIF － GFE となる。

①規制

　これに対してはいくつかの対処の方法がある。第一に、規制手段によって製

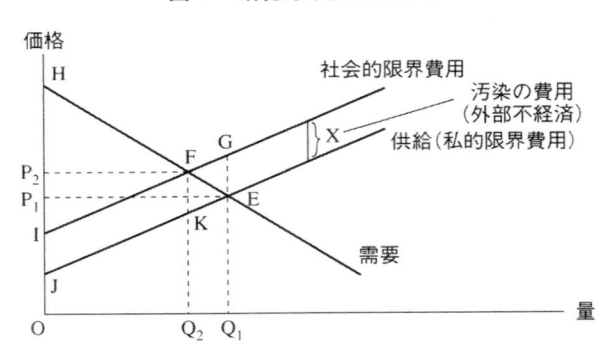

図1　環境汚染製品の市場

品の生産量を Q_1 から Q_2 に減少させることができる。このときの汚染被害額は $X \times Q_2$ であり、IJKF の面積に相当するが、このとき価格は P_2 まで上昇し、均衡点は F となる。生産者余剰は、汚染被害額の分増大した P_2JKF となっている。

②経済的インセンティブ：ピグー税・補助金

　第二に、税や補助金を利用することができる。企業が負担する私的限界費用のみでは生産が過大になっているのだから、汚染費用を企業に負担させるなら、供給曲線は上方にシフトし、私的限界費用と社会的限界費用は一致する。生産量は Q_2、価格は P_2、均衡点は F となる。このような、私的費用ないし便益と、社会的費用ないし便益を一致させるために必要な、製品1単位についての課税又は補助金を、考案した経済学者の名前にちなんで**ピグー税（ピグー補助金）**という。このとき税収は、汚染被害額に等しい IJKF となり、生産者余剰は P_2IF に止まる。総余剰は、生産規制の場合も、ピグー税の場合も同等だが、企業の余剰は両者で大幅に異なる。また、ピグー税の場合は税収を汚染被害者に対する分配財源に当てることも可能である。

　損害賠償法による差止判決は規制の一種であり、同じく賠償判決は、もたらされた汚染被害について国家がその額を確定し、国家が国家を経由せずに被害者への直接の支払いを命じるピグー税の一種と見ることもできる。一般に民事上の差止めの基準は、損害賠償の基準よりも、汚染などの被害が大きいことが要求されているが、後述するように、基準に整合性がないと効率性を損なう。

なお、図1では企業の生産1単位ごとにXだけの課税をするというピグー税の仕組を紹介したが、効率性に関する限り、企業が1単位減産するごとにX円のピグー補助金を与えても、さらに、製品の需要者に対して1単位需要するごとにXだけの税を購入時に課し、又は需要を1単位減らすごとにX円の補助金を与えても、効率性に関しては同じ結果が導かれる。もちろんそれぞれ企業や被害者の利得の分配は異なる。

③経済的インセンティブ：汚染権取引

第三に、**汚染権取引**を認めることで対処できる。例えば、図1において、放置すればQ_1の生産量となるところを、Q_2への生産量削減をもたらすように、例えば1社当たり一律に100単位ずつの汚染の減少を命じる規制を発動したとする。このとき、ある企業が50単位汚染量を増やすことを望み、別の企業が一定の対価の支払いさえあれば50単位汚染量を減らすことに合意する場合、このような取引を認めることは合理的である。汚染の総量を同一水準に止めたまま、2つの企業の双方の利得を増大させることができるからである。汚染権の自由な取引が可能であれば、汚染減少のために高いコストを要する企業は汚染許可証に対する需要を強めるだろうし、低いコストで汚染を減少できる企業は、そうでない企業に汚染権を売却するだろう。図1で言えば、製品の総供給量Q_2に相当する汚染権を政府が各企業に割り当てたうえで、汚染被害総額IJKFに相当する汚染権取引市場を別途創設し、相互にその自由な売買を認めることとするならば、総量規制やピグー税と同様、最適な需給均衡点Fを達成することが可能である。

図2によりピグー税と汚染権取引等を比較してみよう。ピグー税では、汚染1単位あたりの価格を決定することによって企業の汚染権への需要が汚染量を決定する。逆に汚染権取引では、汚染権の発行総量を決定することによって企業の汚染権への需要が汚染価格を決定する。それぞれの決定さえ正確ならば両者は同じ効率性を実現する。

④当事者による交渉：コースの定理

第四に、**交渉**による対処がある。以上の議論では、何らかの事情で外部不経済である汚染の費用を自発的な交渉によって内部化できないため政府の介在が必要であることが前提となっていた。しかし、そのような場合は必ずしも普遍

図2　ピグー税と汚染許可証

ピグー税

汚染の価格

P ─────●────── ピグー税

①汚染価格を決定

汚染権への需要

O　　Q　　　　汚染の量
　　②汚染量を決定

汚染許可証

汚染の価格

汚染許可証の供給線

P ─────●

②汚染価格を決定

汚染権への需要

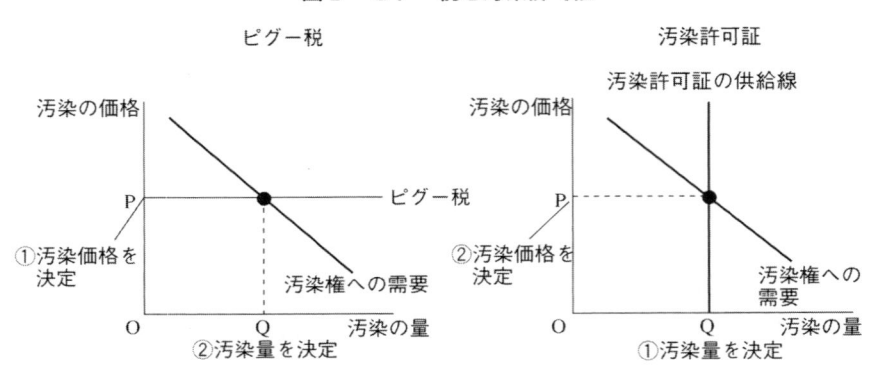

O　　Q　　　　汚染の量
①汚染量を決定

表1　騒音工場に関する利得

		工場主B	
隣地住民A	操業	10万円	100万円
	操業中止	50万円	10万円

的ではない。当事者の交渉による外部不経済の内部化の可能性について考察してみよう。コースの定理の応用場面である。**コースの定理**とは、権利が明確で、権利の移転・実現に要する取引費用がゼロであるならば、誰にどのような権利を配分しても私的交渉を通じて資源配分は最適化されるという原理である。これを騒音工場と隣地住民との間の騒音問題に当てはめてみよう。

　工場主Bにとって騒音工場を操業することの総利得が100万円であるとしよう。これに対して、隣地から騒音が発生することによる隣地住民Aの苦痛が40万円に相当する（表1）。このときもし工場の操業が中止されればBは90万円の利得を失い、工場を騒音のない別の用途に転換すること等では10万円の利得しか上げられなくなる。一方Aは、苦痛から解放されることによって40万円利得が増大し、50万円の総利得を獲得する。

表2 法設計による結論と利得の差異

		工場主B	工場主B
		交渉前	交渉後＝操業
隣地住民A	差止権あり	10万円 / 50万円	100万円−40万円（60万円）〜（100万円−90万円（10万円））/ 10万円＋40万円（50万円）〜（10万円＋90万円（100万円））
	受忍義務あり（操業権あり）	100万円 / 10万円	10万円 / 100万円

　このような前提があるとき、法設計の仕方が、工場の操業が工場主と隣地住民の利得にどのような影響を与えるかを見てみよう（表2）。仮に隣地住民に工場の全面的な操業差止権を認める初期権利配分をするものとする。差し当たりの利得は、表1同様、Aが50万円、Bが10万円である。工場主Bはどうするだろうか。工場の操業ができれば100万円の利得が得られる。操業しないままでは10万円しか得られない。もしこの利得の増大分90万円を獲得するために、それよりも安いコストの支払いで済むのであればBにとってはそれが望ましい。BはAに対して何らかの補償措置と引き換えに操業を認めてもらうための交渉を行うだろう。Aは40万円の補償があれば操業中止と同等の利得状況になるから、40万円以上をBに要求するだろう。Bの最大支払い可能額は90万円であるから、操業さえできるならその金額までは支払う。したがって、BからAに対する40万円から90万円の間の補償措置たる対価によって工場の操業が可能となり、その場合最終的な利得は、Bにとって10万円から60万円、Aにとって50万円から100万円の間でどこかで決着する。

　逆に、Aにとって隣地工場の騒音のすべてを受忍しなければならない義務がある、言い換えれば工場は無制限に騒音を発生させることができるという初期権利配分をするものとする。このとき差し当たりのAの利得は10万円、Bの利得は100万円である。Aとしては工場の操業が中止されることによってプラス40万円の利得、最終的に50万円の利得を得るわけだから、40万円以下の支払いによって工場の操業を中止してもらうべく交渉する利益がある。一方Bとしては、工場の操業を中止することで90万円を失うわけだから、Aの交渉に応じる

ためには最低90万円以上の補償がなければならない。Ａの提供する最大40万円の支払いでＢが合意する理由はないから、交渉は決裂し、結局のところ工場の操業は継続する。

　どちらに権利を与えようが、騒音工場の操業は行われることになるという結論に変わりはない。なお、表１の数値想定を変えさえすれば、差止権がある場合でも、受忍義務がある場合でも、結果として常に工場の操業が中止される設例は容易に作成できる。

　このコロンブスの卵のような単純な分析からいえることは何か。交渉が容易に可能でさえあるなら、公害工場が公害をいかに発生させてもかまわないこととしても、周辺住民が工場の操業を一切中止させることができることとしても、結局のところ工場の操業が持続するか中止されるかは、操業による利得状況のみに依存し、権利の配分は工場の立地に何の影響も与えないということである。公法、私法を問わず、実定法で環境に関する権利設定をし、又は裁判で権利を決する営み自体、一定の場合にはまったく無力なのである。むろん、どちらの主体がどの程度利得するかという所得分配に対しては、初期権利配分が影響を持つことは当然である。いずれにせよ、コースの定理の示唆は重大である。交渉に多額の費用が掛かるのでなければ、法や裁判による権利義務の整除はとにかく白黒明確に事前に決してさえおけばよい。事後的にあれこれ苦心惨憺して利益衡量することは無益有害なのである。

　コースの定理の仮定は非現実的であるから、頭の体操にすぎないなどと片付ける議論もあるが、妥当でない。実質的な含意は次のとおりである。第一に、法は権利の内容を明確に定めるべきである。第二に、法は取引費用を極小化するように裁判や執行・行政手続きを定めるべきである。第三に、法は取引費用の総和が小さくなるように初期権利配分を定めるべきである。これらに留意することによって、市場の失敗と政府の失敗の双方を防ぐことができる可能性が高まる。

　法律家は往々にして、事件が発生してからの利益状況を勘案した個別的問題解決こそが、具体的事件に則した柔軟な解決が可能で、法的正義にかなう方法であるかのごとき主張をしがちである。しかし、権利の確定が事後の利益衡量に委ねられることによって、事前の権利の明確性は損なわれる。また、紛争当

事者双方に対して、自己に有利な結論を導くための資料収集、弁護活動などに時間・労力・金銭を投入することの大きなインセンティブを与える。これらは裁判官の説得のために費やされる大きな取引費用となり、事後の当事者間の交渉をより困難にする機能を果たす。

　また、関係当事者が二者のみの場合はともかく、当事者が何百人、何千人といった規模になると、実際上すべての当事者が交渉を円滑に行うことは難しい。このような場合、交渉による紛争解決は失敗するから、それを肩代わりする取引費用低減手段として公法的な規制・命令などの仕組みを設けることには一定の実益がある。しかし日本の公法的規制は、事後の権利移転、すなわち汚染権取引きに類する、私人による権利の自由な取引きを一般的には許さないため、交渉による双方の利得の増大を図ることが難しく、硬直的である。公法、私法ともに権利は一義的明確に定め、しかもそれに関して事後の当事者間の権利移転を自由にすることには合理性がある。当初の権利配分は、取引費用の総和を小さくするように行わなければならず、そのためには、権利を初期配分されない者が後に交渉で権利を獲得しようとする際に、逆の初期配分の場合よりも権利実現費用が高額となる場合は、その者に対して初期権利を配分しなければならない（福井秀夫・久米良昭（1999）「競売市場における司法の失敗（上）、（下）」NBL671、672号、福井秀夫（2001）「権利の配分・裁量の統制とコースの定理」小早川・宇賀編『行政法の発展と変革上巻』有斐閣参照）。

⑤交渉＞経済的インセンティブ＞規制

　いずれにせよ政府にとって、コースの定理を機能させるべく権利設定や権利移転に関する立法や司法に関する環境整備を行うことこそ、最大の責務であり、それが機能しがたい場面、例えば多数当事者に関わる場面では、ピグー税や公法的規制によって政府が直接外部性の内部化に関して役割を果たす余地もある。

　経済的インセンティブ手法と規制手法との間に優劣はあるだろうか。規制当局が、例えば図1の最適生産量 Q_2 も、汚染費用 X も知っている場合で、短期の市場に関する限りでは、両者で汚染の効率性は同等である。しかし、各企業に一律に汚染量の規制を課すことは、企業によっては生産コストに多大な影響を発生させる。汚染を減少させるためのコストは企業ごとに異なるからである。

　規制にはさらに重大な問題がある。規制手法では、汚染削減目標たる規制値

を達成したら、それ以上汚染を削減しようとするインセンティブが企業には生じない。これに対してピグー税では、外部限界費用そのものがその負担額であるから、自らが発生させる汚染量を減少させるならその分課税を免れることが可能である。生産工程の改善や汚染防止装置の開発などの技術革新によって汚染水準の低減を図ろうとさせるインセンティブを与えるのである。この点は汚染権売買の場合も同様である。汚染権を他から買わなければならないような、汚染削減に高いコストを必要とする企業は、汚染権の購入代金を節約するため、やはり技術革新によって汚染をより安く削減する工夫を講じるだろう。中長期的に、経済的手法は、製品市場と汚染権に関する市場の双方の効率性を、規制と比べて大幅に改善できるのである。

　なお環境については、廃棄物の不法投機問題のように、犯罪又は確信的故意に基づく行為であって、抑止そのものを行政規制、不法行為法や刑事法の領域で目指すべき場面がありうるが、この場合には社会的費用を最小化するための法制度設計の工夫が必要であり、責任分担の仕組みの構築に際しては、不法行為の経済理論における予防の双方性・一方性、最安価損害回避者の理論や、刑罰抑止理論などを加味しなければならない。また、損害保険制度の活用による予防措置も大きな意味を持つ。

(2) 差止め請求と損害賠償請求

　環境侵害施設の立地に当たって、民事上の差止請求と損害賠償請求が並行して提起される場合が多く、裁判所の基準は、概ね差止めの方が、ハードルが高くなっている。これらの法と経済学的な意味付けは何だろうか。コースの定理との整合性の観点から考察してみよう。受忍限度論等に基づく差止請求や被害を補償する損害賠償請求を認容することは、初期権利配分の設定に等しい。すでに述べたように差止めや賠償の基準が融通無碍であればあるほど、権利の明確性は損なわれ、事後的交渉による資源配分の改善の可能性は小さくなる。また差止請求も損害賠償請求も、実際上判例による権利の創設という機能を果たす。これらは、公法私法を問わず法令による権利の直接の設定が十分でない場合の補完的次善策ともいえるが、差止めと賠償との区分で被害の多寡を重視する日本の判例は実は合理性に欠ける。

本来、いずれの交渉費用も小さいときは、差止めの認容か棄却かを、分配に関する価値判断のみに基づいて選択すればよい。いずれか又は双方の交渉費用が大きいときは、相対的に交渉が容易となるよう認容又は棄却を決すればよいが、交渉が難しく棄却が選択される場合には、交渉費用が小さいときを想定した仮想市場分析による補償的賠償を、ピグー税の代替措置として認めるべきである。

２．判例とその解説──外部性コントロールと初期権利配分の規律

＜判例＞
（外部性）
・最高裁1999年３月10日第二小法廷決定刑集53巻３号339頁（おから事件）
　「『不要物』とは、自ら利用し又は他人に有償で譲渡することができないために事業者にとって不要になったものをいい、これに該当するか否かは、そのものの性状、排出の状況、通常の取扱い形態、取引価値の有無及び事業者の意思等を総合的に勘案して決するのが相当である」

（初期権利配分）
・札幌地裁1997年２月13日判決判例自治167号（釧路市廃棄物処理施設事件）
　「許可に当たって都道府県知事に与えられた裁量は、申請にかかる産業廃棄物処理施設が法律に定める要件、すなわち、廃棄物処理法15条２項各号所定の要件に適合するかどうかの点に限られ、右各号の要件に適合すると認められるときは、必ず許可しなければならないのであって、この点に関する裁量は羈束されていると解すべきものである」

　「行政指導に従わないまま許可申請することが権利の濫用と目されるような特別の事情がある場合は、不許可にすることも許されるとする考え方も十分にあり得る。そこで、このような特別の事情の有無について検討しておく」

　被告北海道知事は、法の要件のみでは不十分として行政指導方針を策定し、「周辺概ね500メートル以内に居住する住民の同意を得ること等を指導している」ところ、「本件処理施設から概ね500メートル以内の住民数約3000名はその殆ど全員が本件処理施設の設置に反対の意見であり、……原告としては被告の

右の点に関する行政指導に従うことが客観的に不可能であるともいい得る状態であって……被告の行政指導に従わないまま許可申請することもやむを得ないところがある」

・仙台地裁1992年2月28日決定判時1492号109頁（丸森町廃棄物処分場事件）

許可を受けた廃棄物処分場についても、「人格権の一種としての平穏生活権の一環として、適切な質量の生活用水、一般通常人の感覚に照らして飲用・生活用に供するのを適当とする水を確保する権利があると解される。……侵害が生ずる高度の蓋然性のある事態におかれた者は侵害行為に及ぶ相手方に対して、将来生ずべき侵害行為を予防するため事前に侵害行為の差止めを請求する権利を有するものと解される」

・名古屋地裁1997年2月21日決定判時1632号72頁（名古屋スーパー銭湯建築工事禁止仮処分事件）

「当該建築が公法上の規制に適合しているか否かは私法上の差止め請求における受忍限度を判断する際の一つの重要な要素となり得るものといえる」

「特に夜間において大きな騒音被害を被るものといいえる。かかる騒音被害は、本件土地及び（被害者）居住地域が低層住宅に係る良好な住宅の環境を保護するため定める地域とされる第1種低層住宅専用地域に属しており、かつ、本件スーパー銭湯が、家庭に内風呂を有しない近隣住民の衛生を確保するために不可欠の施設であることから建築基準法別表第2（い）項7号が第1種低層住宅専用地域において建築することができる建築物として『公衆浴場』を規定している趣旨に沿う施設ということはできないものであることに照らしかんがみれば、……受忍すべき限度を超えるものといわざるを得ない」

（景観権）

・東京高裁2004年10月27日判決判例自治259頁（国立マンション事件控訴審判決）

「良好な景観を享受する利益は、その景観を良好なものとして観望する全ての人々がその環境に応じて共に感得し得るものであり、これを特定の個人が享受する利益として理解すべきものではないというべきである。……また、その景観をどの程度価値あるものと判断するかは、個々人の関心の程度や感性によって左右されるものであって、土地の所有権の有無やその属性とは本来的に関

わりないことであり、これをその人個人についての固有の人格的利益として承認することもできない」

「一定の価値・利益の要求が、不法行為制度における法律上の保護に値するものとして承認され、あるいは新しい権利（私権）として承認されるためには、その要求が、主体、内容及び範囲において明確性、具体性があり、第三者にも予測、判定することが可能なものでなければならないと解されるが、当裁判所としては、1審原告らが依拠する意見書・学説を参酌しても、景観に関し、個々人について、このような法律上の保護に値する権利・利益の生成の契機を見出すことができないのである」

・最高裁2006年3月30日判決民集60巻3号948頁（国立マンション事件上告審判決）

景観利益が「法律上保護に値する」ものの、「現時点においては私法上の権利といい得るような明確な実態を有するものは認められず、景観利益を超えて『景観権』という権利性を有するものと認めることはできない」

「景観利益は、これが侵害された場合に被害者の生活妨害や健康被害を生じさせるという性質のものではないこと、景観利益の保護は、……その範囲・内容等をめぐって周辺の住民相互間や財産権者との対立が生ずることも予想されるのであるから、景観利益の保護とこれに伴う財産権等の規制は、第一次的には、民主的手続きにより定められた行政法規や当該地域の条例等によってなされることが予定されているものということができることなどからすれば、ある行為が景観利益に対する違法な侵害に当たるといえるためには、少なくとも、その侵害行為が刑罰法規や行政法規の規制に違反するものであったり、公序良俗違反や権利の濫用に該当するものであるなど、侵害行為の態様や態度の面において社会的に黙認された行為としての相当性を欠くことが求められる」

＜解説＞
（外部性）

廃棄物処理法2条1項は、廃棄物を、「ごみ、粗大ごみ、燃え殻、汚泥、ふん尿、廃油、廃酸、廃アルカリ、動物の死体その他の汚物又は不要物であつて、固形状又は液状のもの……をいう」と定義する。しかし、「不要物」という概

念自体必ずしも明確でないため、空き地などに滞積され、環境汚染をもたらしている場合でも、それが「不要物」でないこととなれば廃棄物処理法違反にならない。不要物であるかどうかを排出実態等から見て客観的に判定する行政解釈もかつてあったが、これが後に占有者の意思だけでなく、他の事情も総合的に勘案すべきであるとする見解に変更され、最高裁も、いわば総合判断説を採択したとも説明される（大塚直・北村喜宣編（2006）『環境法ケースブック』有斐閣211～212頁）。

　しかし、おから事件最高裁判決には二つの問題点がある。第一は、事業者の意思も含めて「総合的勘案」するという判定基準は、常に不明確さを伴い、不要物性の判定のための処理コストが多額に上るという難点をもつことである。司法資源の浪費等を避ける観点からは、主観性を極力排斥することが望ましい。第二は、「不要物」概念で違法を画することが妥当かという問題である。本事件では、腐敗しやすいおからが問題となったが、法の趣旨は、廃棄物が滞積し、それが腐敗して周辺に悪臭を与えたり、また、有害物質が地下水などに染み込んで周辺住民の健康を阻害することなどを抑止することのはずであるから、不要物性にその趣旨を含めて考えるべきであるともいえる。本来は、「外部不経済性」に端的に着目した立法がより望ましいといえる。不要かどうかは、第三者に対して不利益を及ぼすかどうかとは直接の関連を持たないからである。規制対象を、例えば「周辺環境を悪化させることとなるもの」とするなど、外部性に着目したコントロールとするならば、より効果的な環境の確保が可能になると思われる。

（初期権利配分）

　札幌地判1997年は、廃棄物処理施設設置許可に際し、法令上の要件を超えて、半径500メートル以内の住民約三千名の同意書を許可行政庁が要求した事件である（北村喜宣（2006a）『プレップ環境法』弘文堂87～90頁参照）。このような許可行政庁の運用は、実質的には廃棄物処理施設の立地する周辺の住民に対して全面的な施設の差止請求権を付与したのと同等である。仮に住民に全面的差止権が存在する場合、事後の施設設置者と住民との間の交渉は成立するだろうか。初期権利が周辺住民にあるため、現実の利得の減少を超える過大申告が多発することに加えて、三千名相互の間で設置者との間で妥結可能な交渉額を

まとめることには禁止的な交渉費用を伴う。仮に施設立地が効率的であったとしても、全員の間で交渉解が成立する見込みはない。

これに対して、仮に施設の立地が完全に自由で、周辺住民があらゆる汚染についての受忍義務を負っている場合はどうだろうか。このような場合で施設立地が非効率な場合、すなわち取引費用さえなければ周辺住民が交渉によって施設の不立地を獲得しうる場合、そのような交渉が成り立つ余地はあるだろうか。逆の場合と比べると成立可能性は高いといえるだろう。なぜならば、住民の中にはフリーライダーが存在し、効率的な利得の移転が困難な場合もあるかもしれないが、支払い意思のある住民の支払額合計さえ、施設設置者の利得の減少を上回る金額に達するならば、設置者は通常一者又は小数であって、このような場面における設置者の意思決定に関する取引費用は小さいから、現実に交渉が成立する可能性は、初期配分が逆の場合よりははるかに高いと考えられる。

さらに、環境汚染施設について、法令が単純に周辺住民の同意等を要件としていない仕組みとなっていることは、当該施設の設置許可要件自体により、施設立地に関する初期権利配分を確立することを意図していると見ることも可能である。立地についての公法による初期権利配分の設定と考えられるのである。交渉不成立の場合でも最適となる状態を近似しようとする公法上の初期権利配分を、事後的に行政庁や裁判所が変更し、さらにその後の権利変動を認めないことは効率性を悪化させかねない。客観的に法で拘束された判断基準について、司法はこれを粛々と当てはめるに止めるとともに、その後の自由な権利変動を認めることこそ本来の効率性改善措置である。

なお札幌地判1997年は、行政指導に従わないまま許可申請することが権利濫用になる場合がありうる旨述べるが、コースの定理が要請する権利の明確性、さらに行政手続法の趣旨を真っ向から否定する議論である。

仙台地決1992年は、産業廃棄物処理場の公法上の設置許可を得て既に工事が完了している施設について、その許可が適法であることを前提とした民事上の差止請求が認められた案件である（北村（2006a）81〜84頁参照）。要するに、公法上適法、民事上違法という領域が存在することを認めている。このような場合には、公法による基準の遵守ではたりず、民事の事後的な紛争場面における裁判所による権利配分を待たなければ、実際上の初期権利配分は確定しない。

裁判所の判断は個別性も強いため、事前にいかなる施設が立地可能であるのかを予測することは難しくなる。やはりコースの定理の前提は大きく損なわれる。なお、事後的な差止めによる施設の破壊・撤去でも、強制執行権の買収交渉が可能なら、効率的な施設であれば存続する。

　日照をめぐる建築紛争などでも、同様に公法上適法でも民事上違法で差止め可能という領域があることが前提とされるが、本来公法的規制は、民事上の人格権などに基づく受忍限度論による判定基準では、個別性が強く、基準が不明確であることによって紛争が誘発されがちであったことに伴い、それを回避するために発達してきた取引費用の軽減策の一手法である。明確な初期権利配分が公法上設定された場合には、本来その法令の仕組の中で、個別的、地域的事情なども踏まえて、それぞれの案件ごとに、予測可能性の高い明確な基準を定めて確固たる初期権利配分となることが期待されていたはずである。逆にいえば、裁判所がそれ以外の私法上の判断を事後的に下すことは許さない、という明確な立法意図を示す制度設計とすることこそ効率的であったともいえる。現実の環境関連立法では、立法者に明確な意図がなかったため、公法規制基準が不十分だとして、それと異なる基準を裁判官が持ち出して、汚染被害をより強く守る方向での権利の再設定を行うことが、事実上一般化してしまっているともいえる。

　しかし、これでは公法的規制自体、屋上屋を重ねるのみであって、本来の望ましい法政策のあり方と、効率性の点で衝突している。立法論として、現行のように公法と民事的統制という二重基準があるような領域では、公法基準を、実態を踏まえた外部性の内部化に資するものに改正するとともに、民事ではそれと別個の私法的判断を許さないこととすべきである。

　名古屋地決1997年は、建築規制上認められない施設の立地についての私法上の差止請求が認められた事件であるが、結論はともかく理由付けに重大な問題がある。決定は、公法規制違反は私法上の差止請求の受忍限度判断の一つの重大な要素となりうるにすぎない旨明示し、具体的な騒音被害などを利益衡量したうえで差止め相当という結論を導いているが、妥当でない。本来、公法上の土地利用規制は、私法上の権利の不明確さを軽減するために設けられたともいえるが、仮にその違反があった場合、建築基準法による除却命令や、行政代執

行法による行政代執行等の強制手続きによって、行政による自力救済措置を採りうることが保証されている。

改正行政事件訴訟法により義務付け判決が導入されたため、事情が変動する可能性はあるが、現在のところ違法建築物に対する行政の是正はきわめて甘く、事実上違法建築物の大半は野放しとなっている（福井秀夫（1999）「行政上の義務履行確保」法学教室226号）。行政上の違反是正が期待できないとき、同一内容の権利を実現する手段として民事訴訟が活用されるべきことは当然であって、行政による除却命令、代執行等が可能な違反案件でありさえすれば、原則として民事上の差止めは当然に許容されると考えなければ一貫性がない。行政の怠慢がもたらす弊害を緩和するための訴訟で、公法上の規制違反を前提としつつも、被害者に受忍限度論に基づく被害の立証を求めるなど本末転倒である。このような場合には、公法的規律によって所有権法の内実が規律し直されたものと考えなければならない。

（景観権）

最判2006年は、公法上適法なマンションのうち一定の高さ以上の撤去を命じた一審判決を取り消した控訴審判決を、基本的に維持した判決である。大きな争点となっていたのは、私法上の景観権が成立するか否かであった（福井秀夫（2004b）「景観利益の法と経済分析」判例タイムズ1146号は、控訴審に提出された著者の意見書に加筆修正したものであり、控訴審判決の東京高判2004年及び最判2006年は、この趣旨に沿っている）。景観権を私法上想定しなければならないとすると、その内容は一義的明白なものとはなりにくく、権利に不明確性が避けられない。それに加えて、そもそも周辺住民には、景観権の前提となる景観利益が、受忍限度論等による救済ができる程度に具体的なものと帰属しうる保証はないという点に問題があったといえる。

最判は、景観利益の保護は基本的に公法的規制によるべきことを明示しており、その点に関する限り妥当であるが、景観利益が法的保護に値する旨の見解表明は、事実上意味を持たないと思われる。景観利益が法的保護に値するとしても、それに私法上の権利性がなく、結局のところ公法的規制の違反がある場合に限って救済が認められるにすぎない、という程度の位置付けでは、それを「法的保護」と呼ぶのはミスリードである。景観に対する社会的認識の高まり

を意識した一種のリップ・サービスともいえる。理論構成として、控訴審判決の方が、法と経済の理論に整合的かつ明晰・緻密であると評価できる。

また、この判決の直接の射的距離に関わるわけではないが、公法規制を住民参加によって定めさえすれば、いかなる景観規制や環境規制を講じることも万能であるというに等しい議論も広く見られる。しかし、住民参加の有無に拘らず、規制の費用対効果を一切無視することは許されない。例えば良好な景観は、その景観を眺望できる範囲内の資産価値を、良好性の度合いに応じて確実に増大させる。土地の価値を規律する要因としては、都心からの近接性、駅からの距離、角地の条件、周辺の静謐な環境など様々な要素がある。このような諸要因のうち、他の原因については変化がないものと仮定してある1つを変化させたとき、土地の全体価値の変化を計測するならば、ある要素がどれだけ土地の価値を低下させ、又は増大させたかを定量的に把握することができる。これを**ヘドニック法**という。

手段を問わず、景観を保全することは、例えば空間が利用されず住宅床が供給されなくなるという機会費用を常に発生させる。保全の利益と不利益とを天秤にかけ、効率性の大小によって最適な水準での景観保全を決するというアプローチが必要不可欠である。多数決で決めたという以外に理由の見当たらない「住民参加」や、ジャーナリズム論調に反応する情緒的直感的な判断基準で景観保全を決することは、確実に社会を貧しくする。過不足なく、客観的・定量的で、反証可能性のある基準に基づく公法的規制の設定と運用が求められている（福井秀夫（2006d）「景観紛争の基準」環境情報科学35巻1号参照）。

3．法と経済学で考えてみよう

(1) 環境法と効率性

環境保護水準を決するのは、主として純粋に効率性の基準である。「効率性」の言葉に「経済至上主義の環境破壊礼賛」の意味を嗅ぎ付ける向きも多いが、これは環境価値を含む概念であって、「効率性」を無視する保護によって環境を適切に守ることはできない。環境保護が所得分配の公正に関わる場合もあるが、少なくとも効率性と分配とは独立に考慮しなければならない。環境政策と

称するものには、例えば貧しい途上国に対しては先進国よりも環境対策の負担を軽減すべきであるという議論など、両者の混同が見られるものも多い。環境に関する法令、判例、法律学説など、法律家の議論には、効率と公正を独立に分析する作法や、効率性に関する概念と方法などについての基礎的な理解を欠くものも多い。また、特に解釈論を超えて立法論を行う場合、論拠には情緒的直感的なものが多く、データと論理に基づく説得的な議論も少ない。ここでは、経済学的分析や実態を踏まえた政策論に踏み込む環境法の好著として、北村（2006a）と北村喜宣（2006b）『自治体環境行政法第4版』第一法規を挙げておこう。

(2) 環境アセスメントの改善

1997年に制定された環境影響評価法（環境アセスメント法）は、環境コントロールに関する包括的法制として意義を持つ。しかしその手続きは、効率性の観点からの適切な環境コントロールを必要十分に行う仕組みとなっておらず、改善課題が多い（青山貞一（1997）「環境アセスメント法の課題」自由と正義48巻10号参照）。

第一に、スクリーニング、方法書、準備書、評価書など手続きが重層的で複雑である反面、どの手続きで、どの負荷を、どのようにコントロールするのかについての具体的基準が法体系に内在していない。このような、いわば手続き至上主義とも評しうる法的仕組みは、かえって環境無視の事業にやすやすとアリバイ作りを提供してしまうという皮肉な結果をもたらしかねない。また、手続きを実践するための情報収集コスト、資料作成コストなどが極端に過度になる可能性も大きい。

第二に、法的統制措置が不十分である。もともと環境は、個人的利益に止まらず社会的利益につながる側面が大きいのであるから、法的主体の個別の権利利益が侵害されたことを前提とする訴訟である、いわゆる主観訴訟によって環境をコントロールすることには、自ずと限界がある。むしろ環境については、包括的な客観訴訟を立法により創設し、特定人に受忍限度を超える被害がもたらされるわけではなくとも、社会的に必要な環境コントロール措置が的確に発動されうるよう、法的統制措置を講じるべきだろう。

第三に、アセスメントの結果は事後交渉を許さない二者択一であり、また当事者として必ずしも適切な環境の代弁者が登場することを確保していないため、最適環境水準の達成は困難となっている。また、一定規模以上の事業に対してだけアセスメントを義務付けることは、環境負荷の総量をコントロールするうえで問題がある。本来は、ピグー税としての環境税などの経済的インセンティブを端的に制度化し、それと連動するアセスメント手続きとすることが望ましい（福井秀夫（1997b）「環境アセスメントの法と経済分析（一）、（二）」自治実務セミナー36巻11号、12号参照）。

(3) 国と自治体の役割分担

　環境に対する政府の介入では、国と自治体がどのような分担をすることが望ましいだろうか。まず、環境汚染に関する外部性の及ぶ範囲の広がりの程度を踏まえて責任主体を決しなければならない。例えば近隣騒音や悪臭といった問題であれば、問題地区の所在する基礎自治体たる市区町村が適切かもしれない。大気汚染や河川水質汚染などのように、市区町村を超えて汚染が拡散する場合には、影響の及ぶ都道府県や、場合により国が、一元的なコントロールを行うことが望ましいかもしれない。さらに、地球温暖化対策としてのCO_2排出管理については、市区町村、都道府県といったレベルを遥かに超えて、地球上に存在するすべての国家にとっての共通的利害関心になるはずである。例えばCO_2排出対策が、市区町村や都道府県ごとに独自に行われるがごときは、政治的パフォーマンスとしてはともかく、まじめな環境政策としては正当化できない。現在の立法や条例の仕組みには、外部性の広がりに見合った適切な処理を行うという発想に乏しいものも多い。これも環境法に関する原理の不在に起因する（北村（2006a）128～133参照）。

　さらに、国にせよ自治体にせよ、選挙民の選択という政治性を帯びた決定が不可避である。住民に近い自治体ほど、直接の利害に基づいた団結が容易であるような地域住民等の発言権が強まりやすい。逆にいえば、団結するための取引費用の高い一般市民や、他自治体の住民、景観紛争における将来の居住者たる潜在的市民などは、利益を実現するための意思決定に参画することが困難である。このような非対称的な歪みを相殺して効率性の向上を目指す環境政策は、

「住民参加重視」の連呼に止まる情緒的スローガンとは無縁である。

（4） 公法と私法の交錯

　私法的な規律が不明確であるために公法的規制が導入されている領域、例えば日照、廃棄物処理、景観などについて、公法と私法の相互の関係をどう考えるべきだろうか。これについては、公法規制の趣旨によって扱いが異なりうると思われる。公法規制が単に事業の実施や施工の権限を事業者に与えたに止まり、そこで発生しうる外部不経済行為についての直接的なコントロールを意図しないと解される場合には、環境汚染水準のコントロールとして、私法上の差止請求など民事的手法が中心とならざるを得ない。これに対して、日影条例や景観条例などのように、公法的規制が具体的な外部不経済の水準を直接に決定している場合には、本来私法的規制がそれと異なる二重基準を発動することは、権利の明確性を阻害する。刑法も含め、法の分担すべき領域の整理を進めるべきである。

（5） 汚染者負担原則

　汚染者負担原則は、多くの場合道徳律が混入した分配の公正の観点から正当化されることが多いが、効率性を阻害することがありうる。この点について明確に論じる文献はほとんど見当たらない。例えば、産業廃棄物収集運搬業者が不法投棄の責任を負担することは、一見汚染者負担原則に適合するが、実効性がない（阿部泰隆（1997）『行政の法システム（上）［新版］』有斐閣168～170頁参照）。廃棄物処理法の2000年改正により、廃棄物の排出事業者処理責任も明示されたが、このような場合には、故意で不法投棄する処理事業者ではなく、委託者たる排出事業者こそが、**最安価損害回避者**であると考えるべき根拠がある。

　一方不法投棄は、手掛かりを隠滅するならば排出事業者すら不明となりかねない。その発覚確率を高めることこそが重要であり、そのためには、廃棄物に対する追跡可能性を高める化学物質など一種のシグナルを混入するなど、廃棄物の移転経路と関連主体をフォローできるような技術的仕組みが有効となる可能性がある。また、廃棄物自体の人為的な市場を作り出して、有価物にしてし

まうことにより、不法投棄のインセンティブを消滅させるという観点から、廃棄物に対するデポジット制を導入するという可能性についても検討の余地がある。

　いずれにせよ、汚染者負担原則は、汚染の軽減に対してむしろ悪影響をもたらす場合がある。

(6) 環境を「守りすぎる」ことはあるか

　財産権や産業と、環境との相互調和のような、いわゆる調和条項については批判も多いが、環境には常に**最適保護水準**が存在する。それを決めることは**最適汚染水準**を決めることでもある。物事を論理的に考えることには、対称的に考えることが含まれる。自然を切り開くという決定は取り返しがつかないから自然を守るべきだ、という主張に対しては、自然を切り開かないという決定も同じく取り返しがつかないという事実が突き合わされなければならない（スティーブン・ランズバーグ（2004）『ランチタイムの経済学』日経ビジネス人文庫340頁）。「資源を大切にするため」に紙コップを捨てずに洗って使うことは、非衛生のリスク、時間や水という「資源を費やす」。エネルギー節約になるからマイカーよりバスなどの大量輸送機関を優遇すると、マイカーの利便性や快適性を失わせる（ランズバーグ（2004）346頁）。環境を「守りすぎる」ことはありうるのである。環境の大切さを唱えるのはやさしいが、法と経済学の示唆する適切な環境保護水準＝環境破壊水準とは、環境を1単位守る（破壊する）ことで得られる便益が、そのことによる費用を下回るまで環境を守れ（破壊せよ）、というメッセージで表現できるのである。

4．回答骨子

(1) 環境基準が「厳しすぎる」ことは望ましくない。環境保護の限界便益と限界費用が一致する水準が最適保護水準である。
(2) 汚染者負担原則は、かえって環境保護コストを高める場合があり、一律にこれを適用することは環境に悪影響を及ぼす。
(3) 住民同意の義務付けは、交渉費用を極端に高める初期権利配分であると同

時に、それが法令の根拠を持たないときは、違法な行政指導となる。
(4) 公法基準が環境に関する初期権利配分を意図する場合に、それと異なる私法基準が二重に存在することは、権利の明確性を損ない、最適環境水準の達成を困難にする。

(謝辞)
北村喜宣氏とのディスカッションから得た問題の所在、分析すべき判例、政策課題等に関する多数の重要な示唆、青山貞一、阿部泰隆、太田勝造、鶴田大輔、八代尚宏、山崎福寿の各氏からいただいた有益な教示に感謝申し上げる。

引用文献と判例

引用文献

青山貞一（1997）「環境アセスメント法の課題」自由と正義48巻10号
阿部泰隆（1997）『行政の法システム（上）［新版］』有斐閣
阿部泰隆・野村好弘・福井秀夫編（1998）『定期借家権』信山社参照
有賀健（1999）「不公正な取引方法に関する規制(2)：垂直的取引制限に対する規制」後藤・鈴村編『日本の競争政策』東京大学出版会
石川和男（2006）『多重債務者を救え』PHP 研究所
植草益ほか（2002）『現代産業組織論』NTT 出版
打越隆敏（2006）「特許制度における消尽理論について」政策研究大学院大学知財プログラム修士論文集
内田貴（1983）『抵当権と利用権』有斐閣
内田貴（2004）「雇用をめぐる法と政策」大竹文雄ほか編『解雇法制を考える』勁草書房
江口匡太（2004）「整理解雇規制の経済分析」大竹ほか編『解雇法制を考える』勁草書房
大塚直・北村喜宣編（2006）『環境法ケースブック』有斐閣
小田切宏之（2001）『新しい産業組織論』有斐閣
金本良嗣・藤田友敬（1998）「株主の有限責任と債権者保護」三輪ほか編『会社法の経済学』東京大学出版会
川濱昇（1987）「株式会社の支配権争奪と取締役の行動の規制(3)」民商法雑誌95巻4号
川濱昇ほか（2006）『ベーシック経済法［第2版］』有斐閣
神田秀樹（2006）『会社法入門』岩波新書
神田秀樹（2007）『会社法［第9版］』弘文堂
神田秀樹・藤田友敬（1998）「株式会社法の特質、多様性、変化」三輪・神田・柳川編『会社法の経済学』東京大学出版会
北田透（2006）「特許権の存続期間及び登録における特許料に関する経済学的考察」政策研究大学院大学知財プログラム修士論文集
北村喜宣（2006a）『プレップ環境法』弘文堂

北村喜宣（2006b）『自治体環境行政法第4版』第一法規
クーター、ユーレン（1997）（太田勝造訳）『新版法と経済学』商事法務研究会
久米良昭（2006）「非司法競売の経済分析」日本不動産学会誌20巻3号
小林秀之・神田秀樹（1986）『「法と経済学」入門』弘文堂
柴田優子（2006）「職務発明と成果主義に関する考察」政策研究大学院大学知財プログラム修士論文集
白石忠志（2005）『独禁法講義［第3版］』有斐閣
胥鵬（2006）「敵対的買収と企業価値」資本市場251号
菅野和夫（2007）『労働法〔第七版補正二版〕』弘文堂
鈴木禄弥・福井秀夫・山本和彦・久米良昭編（2001）『競売の法と経済学』信山社
田中亘（2006）『会社法判例百選』30事件解説
玉井克哉（2004）「職務発明制度改正法案の検証」知財管理54巻6号
田村善之（2006）『知的財産法第4版』有斐閣
中馬宏之（1998）「解雇権濫用法理の経済分析」三輪・神田・柳川編『会社法の経済学』東京大学出版会
常木淳（2004）「不完備契約理論と解雇規制法理」大竹文雄ほか編『解雇法制を考える』勁草書房
堂下浩（2005）『消費者金融市場の研究』文眞堂
堂下浩・内田治・照井芳裕（2006）『消費者金融に関する調査報告書』
長岡貞男（2004）「研究開発のリスクと職務発明制度」知財管理54巻6号
中川寛子(2001)『不当廉売と日米欧競争法』有斐閣
中山信弘（2000）『工業所有権法(上)特許法［第2版増補版］』弘文堂
原龍之助（1978）「公物使用権の性質」民商法雑誌78巻臨時増刊号(Ⅳ)
福井秀夫（1995）「借地借家の法と経済分析」八田達夫・八代尚宏編『東京問題の経済学』東京大学出版会
福井秀夫（1997a）「土地税制論の誤謬(上)(下)」税務経理7876、7877号
福井秀夫（1997b）「環境アセスメントの法と経済分析(一)、(二)」自治実務セミナー36巻11号、12号
福井秀夫（1999）「行政上の義務履行確保」法学教室226号
福井秀夫（2001）「権利の配分・裁量の統制とコースの定理」小早川光郎ほか編『行政法の発展と変革(上)』
福井秀夫（2004a）「自治体の戦略的知財政策とは何か」ガバナンス61号
福井秀夫（2004b）「景観利益の法と経済分析」判例タイムズ1146号
福井秀夫（2005）「自治体知財政策はなぜ必要か」ガバナンス72号

福井秀夫（2006a）『行政判例百選Ⅰ［第5版］』20事件解説有斐閣
福井秀夫（2006b）「金利規制論の誤謬」クレジットエイジ321号
福井秀夫（2006c）「技術の社会還元の仕組み――法と経済学によるインセンティブコントロール」学術の動向11巻6号
福井秀夫（2006d）「景観紛争の基準」環境情報科学35巻1号
福井秀夫（2006e）『司法政策の法と経済学』日本評論社
福井秀夫・久米良昭（1999）「競売市場における司法の失敗(上)、(下)」NBL671、672号
福井秀夫・久米良昭（2001）「競売市場における司法の失敗」鈴木・福井・山本・久米編『競売の法と経済学』信山社
フリードマン、デイビッド（1999）『日常生活を経済学する』（上原一男訳）日本経済新聞社
マンキュー、N.グレゴリー（2005）『マンキュー経済学Ⅰミクロ編（第2版）』（足立英之ほか訳）東洋経済新報社
ミラー、ベンジャミン、ノース（1995）（赤羽隆夫訳）『経済学で現代社会を読む』日本経済新聞社
美濃部達吉（1933）「慣習法上の公水使用権(一)」法学協会雑誌51巻7号
美濃部達吉（1934）「慣習法上の公水使用権(三)」法学協会雑誌52巻3号
村尾崇（2005）「著作権法による真正品の輸入の制限」政策研究大学院大学知財プログラム修士論文集
八代尚宏・佐伯仁志（2004）対談「経済学と刑法学の対話(上)、(下)」書斎の窓533、534号
柳川隆・川濱昇編（2006）『競争の戦略と政策』有斐閣
柳川範之・藤田友敬（1998）「会社法の経済分析」三輪・神田・柳川編『会社法の経済学』東京大学出版会
山口厚（2007）『刑法総論［第2版］』有斐閣
山崎福寿・瀬下博之（2006）「耐震強度偽造問題の経済分析」日本不動産学会誌19巻4号
吉本健一（2006）『会社法判例百選』31事件解説
ランズバーグ、スティーブン（2004）『ランチタイムの経済学』（吉田利子訳）日経ビジネス人文庫
若杉隆平（1999）「不公正な取引方法に関する規制(1)：不当廉売及び優越的地位の濫用・下請取引」後藤・鈴村編『日本の競争政策』東京大学出版会
和田俊憲（2003）「未遂犯」山口厚編『クローズアップ刑法総論』成文堂

判例

(最高裁判所等)

大審院 1898.11.8 判決民録4輯10巻24頁　　74
大審院 1916.12.2 判決民録22輯2341頁　　79
大審院 1898.11.18 判決民録4輯10巻24頁　　74, 79
大審院 1900.2.26 判決民録6輯2巻90頁　　74
大審院 1912.5.6 判決刑録18輯567頁　　74
大審院 1914.7.24 判決刑録20輯1546頁　　144
大審院 1916.12.2 判決民録22輯2341頁　　79
大審院 1917.9.10 判決刑録23輯998頁　　144
大審院 1919.11.21 判決刑集12巻2072頁(第五柏島丸事件)　　145
行判 1912.7.13 判決行録23輯966頁　　74
行判 1918.12.20 判決行録43輯1105頁　　74
最高裁 1964.11.18 判決民集18巻9号1868頁　　25, 35
最高裁 1968.11.13 判決民集22巻12号1516頁　　25, 35
最高裁 1962.3.23 第二小法廷判決刑集16巻3号305頁　　144
最高裁 1962.4.10 第三小法廷判決(1961年(オ)第62号行政命令取消請求事件)民
　　　集16巻4号699頁　　73
最高裁 1969.2.27 第一小法廷判決民集23巻2号5111頁　　157
最高裁 1974.11.6 大法廷判決刑集28巻9号393頁(猿払事件判決)　　113
最高裁 1975.4.25 第二小法廷判決民集29巻4号456頁(日本食塩製造事件)　　56
最高裁 1975.7.11 第二小法廷判決民集29巻6号951頁(明治商事事件)　　223
最高裁 1977.1.31 第二小法廷判決労判268号17頁(高知放送事件)　　56
最高裁 1986.12.4 第一小法廷判決判時1221号134頁(日立メディコ事件)　　57
最高裁 1989.12.14 第一小法廷判決民集43巻12号2078頁(東京都と畜場事件)　　222
最高裁 1991.3.22 第二小法廷判決民集45巻3号268頁　　119
最高裁 1996.9.13 第二小法廷判決民集50巻8号1374頁　　117
最高裁 1997.7.1 第三小法廷判決民集51巻6号229頁(BBS並行輸入事件)　　197
最高裁 1999.3.10 第二小法廷決定刑集53巻3号339頁(おから事件)　　241
最高裁 1999.4.16 第二小法定判決集53巻4号627頁(膵臓疾患治療剤事件)　　195
最高裁 1999.11.24 大法廷判決民集53巻8号1899頁　　117, 119
最高裁 2003.4.22 第三小法廷判決民集57巻4号477頁(オリンパス事件)　　197
最高裁 2005.6.24 決定判タ1187号150頁　　94
最高裁 2006.1.13 第二小法廷判決(2004年(受)1518貸金請求事件)　　32

最高裁 2006.1.19 第一小法廷判決（2003年（オ）4号6貸金請求事件） 33
最高裁 2006.1.24 第三小法廷判決（2004（受）424不当利得返還請求事件） 33
最高裁 2006.3.30 判決民集60巻3号948頁（国立マンション事件上告審判決）
    243, 247
（高等裁判所）
東京高裁 1954.6.16 判決東高刑時報5巻6号236頁　144
広島高等裁判所 1961.7.10 判決高刑集14巻5号310頁　144
大阪高裁 1962.10.19 判決下民集13巻10号2102頁　76
東京高裁 1975.4.30 決定高民集28巻2号174頁　220
東京高裁 1979.10.29 判決労民30巻5号1002頁（東洋酸素事件）　56
大阪高裁 1991.1.16 判決労判581号36頁・龍神タクシー事件　58
東京高裁 2001.11.29 判決判時1779号89頁（アシクロビル事件）　198
東京高裁 2004.10.27 判決判例自治259号（国立マンション事件控訴審判決）　242
東京高裁 2005.3.23 決定判時1899号56頁（ニッポン放送事件）　171, 175
知財高等裁判所 2006.1.31 判決（キヤノンインクカートリッジ事件）　198
（地方裁判所）
東京地裁 1950.11.14判決行集1巻12号1791頁　195, 199
東京地裁 1989.7.25 決定判時1317号28頁（いなげや・忠実屋事件）　170, 174
東京地裁 2000.8.31 判決特許判例百選［第3版］128頁（写ルンです事件）　198
東京地裁 2004.1.30 判決判時1852号36頁（青色発光ダイオード訴訟）　196
東京地裁 2004.6.1 決定判時1873号159頁　170, 174
札幌地裁 1997.2.13 判決判例自治167号（釧路市廃棄物処理施設事件）　241, 244
新潟地裁長岡支部 1969.9.22 判決下民集20巻9・10号684頁　75
仙台地裁 1992.2.28 決定判時1492号109頁（丸森町廃棄物処分場事件）　242, 245
名古屋地裁 1997.2.21 決定判時1632号72頁（名古屋スーパー銭湯建築工事禁止仮
    処分事件）　242, 246, 247
横浜地裁 2005.11.30 判決判例自治277号31頁　94
（公正取引委員会）
公取委 1977.11.24 同意審決・審決集24巻50頁（中部読売新聞社事件）　220
公取委 1982.5.28 勧告審決・審決集29巻18頁（マルエツ＝ハローマート事件）　221
公取委 2001.8.1 審判審決集43巻3頁（ソニーコンピューターエンターテイメント
    事件）　229

さらに学習をすすめるために

　ここでは、邦文で読むことができる書籍を中心として、特に推奨することができるものにはその旨を示すコメントを付したうえで、法と経済学についてさらに学習をすすめるための文献を紹介する。全体として、法と経済学に関して日本で出版された一定の重要文献はほとんど網羅されている。もっとも、「法と経済学」又は「法の経済分析」と銘打つ文献は、邦文、英文を問わず多数あるが、法と経済学の標準的な先行研究を必ずしも踏まえない平板な法律・経済議論の紹介に止まるもの、正確な論理や言語表現の明解さを欠くもの、共著者間で論理や方法の一貫性を欠くものなども散見されるので、注意が必要である。

　なお、個別の論点ごとに参考となる論文を含む専門的文献については、各章の引用文献で示した。

[ミクロ経済学テキスト]

[1] マンキュー、N. グレゴリー (2005)『マンキュー経済学Ⅰミクロ編（第2版）』（足立英之ほか訳）東洋経済新報社
[2] 八田達夫 (2008、2009)『ミクロ経済学Ⅰ、Ⅱ』東洋経済新報社

　本書を読み進めるうえで必須の知識は、ミクロ経済学である。ミクロ経済学の基礎を学習した読者には、論理を追うことで本書を独力で十分に読み進めることができるはずであるが、そうでない読者はミクロ経済学の基礎的な知識を併せて学んでいただきたい。既におわかりのとおり、本書ではミクロ経済学の考え方や概念の説明に際して、世界中で活用される卓越したミクロ経済学テキストである [1] を頻繁に引用している。

　これまでの法と経済学などのテキストには、あえてミクロ経済学の基本的原理についてイントロダクションとしての解説を付するものもあったが、記述が丁寧でなく中途半端なため初学者を混乱させかねない内容も多く、必ずしも成功していない。本書では、そのような概説を付することをあえて避けた。実際、これまでの様々な集団に対する著者による法と経済学講義における学生や社会人の習熟状況に鑑みると、生半可なミクロ経済学の理解は、かえって正確な知識の習得を妨げ、法と経済学全体の理解にとってマイナスとなることが多かった。

したがって、専門が法学などの読者で、これまでにミクロ経済学を学んだことがない方や、学んだことはあっても知識があやふやな場合には、[1] を傍らに置いて、必要な都度、該当の解説を参照しながら本書を読破することをお奨めする。まずはミクロ経済学テキストを通読してマスターしてから、または「お手軽ミクロ経済学早わかり」の類の解説のみを読んでから、法と経済学を学ぶよりも、そのやり方ははるかに学習効果が高いはずである。

「ミクロ経済学をなぜ学ぶのか」を理解するうえでも、本書による具体的な法現象の分析は、大きな助けになるはずである。

もっとも [1] は、随所に先進諸国に共通する現実の経済政策や法に関する分析・評価を豊富に盛り込んでおり、本書で引用した部分以外も含めて、法と経済学の学習に当たって全編きわめて有益である。余裕のある読者は、通読を繰り返して十分習熟してほしい。

[2] は、日本を代表する経済学研究者によるミクロ経済学の集大成と位置付けられるテキストであり、日本の法制度、経済社会に関する具体的な実例や問題点をふんだんに織り込むとともに、明確な理論的分析を展開している。日本法を素材としてミクロ経済学の理論や法と経済学を学ぶうえできわめて有益であるのみならず、そこで示される、現実社会において効率と公正を両立させようと試みる緻密な知的作業は、社会科学的な思考様式の羅針盤ともなっている。

およそ刊行されているミクロ経済学のテキストの種類は膨大であるが、解説が平板でわかりにくいものや、理論の現実への当てはめ、応用などに関する考察に乏しいものも多い。法と経済学学習の前提として効果的なものは必ずしも多くないので、法と経済学文献同様、選択に際して注意が必要である。

[関連分野テキスト]

ここでは、実質的に法と経済学テキストと位置付けることができる文献に加え、法と経済学を学ぶうえで有益な関連分野のテキスト等を掲げる。特に、[3]、[4]、[5] は、本書を読み終えた後の段階の学習に際して、必須というべき重要文献である。

[3] ミラー、ロジャー・レロイ＝、ベンジャミン、ダニエル・K＝ノース、ダグラス・C（1995）『経済学で現代社会を読む』（赤羽隆夫訳）日本経済新聞社（原著 *The Economics Of Public Issues*, fourteenth edition (2005) Addison-Wesley）

[3]は、公共的論点に関する優れた法と経済学的ケーススタディである。論点そのものは米国のものだが、ほとんどのケースは、日本でも相当程度問題の所在が共通であり、日本の法や政策、制度の分析評価に対しても、きわめて有益な素材を提供している。例えば、新薬認可を時間をかけて慎重に行うことのメリットは、副作用の弊害を小さくできることだが、一方で新薬が世に流通する時機が遅れれば遅れるほど、その薬が効いて命が助かるはずの人々の命を奪うことになる、というトレードオフの最適な解決方法を考察する。どの章でも、刺激的かつ具体的で原理的な考察がふんだんに盛り込まれている。人々のインセンティブに対する反応、トレードオフ、機会費用などの基本的概念について、売春、麻薬禁止、家賃規制、廃棄物処理、希少動物保護、教育バウチャー等、幅広い領域に当てはめて鋭い考察を積み重ねており、特に行政、立法、司法などに関わりを持つ者にとって必読文献の1つであるとも言える。[3]の本文それ自体は、特段の経済学的知識を前提とせずに、平易に記述されているが、むしろ重要であるのは後半の解説編におけるグラフを用いた効率性の分析である。解説編のグラフを、論点ごとに注意深く読み込むことは、法と経済学の習熟にとって有益である。

　なお、邦訳は原著第9版に基づいた[3]のみしかないが、その後原著は、現時点で第14版まで改定が進み、大幅にトピックが差し替えられ、さらに充実した内容となっている。余裕のある読者はぜひ最新の原著を読破してほしい。

[4] ランズバーグ、スティーヴン（2004）『ランチタイムの経済学』（吉田利子訳）日経ビジネス人文庫

　シートベルトを義務付けないと重大な事故により死亡しやすくなる、環境を守るためには汚染者に責任を取らせなければならない、雇用者に出産休暇を義務付けることは女性労働者の勝利だ——これらの命題は通常広く流布する一般市民の感覚に合致するように思われる。[4]では、これらの命題の持つ矛盾や誤りについて、鋭く丁寧な分析がなされ、論理的に考えることのトレーニングに最適な文献である。
　[4]は、極度に論理的で精密な検証作業の下に、これらの言わば「通俗常識」の落とし穴を、正統的な経済学手法を用いて明解に暴いていく。シートベルトを義務付けることによって、ドライバーの注意義務が弛緩し、交通事故件数が増加する。シートベルトのおかげで一事故あたりの死亡率は低下するが、総事故件数が増えるため、ドライバーの死亡者数全体には変化がない、という実証研究成果が示される。むしろ車のハンドルに、ドライバーの心臓に向けた槍の穂先を突き立てることによってこそ事故率と事故死者数を大幅に引き下げることができるという「究極」の提

案も紹介される。

　環境汚染の法的解決としては、環境汚染者に被害者への賠償金を支払わせる、又は汚染原因を取り除かせるなどの責任を取らせなければならない、というのが今でも流布する法的な常識かもしれない。しかし著者は、ロナルド・コースの議論を用いて、「工場が損害をもたらした」という主張は誤りで、「工場と住民が同じ場所に存在すること」が原因だとする。取引費用がゼロで、権利が明確であるならば、工場に制約のない環境汚染権を与えても、住民に完全な工場排除権を与えても、いずれも同じ最適な結果がもたらされる、というコースの定理の意味を、[4]の第9章ほど鋭くかつ具体的に、政策的な意味付けとともに提示する文献を他に知らない。

　コースの定理の前提は現実には成り立たないとして、頭の体操にすぎないかのごとく平板に紹介するだけの経済学書が多い中で、「裁判官の判決や立法においては当事者の交渉を容易にするよう努めよ」という、法解釈や政策判断に実際に活用できるメッセージを、あらゆる角度から鋭い論理と豊富な実例をもって論証する卓越した手腕はただごとではない。出産休暇義務付けについても、雇用のコストが高まることによってかえって失業のリスクが大きくなった女性は、必ずしも勝利者ではない、というシニカルな現実を淡々と指摘する。

　[4]は、全編、偏執的なまでの理屈っぽさとあまのじゃく精神に満ちており、法と経済学に関する知的好奇心を刺激する素材の宝庫である。

[5] ランズバーグ、スティーヴン（1998）『フェアプレイの経済学』（斎藤秀正訳）ダイヤモンド社

　[5]は、法と経済学、特に公正や倫理学に関する方法論的エッセンスを盛り込み、精密な論理を駆使した突きつめた分析からなる書籍である。—「アメリカはもっとハイテク産業に投資すべきだ」という問いに対して、「ではどの産業への投資を減らせばいいのか」と問うことができることは、教育の成功の産物である。教育の意味は、知的方法によって、どこまで本当かを問うすべを学ぶことにある（199頁）。陥りがちな「常識」の罠を、皮肉たっぷりでユーモアに満ちた筆致で解き明かす。再分配や税制のあり方に関する考察でも、通俗道徳に基づく耳障りのよい論議を緻密に批判しており、それらの問い掛けに真摯に答えるための思考に耽ることは、それ自体社会科学的思考の絶好のトレーニングとなるだろう。

[6] クーター、ロバート D.＝ユーレン、トーマス S.（1997）『新版 法と経済学』（太田勝造訳）商事法務研究会

［6］は、米国における標準的な法と経済学テキストの邦訳である。本書の記述の中で、［1］を参照しても、該当する事項の解説がない場合、めったにないと思われるが、［1］の説明がわかりにくい場合などに、必要に応じて［6］を参照することが有益である。記述はやや詳細にすぎて冗長だが、法と経済学の特に理論的な成果が網羅的に解説されている。

［7］小田切宏之（2001）『新しい産業組織論』有斐閣
［8］長岡貞男・平尾由紀子（1998）『産業組織の経済学』日本評論社

　競争政策、独占禁止法の経済分析に際しては、産業組織論の知見が極めて有益である。必要に応じて［7］又は［8］を参照することをお奨めしたい。

［9］梶井厚志・松井彰彦（2000）『ミクロ経済学　戦略的アプローチ』日本評論社
［10］柳川範之（2000）『契約と組織の経済学』東洋経済新報社

　［9］は、協調の経済学分析に当たって有用なゲーム理論の理解を深めるうえで有益である。［10］は、不完備契約理論などを中心とした契約理論に関する明解な分析を行っている。

［11］常木淳（2002）『公共経済学　第2版』新世社
［12］宍戸善一・常木淳（2004）『法と経済学』有斐閣
［13］小林秀之・神田秀樹（1986）『「法と経済学」入門』弘文堂
［14］ラムザイヤー、マーク（1990）『法と経済学』弘文堂

　［11］は、ミクロ経済学の応用分野としての公共経済学、特に公共財、外部性、不完全競争などについてコンパクトで明解な解説を盛り込む。
　［12］、［13］、［14］は、日本で出版された法と経済学の概説書である。［12］は、比較的新しい法学者と経済学者による共同作業である。著者間の方法論や力点には相異があり、具体的な解釈論、立法論の記述は少ないが、取り上げられた理論に関するコンパクトな解説は有益である。
　［13］は、日本における法学者による法と経済学へのアプローチの草分け的な存在である。［14］は、体系書というよりも、一定の論点について日本法の通俗的理解を批判的に検証したものであり、論理的分析の模範とも言うべき論文が収録されている。

[15] ポリンスキー、A. M.（1986）『入門 法と経済』（原田博夫・中島巌訳）CBS出版
[16] マーキュロ、N. ＝ライアン、T. P.（1986）『法と経済学』（関谷登訳）成文堂
[17] オリヴァー、J. M.（1986）『法と経済学入門』（河上正二・武蔵武彦訳）同文舘
[18] マーロイ、R. P.（1994）『法に潜む経済イデオロギー』（馬場孝一・國武輝久訳）木鐸社
[19] 林田清明（1996）『《法と経済学》の法理論』北海道大学図書刊行会
[20] 林田清明（2002）『法と経済学（第2版）』信山社
[21] ハリソン、ジェフリー．L.（2003）『法と経済［第2版］』（上田純子訳）ミネルヴァ書房

[15]〜[21]には、法と経済学テキストとして想定されているその他のものを掲げた。

[法と経済学の考え方]

[22] ベッカー、ゲーリーほか（1998）『ベッカー教授の経済学ではこう考える』（鞍谷雅敏ほか訳）東洋経済新聞社

　多くの社会問題について、短く平易に、しかし深い経済学的論拠に基づいて書かれた雑誌エッセイをまとめたのが、[22]である。結婚、犯罪、教育、医療、年金、福祉、差別などありとあらゆる領域で、経済学の方法によるオーソドックスな処方箋が簡潔に示される。
　差別・貧困の解消についての次のメッセージに象徴されるように、情緒論とは無縁の、しかし「温かい心」の政策論に満ちている。－貧しい子供によい教育を受けさせる教育切符や、よい食品・医療を提供することにより、子供時代に彼らの人的資本を高めようとすることこそ、根幹的な政策である（第6章）。

[23] フリードマン、デイビット（1999）『日常生活を経済学する』（上原一男訳）日本経済新聞社

　[23]は、「経済学は広範な行動を理解するための道具である」という基本認識の下に、一見経済学に何の関係があるのかと思わせるような日々の事象について、通

俗常識を覆す結論を導くべく経済学を応用する。－映画館のポップコーンが高いのは、映画館が閉ざされた独占市場だから、という誰でも答えそうな理由によるものではない、現実の関税は建前と異なり幼稚産業でなく、成熟した産業を保護する傾向がある、紙のリサイクルは樹木をかえって減少させる、政府を誠実かつ効率的に維持するのが難しいのは、株式会社と異なり、株式の公開買い付け制度に相当する譲渡可能な投票権制度が存在しないからだ、麻薬取締りを厳罰化すれば麻薬価格を引き上げ、常用者による犯罪を増加させる、等々である。

　[23]の記述は、[4]よりも多くの経済学の予備知識を必要とし、説明もやや難解であるが、経済学の応用範囲がいかに広いかを豊富な事例で示す。「正しい理論の反対は、理論なしに物事をすること、すなわち常識を働かせることではない。正しくない理論である」(34頁)という強い確信が、全編に貫かれており、一見すると卑近な話題に大まじめに経済学を当てはめることを通じて、経済学以外の学問によっては十分な理解が不可能な法的社会的諸事象の存在理由を精密に描写する好著である。

[24] ウィーラン、チャールズ（2003）『裸の経済学』（青木榮一訳）日本経済新聞社
[25] ロバーツ、ラッセル（2003）『インビジブルハート』（沢崎冬日訳）日本評論社
[26] 福井秀夫（2004）『官の詭弁学』日本経済新聞社
[27] ポズナー、リチャード．A．＝ベッカー、ゲーリー．S．（2006）『ベッカー教授、ポズナー判事のブログで学ぶ経済学』（鞍谷雅敏ほか訳）東洋経済新報社
[28] レヴィット、スティーヴン．D．＝ダブナー、スティーヴン．J．（2007）『ヤバい経済学［増補改訂版］』（望月衛訳）東洋経済新報社

　[24]～[28]は、特定のテーマに捕われない、法と経済学の考え方に関する多様な考察を含む肩の凝らない読み物である。[24]は、市場の役割と政府の役割、政府の失敗の具体的な実例、利益集団の政治的な力の厳選の経済学的分析など、米国社会の興味深い素材を幅広く取り上げ、通俗常識の問題点を鋭く描写するエッセイ集である。[25]は、恋愛小説仕立ての「経済学のセンス入門」である。[26]は、規制改革に関する政府ホームページ等に掲載された公開議事録を素材として、官僚の思考様式を法と経済学的に分析する。[27]は、法と経済学の大御所でもあるポズナー判事とノーベル賞経済学者ベッカー教授のブログでのやり取りから抽出されたエッセイ集である。同一の論点に関して底流を同じくしつつも、違う切り口から

両大家が鋭く応酬するやり取りは知的刺激に満ちている。[28] は、データを駆使した実証分析を踏まえて家庭に銃があることと、プールがあることとはどちらが危ないのか、学校の先生が学力テストの点数をごまかしてかさ上げする度合いと、相撲の力士の八百長の度合いとは異なるのか、人種差別団体のク・クラックス・クランと不動産業者とはどこが共通しているのかなどについて、ウイットに富む鋭い分析を行っている。例えば、1990年代を通じて米国で犯罪が減少したのは、景気回復や犯罪対策の充実のためではなく、妊娠中絶を全面的に禁止する州法を違憲とした1973年のロー対ウェイド事件連邦最高裁判所判決によって犯罪者予備軍が生まれてこなくなったためであることを論証する。データや統計の読み方、調べ方を原理的に考えさせられる有益な文献である。

[29] ポズナー、リチャード．A．(1991)『正義の経済学』(馬場孝一・國武輝久監訳) 木鐸社

[30] コース、ロナルド．H．(1992)『企業・市場・法』(宮沢健一・後藤晃・藤垣芳文訳) 東洋経済新報社

[31] コース、ロナルド．H．=カラブレイジイ、グイド=ミシャン、E．J．(1994)『『法と経済学』の原点』(松浦好治編訳) 木鐸社

[32] ポズナー、リチャード．A．=カラブレジイ、グイド=メラムド、ダグラス．A．(1994)『不法行為法の新世界』(松浦好治編訳) 木鐸社

[33] クーター、ロバート (1997)『法と経済学の考え方』(太田勝造編訳) 木鐸社

[29]～[33] は、コースの定理の原論文をはじめとする米国での先駆的業績である。

[法と経済学の応用]

　法と経済学は、無数の分野に応用することができる。具体的な諸分野への応用の試みは多数あるが、ここでは、本書の学習の後、個別応用分野に興味を持つ読者が、方法論的連続性を持って発展的に興味深く読むことができ、有益であると思われる文献を中心に掲げた。

[34] 浜田宏一 (1977)『損害賠償の経済分析』東京大学出版会
[35] 宮沢健一編 (1982)『製造物責任の経済学』三嶺書房
[36] 鈴木禄弥 (1981)『居住権論(新版)』有斐閣
[37] 八田達夫・八代尚宏編 (1995)『東京問題の経済学』東京大学出版会

[38] 岩田規久男・八田達夫編（1997）『住宅の経済学』日本経済新聞社
[39] 阿部泰隆・野村好弘・福井秀夫編（1998）『定期借家権』信山社
[40] 八代尚宏編（2000）『社会的規制の経済分析』日本経済新聞社
[41] 鈴木禄弥・福井秀夫・山本和彦・久米良昭編（2001）『競売の法と経済学』信山社
[42] 福井秀夫・川本明編（2001）『司法を救え』東洋経済新報社
[43] 福井秀夫（2001）『都市再生の法と経済学』信山社
[44] ポズナー、エリク．A．（2002）『法と社会規範：制度と文化の経済分析』（太田勝造監訳）木鐸社
[45] 八代尚宏（2003）『規制改革』有斐閣
[46] ボウン、ロバート．G．（2004）『民事訴訟法の法と経済学』（細野淳訳）木鐸社
[47] ドゥネス、アントニィ．W．＝ローソン、ロバート（2004）『結婚と離婚の法と経済学』（太田勝造監訳）木鐸社
[48] 福井秀夫（2006）『司法政策の法と経済学』日本評論社
[49] 福井秀夫・大竹文雄編（2006）『脱格差社会と雇用法制』日本評論社
[50] マルシェ、ゲアリー．E．（2006）『合理的な人殺し』（太田勝造監訳）木鐸社
[51] 八田達夫編（2006）『都心回帰の経済学』日本経済新聞社
[52] 瀬下博之・山崎福寿（2007）『権利対立の法と経済学』東京大学出版会
[53] 福井秀夫編（2007）『教育バウチャー』明治図書出版

　[34]は、日本における創生期の法と経済学的分析を代表する偉大な成果である。不法行為法をめぐって、現在もなお通じる普遍的な分析が展開されている。[35]は、製造物責任に関する経済分析をまとめた論文集である。[36]は、私的権利の強化によってある私人を保護することには難点があること、公正の実現と効率性の確保とは別途に考えることなど、当時の法学分野で稀有といえる明晰な法と経済学的なアプローチを採った1959年の画期的な初版の改訂版である。[37]は、東京一極集中は悪である、という通念が蔓延していた時期に、集中のメリットを享受しつつ、デメリットを外部性コントロールによって軽減しようとする経済学的なアプローチを、環境、住宅、交通などの諸分野に政策的に当てはめる処方箋を網羅的に提示した鋭い考察を満載している。[51]は、その続編である。[38]は住宅問題への法と経済学的なアプローチが網羅されている。[39]は、法と経済学を踏まえた借家法の分析であり、1999年の借地借家法の改正による定期借家権創設の契機となった書物である。[40]は、「経済的規制は不要であるが社会的規制は有用である」と

いった通念に対して、社会的規制の持つ弊害や、種類を問わず規制そのものの機能について、農業、中小企業等社会的規制の多く残る分野を素材として包括的に分析している。[41] は、民法改正による短期賃貸借保護の撤廃や民事執行法の手続きコストの軽減という一連の競売関連立法の契機となった法と経済学的政策提案である。[42] は、司法改革論議が高まりつつあった時期に、資格制度の意味、法曹人口の諸外国との比較等を踏まえた司法改革の法と経済学的分析を集約した文献である。[43] は、借地借家法、零細敷地の共同化などを素材とした都市再生に関する法と経済学的分析である。[44] は、評判を踏まえた人々の行動に関する包括的な分析である。[45] は、法と経済学の第一人者である著者による規制改革全般を素材とした分析である。教育や農業、医療における株式会社排除論の批判、硬直的な労働市場が持つ社会経済的な損失の分析、社会保障、医療、家族制度、住宅などにおける諸規制の合理性の検証など、広い範囲で興味深い考察がなされている。[46] は、訴訟提起と和解との当事者による選択、弁護士報酬敗訴者負担制度の効果、クラス・アクションの意味など、民事訴訟を素材とした法と経済学的分析の専門書である。[47] は、婚姻を長期的契約の一種と見なし、シグナリング理論を用いて、離婚や慰謝料を含む婚姻をめぐる諸現象や法運用に関して法と経済学的な分析を駆使している。家族法における法と経済学の優れた応用である。[48] は、日本の司法改革や民事立法に当たって政策形成が持つ影響を法と経済学的に考察している。法曹資格制度、法曹人口、不動産競売における最低売却価額制度、いわゆる定期借家権、マンション建替え要件の改正、行政事件訴訟法改正など、著者が実際に関わった立法を素材としている。[49] は、「脱格差社会」をキーワードとして、現行の雇用法制を法と経済学的に考察したものである。経済学者、法学者、実務家等が結集した実践的な共同研究の成果である。[50] は、殺人を例に取った刑法の法と経済学的分析である。[52] は、所有権、担保権、利用権の調整をめぐる分析である。[53] は、児童・生徒一人当たり同額の補助金を交付するいわゆる教育バウチャー制度を軸として、学校選択制、教育委員会制度の見直し、児童・生徒、保護者による教員評価など、教育改革の論点を法と経済学的に網羅している。

[54] 吉川吉衞（1988）『事故と保険の構造』同文舘
[55] 小林公（1991）『合理的選択と契約』弘文堂
[56] 宇佐美誠（1993）『公共的決定としての法』木鐸社
[57] 金子宏直（1998）『民事訴訟費用の負担原則』勁草書房
[58] 三輪芳朗・神田秀樹・柳川範之編（1998）『会社法の経済学』東京大学出版会
[59] ミセリ、T. J.（1999）『法の経済学――不法行為、契約、財産、訴訟――』

(細江守紀監訳）九州大学出版会）
[60] サラニエ、ベルナール（2000）『契約の経済学』（細江守紀・三浦功・堀宣昭訳）勁草書房
[61] 細江守紀・太田勝造編（2001）『法の経済分析　契約、企業、政策』勁草書房
[62] 佐伯胖・亀田達也編著（2002）『進化ゲームとその展開』共立出版
[63] 飯田高（2004）『＜法と経済学＞の社会規範論』勁草書房

[54]～[63] は、その他の応用的文献である。

[法律テキスト]

　本書中の狭義の法解釈論に関する記述は、法学教育を受けた読者には容易に理解可能であると思われるが、それ以外の読者には多少法律論の前提が分かりにくいかもしれない。そのような場合には、手持ちのテキスト、あるいは下記の各法律分野における基本的テキストを適宜参照されたい。下記には、著者自身がしばしば参照し、法と経済学的分析にも整合的な定評あるテキストを掲げている。もっとも、法律の予備知識がまったくない読者には、まずは民法の財産法（民法全体から親族法・相続法を除いた部分）に関してと、余裕があれば行政法に関しては、体系的テキストをいったんは通読して、一定の法律論の考え方を身に付けておくことをお奨めする。なお、分野を特定しない「法学入門」の類の文献は、中途半端なため奨められない。

[64] 鈴木禄弥（2003）『民法総則講義［二訂版］』創文社
[65] 鈴木禄弥（2007）『物件法講義［五訂版］』創文社
[66] 鈴木禄弥（2001）『債権法講義［四訂版］』創文社
[67] 鈴木禄弥（1988）『親族法講義』創文社
[68] 鈴木禄弥（1996）『相続法講義［改訂版］』創文社
[69] 内田貴（2005）『民法１［第３版］』東京大学出版会
[70] 内田貴（2007）『民法２［第２版］』東京大学出版会
[71] 内田貴（2005）『民法３［第３版］』東京大学出版会
[72] 内田貴（2004）『民法４［補訂版］』東京大学出版会

　[64]～[68] は、コンパクトで機能的な体系的民法テキストである。鈴木禄弥氏は、早くも1950年代に、借家法を「契約関係を媒介とする家主の犠牲による住宅社会立法」と規定し、「住宅なきものに住宅を与えるという本来国家の手でなされ

るべき任務を、国家が自らの負担では行わず、私人たる家主の貸家所有権を……制限し、これによって……借家人の居住を保障する」ものであるとし、「正しい住宅政策のあり方は、大衆の住居の安定という任務を国家が私的家主に転嫁することでなく、国家予算による……住宅難の解消」にあると位置付けていた（鈴木禄弥(1959)『居住権論』有斐閣5、63頁)。法律分野における文字どおり先駆的な法と経済学研究者であった。

[69]～[72]は、法と経済学にも造詣が深い著者による網羅的論点をカバーする現代的民法テキストである。

[73] 阿部泰隆（1997）『行政の法システム（上）（下）[新版]』有斐閣
[74] 櫻井敬子・橋本博之（2007）『行政法』弘文堂
[75] 宇賀克也（2006）『行政法概説Ⅰ行政法総論（第2版）』有斐閣
[76] 宇賀克也（2006）『行政法概説Ⅱ救済法』有斐閣
[77] 福井秀夫・村田斉志・越智敏裕（2004）『新行政事件訴訟法』新日本法規出版

行政法規は、規制や許認可の根拠となるとともに、およそ法典の圧倒的多数を占めていることもあり、民法と並んで行政法についても一定の理解を深めておくことは有益である。[73]は、行政法の大家による行政に関する森羅万象の法と経済学的考察を集大成した分析である。通読しても面白いし、必要に応じて辞書のように活用することもできる。[74]は、コンパクトながら、最新の行政法論点の全体を遺漏なくカバーし、鋭い問題提起を随所に含む現代的テキストである。[75]、[76]は、アメリカ行政法にも造詣の深い著者による、隙のない考察で貫かれた行政法テキストである。[77]は、内閣府司法制度改革推進本部行政訴訟検討会において実際の2004年行政事件訴訟法改正作業に関与した立案担当者による行政事件訴訟法の網羅的な注釈書である。

[78] 山口厚（2007）『刑法総論[第2版]』有斐閣
[79] 山口厚（2005）『刑法各論[補訂版]』有斐閣
[80] 神田秀樹（2007）『会社法[第9版]』弘文堂
[81] 菅野和夫（2007）『労働法[第七版補正二版]』弘文堂
[82] 北村喜宣（2006）『プレップ環境法』弘文堂
[83] 金井貴嗣・川濱昇・泉水文雄（2006）『独占禁止法[第2版]』弘文堂
[84] 田村善之（2006）『知的財産法第4版』有斐閣
[85] 岩﨑政明（2007）『ハイポセティカル・スタディ租税法[第2版]』弘文堂

[78]、[79]は、刑法の標準的体系書である。なお、法と経済学的に興味深い論点は、主として刑法総論分野に集中している。[80]は、法と経済学の第一人者でもある著者の会社法体系書であり、企業買収をめぐる最近の論点などについても詳細な解説が盛り込まれている。[81]は、労働法の標準的体系書である。[82]は、行政法や政策法学にも造詣が深い気鋭の環境法学者による環境法入門書である。[83]は、産業組織論やEU、米国における競争政策の最新の成果を盛り込み、法と経済学を踏まえた精密な解釈論を展開する。

　[84]は、知的財産法の全体をコンパクトに解説する。[85]は、設例に基づき税法の重要論点を解説する実践的テキストである。

[86] 平井宜雄（1995）『法政策学［第2版］』有斐閣
[87] 石黒一憲（1998）『法と経済』岩波書店

[86]、[87]は、法と経済学の考え方に批判的な立場からの議論を展開する。標準的な原理を習得した後に対比してみるのも興味深いだろう。

索　引

あ　行

意思の推定・補完　200
インセンティブ　14, 106, 130, 132, 182

埋め合わせ基準　217
運用費用　85, 89
運用費用（会社経営の）　160

エージェント　156
エンフォースメント費用　159

汚染権取引　232, 235
汚染者負担原則　251

か　行

解雇　47
解雇権濫用法理　47, 58
開示　39
会社価値　156
会社支配権　160
　――の移転　156, 166
　――の市場　165
　――への影響　178
会社法　2
外部経済　7, 233

外部性　7, 38, 69, 85, 232-233
　――の内部化　8, 130, 152
外部不経済　7, 233
価格弾力性　131
学歴差別　55
下限規制　23
過失　143
過失責任原則　90
寡占　9, 208
仮想市場分析　241
課徴金　152
株価低迷　165
株式
　――の移転促進　178
　――の買取請求権　159
株式公開買い付け　171
株主平等原則　159
可変的保険料率　101
可変費用　208
カラブレジ　99-100
カルテル　208
慣行水利権　74
完備契約　45, 52

機会主義的行動　52
機会費用　13, 38, 215
企業価値　160, 165
　――の最大化　160
　――の上昇　178

企業買収防衛（策）　166, 170, 173
期限付き雇用　56
技術革新　135, 240
技術の新規性　189
規制　232
起訴便宜主義　150
起訴法定主義　150
既存株主　165
期待刑罰　133, 148
逆選択　85
客観的危険説　146
キャピタルゲイン税制　79
供給の法則　45
強行規定　2, 5, 22, 86, 162, 164, 200

行政刑罰　152
行政事件訴訟法　3
行政処分　3
行政法　3
競争政策　182
競売　107
共有資源　69-70, 232
共有地の悲劇　69-70
緊急避難　140
金銭消費貸借契約　107

具体的危険性　147
具体的危険説　146
クラスアクション制度　164
グリーンメイラー　172
グレーゾーン金利　26

計画的犯罪者　151
経済的インセンティブ　232

刑事法　3
継続契約　62
刑罰の重さ　133
刑罰の執行確率　133, 148
契約作成費用　159
契約自由　22
契約締結権能　39
契約法　2
ゲーム理論　209
決議無効の訴え　159
限界　13
限界費用　89, 208
限界便益　89, 135
建築確認　88
建築物による所有権法をめぐる紛争　87
憲法　3

故意犯　143
公開会社　160
公共財　7, 38, 68, 162, 182, 186, 232
公示制度　177
交渉　235
公定力　3
公的防止費用　139
公法的規律　87
効率性　49, 79
効率的な刑罰　140
コースの定理　8, 70, 72, 84, 86, 110, 236
個人保証　167
固定費用　208, 211
コンテスタブル・マーケット　213

索 引

275

さ 行

最安価損害回避者　251
　　——ルール　94
罪刑が均衡　143
罪刑法定主義　132
最低売却価額　110, 114
最適汚染水準　252
最適期間　186
最適破壊水準　232
最適犯罪抑止水準　136
最適保護水準　252
再販拘束　210, 218
債務不履行　107
詐害的賃貸借　109
錯誤　147
サンク・コスト（埋没費用）　208, 214
参入障壁　208, 212, 214

ジェネリック　190
死荷重　18, 185
資金の流動性制約　49, 55
シグナリング　46
資源配分　55
事後的なルール　177
事後の交渉費用　162
事故費用　89
市場
　　——の意味　16
　　——の失敗　6
自然独占　212, 215
事前のルール　177

事前抑止　143
執行契約　121, 126
実効性　152
　　——確保　152
執行妨害　108
実体法　4
私的限界費用　233
私的財　69
私的防止費用　139
支配権の集中　160
社会的限界費用　182, 233
社会的限界便益　182
社会的費用　89, 135
社会的費用極小化　99-100
社会的余剰　28
ジャンク特許　189, 202
自由使用　75
集団規定　96
需要
　　——の価格弾力性　138
　　——の法則　45
　　——と供給　15
主要目的ルール　174, 178
賞金稼ぎ　150
上限規制　23
消尽理論　193, 204
少数株主　157
　　——保護　157, 164
衝動的犯罪者　151
消費者余剰　16, 27, 49
情報収集コスト　159
情報の非対称　9, 24, 38, 46, 50, 55, 59, 85, 88, 124, 126, 138, 177
情報費用　88

初期権利配分　73, 87-88, 106, 122, 162
職務発明報酬　203
所得分配　238
所有権　68
　――の保障　140
所有権法　1
新株発行の是非　166
新株予約権　171
人権　3
迅速性　183
人的資本　54
　――投資　60

スクリーニング　24, 46
ステイクホルダー　178

正規雇用　55
生産者余剰　17, 28, 49
生産性　54
生産費用　208
製造物責任　87
政府の失敗　10, 124, 214
精密性　183
整理解雇　47, 58
責任主義　132
責任無能力者　152
絶対的費用優位性　208, 214
善良な管理者の注意義務　157

操業停止　208, 211
相当な対価　184, 191, 203
総効用　17
総費用　17, 208, 211
総余剰　17, 49
損害負担のルール　89

た　行

大規模株主の出現促進　178
退出　208, 211
対世効　176
代替性　186
多数株主　157
短期賃貸借保護　108
単体規定　96

知財保護の範囲と強さ　185
忠実義務　157, 164, 166

抵当権　107
敵対的買収　165, 173
　――者　172
手続法　4

当事者恒定効　122
特殊な因果関係　147
独占　9, 182
独占的競争　9-10
取消訴訟　3
取引費用　8, 38, 49, 55, 73, 85, 87, 106, 156-157, 159, 164, 194, 239
トレードオフ　11, 182-183, 201

な　行

内部化　85

索　引

日数罰金　149
任意規定　5, 162, 194

ネットワーク外部性　168

は　行

パートタイマー　56
売却基準価額　120
派遣労働　56
犯罪には費用がかかる　139
犯罪費用　135
犯罪抑止の限界費用　135
反則金　152
ハンド・ルール　91

被害者なき犯罪　137, 152
ピグー税（ピグー補助金）　232, 234
非公開会社　160
非正規雇用　56
非犯罪化　152
標準書式　161-162, 175, 177
費用便益分析　69
費用優位性　214

不可争力　4
不完全競争　38, 209
不完備契約　45, 52, 59, 158
不公正な決議の取消権　159
附帯私訴　149
不当廉売　210
不能犯　147
不法行為法　2, 85
フリーライド　185

プリンシパル　156
分配の公正　79

平均可変費用　208, 211
　──基準　217
平均固定費用　208
平均総費用　208, 211
ヘドニック法　248
弁済保険　167

法益保護主義　132
法人格否認の法理　157

ま　行

ミクロ経済学　11
未遂犯　147
民間競売　125

無過失責任原則　85, 91

名称独占　177

モデル契約約款　162
モニタリング　101
モラルハザード　156

や　行

雇い止め　58

有利発行　166

予防の一方性　　91
予防の双方性　　91
予防費用　　89, 135

ら　行

利益衡量　　238
利益相反行為　　157
利益の多寡に応じた特許料　　190

リスク　　184
　——回避的　　50
　——性向　　55
　——中立的　　49, 136
略奪的価格　　208, 215-216
累進（的）特許料　　190, 201

レント・シーキング　　141

●著者紹介

福井秀夫（ふくい・ひでお）

1981年東京大学法学部卒業。建設省に入省。1996年法政大学社会学部教授、2000年ミネソタ大学客員研究員などを経て、2001年より政策研究大学院大学教授。京都大学博士（工学）。専門は行政法、法と経済学。

著書：『都市再生の法と経済学』（信山社、2001年）、『競売の法と経済学』（共編著、信山社、2001年）、『司法を救え』（共編著、東洋経済新報社、2001年）、『官の詭弁学――誰が規制を変えたくないのか』（日本経済新聞社、2004年）、『新行政事件訴訟法――逐条解説とQ&A』（共著、新日本法規出版、2004年）、『司法政策の法と経済学』（日本評論社、2006年）、『脱格差社会と雇用法制――法と経済学で考える』（共編著、日本評論社、2006年）、『教育の失敗――法と経済学で考える教育改革』（共編著、日本評論社、2010年）、『マンション建替え――老朽化にどう備えるか』（共編著、日本評論社、2012年）『2016年改正 新しいマンション標準管理規約』（共編著、有斐閣、2017年）、『法と経済学の基礎と展開――民事法を中心に』（共著、勁草書房、2020年）、『Frontiers of Real Estate Science in Japan』（共編著、Springer、2021年）ほか。

ケースからはじめよう　法と経済学
法の隠れた機能を知る

2007年9月30日　第1版第1刷発行
2021年8月5日　第1版第6刷発行

著　者——福井秀夫
発行所——株式会社日本評論社
　　　　　〒170-8474　東京都豊島区南大塚3-12-4
　　　　　電話 03-3987-8621（販売）、8595（編集）、振替 00100-3-16
印　刷——精文堂印刷株式会社
製　本——井上製本所
装　幀——林　健造
検印省略 Ⓒ Hideo Fukui 2007
Printed in Japan
ISBN 978-4-535-51581-9

JCOPY　〈（社）出版者著作権管理機構　委託出版物〉

本書の無断複写は著作権法上での例外を除き禁じられています。複写される場合は、そのつど事前に、（社）出版者著作権管理機構（電話 03-5244-5088、FAX 03-5244-5089、e-mail: info@jcopy.or.jp）の許諾を得てください。また、本書を代行業者等の第三者に依頼してスキャニング等の行為によりデジタル化することは、個人の家庭内の利用であっても、一切認められておりません。

経済学の学習に最適な充実のラインナップ

入門｜経済学 [第4版]
伊藤元重／著　　　　　　　　（3色刷）3300円

例題で学ぶ 初歩からの経済学
白砂堤津耶・森脇祥太／著　　　　　　3080円

マクロ経済学 [第2版]
伊藤元重／著　　　　　　　　（3色刷）3080円

マクロ経済学パーフェクトマスター [第2版]
伊藤元重・下井直毅／著　　　（2色刷）2090円

入門マクロ経済学 [第6版]（4色カラー）
中谷巌・下井直樹・塚田裕昭／著　　　3080円

マクロ経済学入門 [第3版]
二神孝一／著 [新エコノミクス・シリーズ]（2色刷）2420円

ミクロ経済学 [第3版]
伊藤元重／著　　　　　　　　（4色刷）3300円

ミクロ経済学の力
神取道宏／著　　　　　　　　（2色刷）3520円

ミクロ経済学の技
神取道宏／著　　　　　　　　（2色刷）1870円

ミクロ経済学入門
清野一治／著 [新エコノミクス・シリーズ]（2色刷）2420円

ミクロ経済学 戦略的アプローチ
梶井厚志・松井彰彦／著　　　　　　　2530円

しっかり基礎からミクロ経済学 LQアプローチ
梶谷真也・鈴木史馬／著　　　　　　　2750円

入門｜ゲーム理論と情報の経済学
神戸伸輔／著　　　　　　　　　　　　2750円

例題で学ぶ初歩からの計量経済学 [第2版]
白砂堤津耶／著　　　　　　　　　　　3080円

[改訂版] 経済学で出る数学
尾山大輔・安田洋祐／編著　　　　　　2310円

経済学で出る数学 ワークブックでじっくり攻める
白石俊輔／著　尾山大輔・安田洋祐／監修　1650円

計量経済学のための数学
田中久稔／著　　　　　　　　　　　　2860円

例題で学ぶ初歩からの統計学 [第2版]
白砂堤津耶／著　　　　　　　　　　　2750円

入門｜公共経済学 [第2版]
土居丈朗／著　　　　　　　　　　　　3190円

入門｜財政学 [第2版]
土居丈朗／著　　　　4月中旬刊　予価3080円

実証分析入門
森田果／著　　　　　　　　　　　　　3300円

最新 日本経済入門 [第6版]
小峰隆夫・村田啓子／著　　　　　　　2750円

経済学を味わう 東大1、2年生に大人気の授業
市村英彦・岡崎哲二・佐藤泰裕・松井彰彦／編　1980円

経済論文の作法 [第3版]
小浜裕久・木村福成／著　　　　　　　1980円

経済学入門
奥野正寛／著 [日評ベーシック・シリーズ]　2200円

ミクロ経済学
上田薫／著 [日評ベーシック・シリーズ]　2090円

ゲーム理論
土橋俊寛／著 [日評ベーシック・シリーズ]　2420円

財政学
小西砂千夫／著 [日評ベーシック・シリーズ]　2200円

※表示価格は税込価格です。

〒170-8474 東京都豊島区南大塚3-12-4　TEL:03-3987-8621　FAX:03-3987-8590　日本評論社
ご注文は日本評論社サービスセンターへ　TEL:049-274-1780　FAX:049-274-1788　https://www.nippyo.co.jp/